DINA KNORR

Komm, lass uns wandern

SAUERLAND

emons:

Das ist drin

Zum Herunterladen der GPS-Daten auf den Computer und zur Nutzung auf GPS-Geräten:
emons-verlag.de/wandern-sauerland

Rundwanderung um den Hevesee

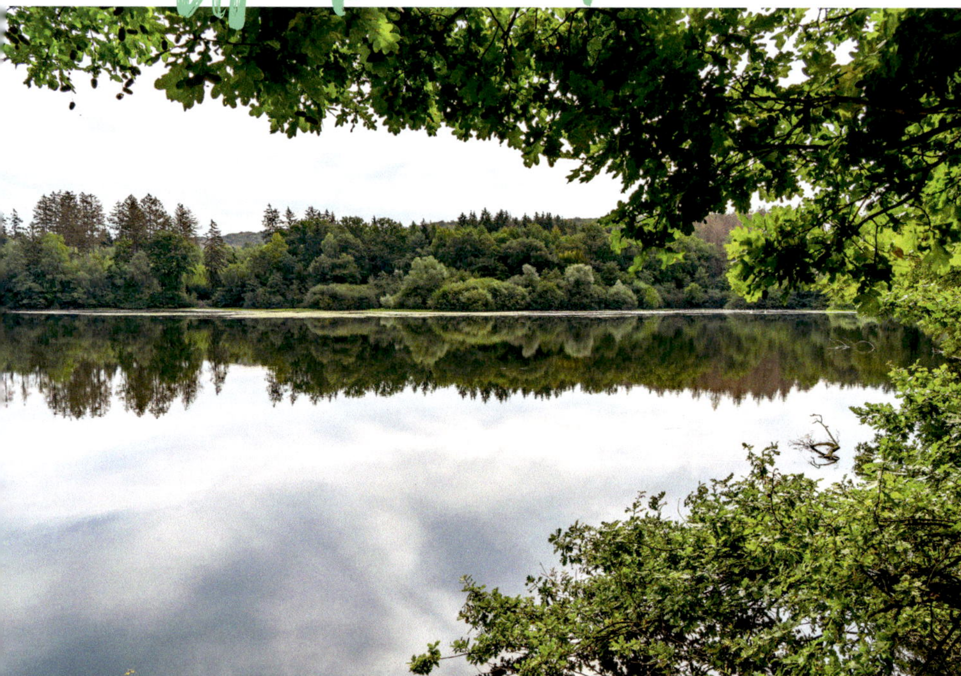

Schwierigkeit: leicht // 8,4 Kilometer // 97 Höhenmeter

Für Familien mit Kindern geeignet

IM KLANGWALD
DER MUSIK DES WALDES LAUSCHEN UND MUSIZIEREN

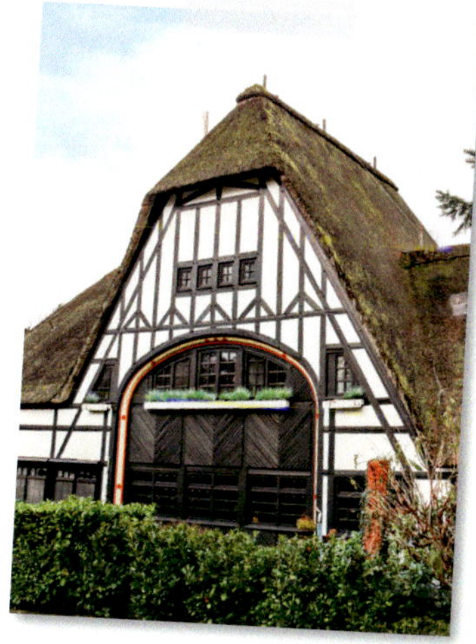

Melodische Weisen tönen zwischen den Bäumen; ihre sanften Klänge hallen durch den Wald und schweben übers Wasser. Die Stimmen der Waldvögel mischen sich unter die Lieder, während das Rascheln der Blätter unter den Füßen den Rhythmus vorgibt. Rund um den Hevesee begleitet euch auf dieser Wanderung der Klangwald, der mit seinen verschiedenen Instrumenten und Klangkörpern zum Musizieren einlädt. Vor der märchenhaften Kulisse des Jagdschlosses St. Meinolf könnt ihr zu den Tönen träumen und von der Spitze des Möhneseeturms eure Lieder in die Welt hinausschmettern. Lasst euch auf dieser Wanderung verzaubern von den Melodien der Natur, lauscht den Klängen des Waldes und seiner Tiere und genießt herrliche Ausblicke auf die Landschaft.

Der Startpunkt der Tour befindet sich mitten im Arnsberger Wald am romantischen TORHAUS 1. Sauerländer Fachwerkflair trifft hier auf friesischen Reetdachzauber. Hinter einem verschnörkelten Metalltor versteckt sich ein verwunschener Garten mit erstaunlichen Kunstwerken und bezaubernden Taubenhäusern.

DAS TORHAUS WURDE IM JAHRE 1911 ERBAUT. ES DIENTE URSPRÜNGLICH ALS HAUPTZUFAHRT ZUM WILDPARK DES BARONS VON DONNER. DIE TORDURCHFAHRT MITTEN DURCH DAS HAUS IST AUCH HEUTE NOCH GUT ZU ERKENNEN. IM TORHAUS BEFINDET SICH EIN LANDHOTEL MIT CAFÉ UND RESTAURANT.

Da das Torhaus sowohl Start- als auch Endpunkt der Tour ist, könnt ihr euch jetzt schon auf eine gemütliche Einkehr nach dem Wandern freuen. Vorbei an dem hübschen Anwesen geht es in Richtung Klang-

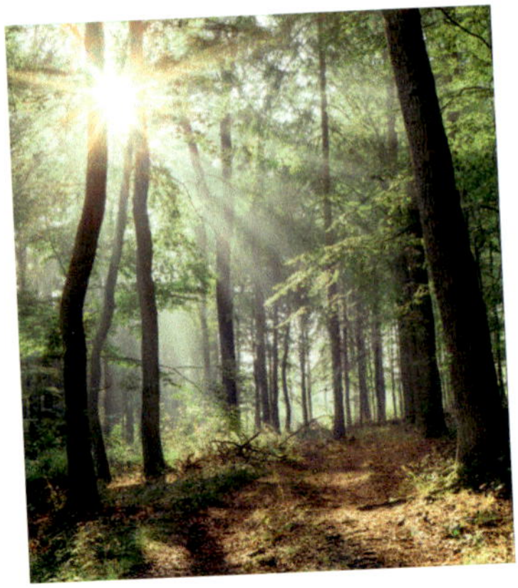

Zauber für die Sinne im Klangwald

wald, wo das erste musische Instrument nicht lange auf sich warten lässt: Mit ihren acht Beinen hält sich die Klangspinne hoch zwischen den Bäumen fest und lauert auf die Waldmusikanten. Für eine Spinne ist sie erstaunlich klangvoll. Traut euch und bewegt das Spinnseil, um ihren melodischen Fähigkeiten zu lauschen.

In Höhe der Spinne zweigt zu eurer Rechten ein uriger Pfad ab. Über diesen wandert ihr nun gemächlich bergab zum Hevedamm. Mystisch und dunkel schimmert die Oberfläche des aufgestauten Hevesees, und ein paar Enten ziehen genüsslich ihre Bahnen auf dem Gewässer. Zur anderen Seite des Dammes dagegen erstreckt sich zu mancher Jahreszeit lediglich eine Feuchtwiese, durch die sich das Rinnsal der Heve zum Möhnesee schlängelt. Kahle Uferwände, die steil abfallen in das öd daliegende Gelände, bieten einen bizarren Anblick, von dem ihr euch nach Überqueren des Dammes jedoch abwendet, um gegen den Uhrzeigersinn den See zu umrunden. Entlang des Ufers führt ein holpriger und mit zahlreichen Wurzeln übersäter Pfad. Der Untergrund wird immer feuchter, aber aus Steinplatten gebaute Stege leiten euch trockenen Fußes durch die sumpfige Landschaft, die an ein Moor erinnert.

Eine Brücke führt schließlich über die »Kleine Schmalenau«, einen 10,6 Kilometer langen Zufluss der Möhnetalsperre, und auf einen breiten Forstweg. Auf diesem werdet ihr eindrücklich Zeuge des Klimawandels. Zwar versteckt sich der Hevesee hinter dichtem Grün, der rechte Berghang jedoch wirkt wie ein Schauplatz der Verwüstung. Mit Moos überzogene Baumstümpfe, trockenes Geäst sowie einzelne verbliebene, dürre Fichten prägen das Landschaftsbild. Riesige Baumstämme lagern am Wegesrand und warten auf ihre Abholung. Lang anhaltende Trockenheit und der Borkenkäfer haben dem Fichtenwald zugesetzt und tun es noch immer. Umso ungewöhnlicher wirken dagegen die grünen Lichtungen, umrahmt vom jungen und in frischem Grün erstrahlenden Wald, auf der linken Seite des Weges. Ein Kontrast, der nicht ausdrucksstärker sein könnte.

Nach einer Weile erkennt ihr das märchenhafte JAGDSCHLOSS ST. MEINOLF 2 mit seinem bezaubernden Türmchen zwischen den Bäumen. Friedvoll liegt es am Rande einer Lichtung, auf der eine Schar Strauße umhertrippelt. Doch vor Erreichen des romantischen Anwesens quert ihr noch die Heve, den 22,3 Kilometer langen Zufluss zum gleichnamigen Stausee, deren glasklares Wasser unter dem Bauwerk plätschert. Vor dem Jagdschloss ist die Zeit für eine Pause gekommen. Zwei Bänke laden wie dafür geschaffen zur Rast ein.

Spektakuläre Ausblicke auf den malerischen Hevesee

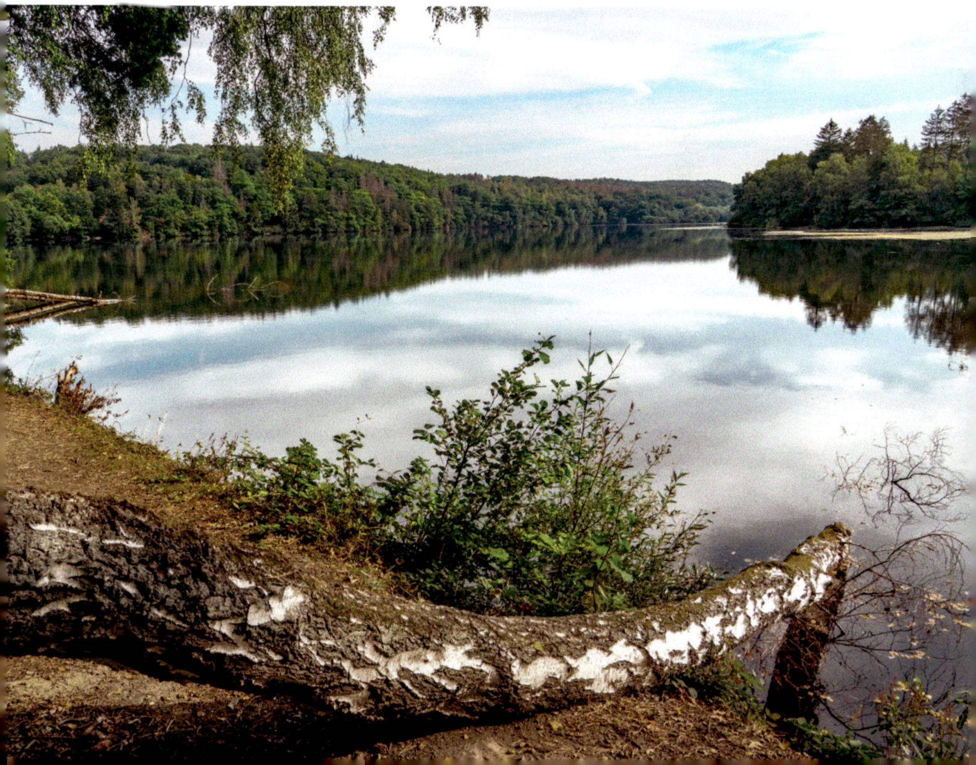

DAS JAGDSCHLOSS ST. MEINOLF HAT EINE LANGE GESCHICHTE HINTER SICH UND VIELE SCHLOSSHERREN KOMMEN UND GEHEN GESEHEN. ES IST DAS LETZTE IM SAUERLAND ERBAUTE SCHLOSS UND ENTSTAND IM JAHRE 1891 IM AUFTRAG VON CONRAD HEINRICH II. VON DONNER. HEUTE IST DAS IDYLLISCHE WALDSCHLOSS IN PRIVATBESITZ.

Der Freiherr von Donner unterhielt ein Wildgehege, in dem er exotisches Sikawild – das ursprünglich aus Asien stammt – beheimatete. 1936 konnte ein Teil der Tiere durch einen zerstörten Zaun entkommen, und neun Jahre später wurden alle Tiere in die Freiheit entlassen. Noch heute lebt eine große Sikawildpopulation in der Umgebung – übrigens die größte Deutschlands. Haltet also beim

Mit Ruhe und Geduld zu erspähen – die Tiere des Waldes

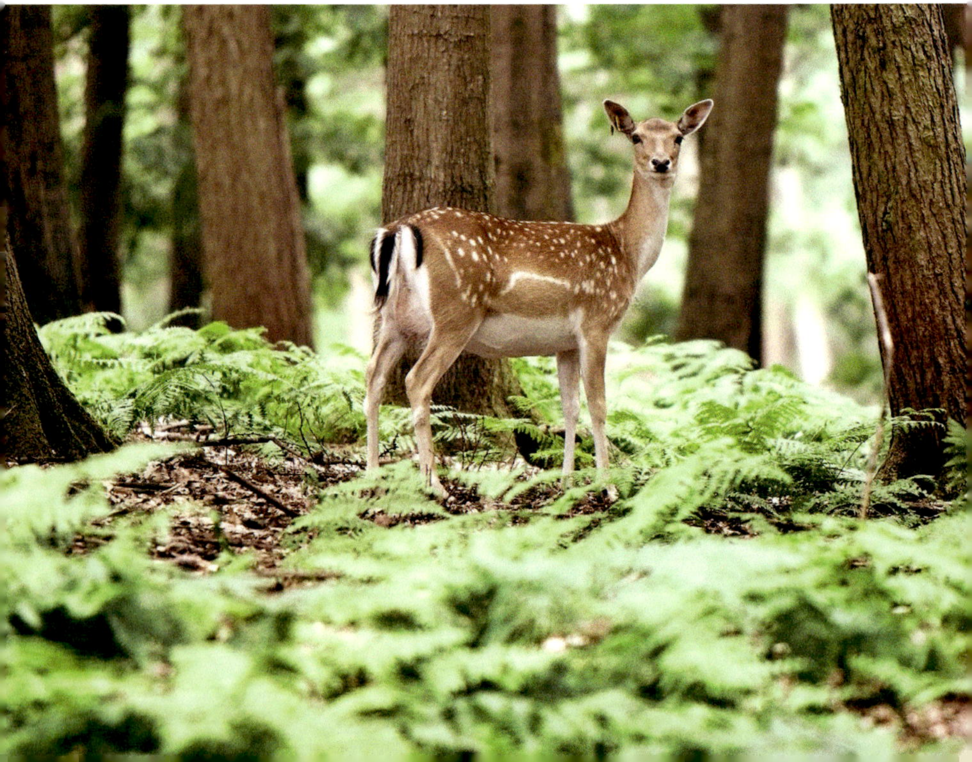

Wandern die Augen auf, vielleicht habt ihr Glück und könnt sie erspähen.
Im Herzen dieses Idylls liegt neben dem Jagdschloss in völliger Ruhe und Abgeschiedenheit die kleine Ortschaft Wilhelmsruh. Diese ist nun zu passieren, bevor es wieder in den Wald geht. Bei feuchtem Wetter sorgt am Wegesrand eine überdachte Schutzhütte für eine Pause im Trockenen. Auf Höhe der Hütte biegt ihr auf die Sauerland-Waldroute ab und erreicht wenig später das nächste Holzhäuschen. Picknickplätze gibt es hier reichlich. Der Rennweg, ein alter Handelsweg, führt euch anschließend bis zum nächsten Highlight der Strecke – dem MÖHNESEE-TURM 3. Imposant ragt der als »Leuchtturm des WaldMeers« bezeichnete Aussichtsturm aus dem verbliebenen Wald. Verblieben, weil sich auch hier oben der Baumbestand deutlich gelichtet hat. Um den Möhnesee von oben zu betrachten, müsst ihr allerdings den Turm erklimmen. Insgesamt 206 Treppenstufen sind dabei zu überwinden, um auf einer Höhe von 38,80 Metern den Blick schweifen zu lassen. Wer nicht schwindelfrei ist, kann auch bis auf mittlere Höhe vordringen. Aussichtsfenster lassen ebenso von weiter unten eine schöne Aussicht zu. Der Möhnesee-Turm zählt zu den Erlebnispunkten der Sauerland-Waldroute und ist vor allem für Familien mit Kindern ein beliebtes Ausflugsziel. Rund um den Turm sind zahlreiche Sitzbänke platziert, sodass sich hier die Gelegenheit zur Pause bietet, bevor es zum Endspurt der Tour übergeht.

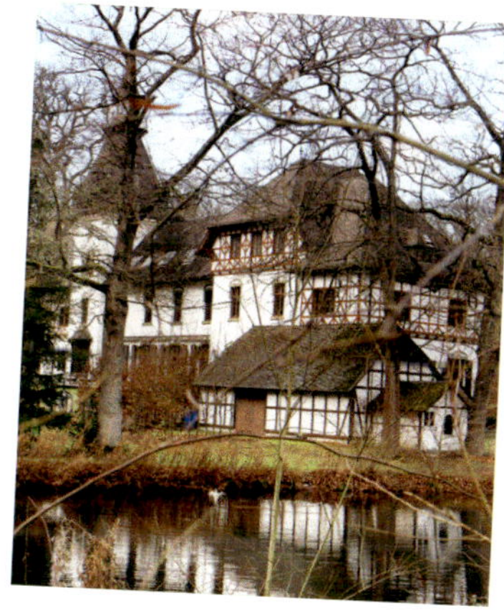

Jagdschloss St. Meinolf

Am Kreuzungspunkt Aeolsharfe könnt ihr euch überlegen, ob ihr auf dem breiten Forstweg bleibt oder einen kleinen Schlenker auf den Parallelweg macht. Letzterer verläuft auf naturbelassenen Pfaden

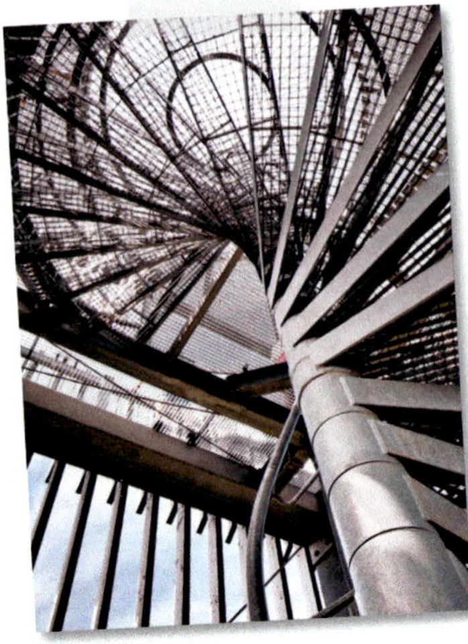

und ist ideal für alle Naturliebhaber. Mal ist der Untergrund gepolstert mit weichem Gras, dann wiederum mit raschelndem Laub. Offene Flächen mit den urtümlichen Überbleibseln gerodeter Bäume, die von den sanft im Wind wiegenden Gräsern umgarnt werden, dichtes Farnkraut, zierliche Lärchen und imposante Buchen zieren den Wegesrand. Über einen kleinen Steig geht es eine Anhöhe hinauf, und wenig später erreicht ihr ein weiteres Klanginstrument – die BAUMHARFE 4. Ein langes Seil pendelt herab und fordert euch dazu auf, es in Schwingung zu versetzen. Zart erklingen die Töne, die beim Streichen über die einzelnen Seiten durch den Wald hallen. Ein passender Ausklang der Wanderung, denn bis zum Torhaus ist es von hier nicht mehr weit. Nach dieser Tour habt ihr euch eine Stärkung verdient; wie wäre es also mit einer herzhaften Einkehr?

Alternativ bieten sich am Möhnesee noch weitere Ziele an, um den Tag zu Ende gehen zu lassen: Eine heitere Bootsfahrt oder ein Besuch des Wildparks Völlinghausen sind gerade für Kinder eine schöne Belohnung nach der Wanderung. Eindrucksvoll ist zudem der Besuch der großen Staumauer, die bereits über 100 Jahre alt ist.

IM ZWEITEN WELTKRIEG WURDE DIE SPERRMAUER DURCH EINEN BRITISCHEN BOMBENANGRIFF DERART BESCHÄDIGT, DASS SICH EINE ENORME FLUTWELLE INS TAL ERGOSS, DIE FAST 1600 MENSCHEN DAS LEBEN KOSTETE. DIE DAMMKRONE DES MARKANTEN BAUWERKS IST 650 METER LANG UND AN DER HÖCHSTEN STELLE 40,30 METER HOCH. DAMIT STAUT DIE TALSPERRE BIS ZU 134,5 MILLIONEN KUBIKMETER WASSER.

Alles, was ihr wissen müsst

Rundtour: kurze und einfache Rundwanderung ohne schwierige Anstiege // Das Highlight ist der Aufstieg auf den Möhneseeturm mit einem imposanten Seeblick // kann nach Belieben ausgedehnt werden // **nicht kinderwagentauglich**

Markierung: siehe Text oder GPS-Track

Entfernung von: Dortmund: 55 km // Paderborn: 65 km // Siegen: 100 km
ÖPNV: ab Bahnhof Soest oder Dortmund Busverbindungen bis Delecke Torhaus, Möhnesee
Auto: Wanderparkplatz am Torhaus Möhnesee

Einkehr: **Torhaus Möhnesee**, Arnsberger Str. 4, 59519 Möhnesee-Delecke, torhaus-moehnesee.de

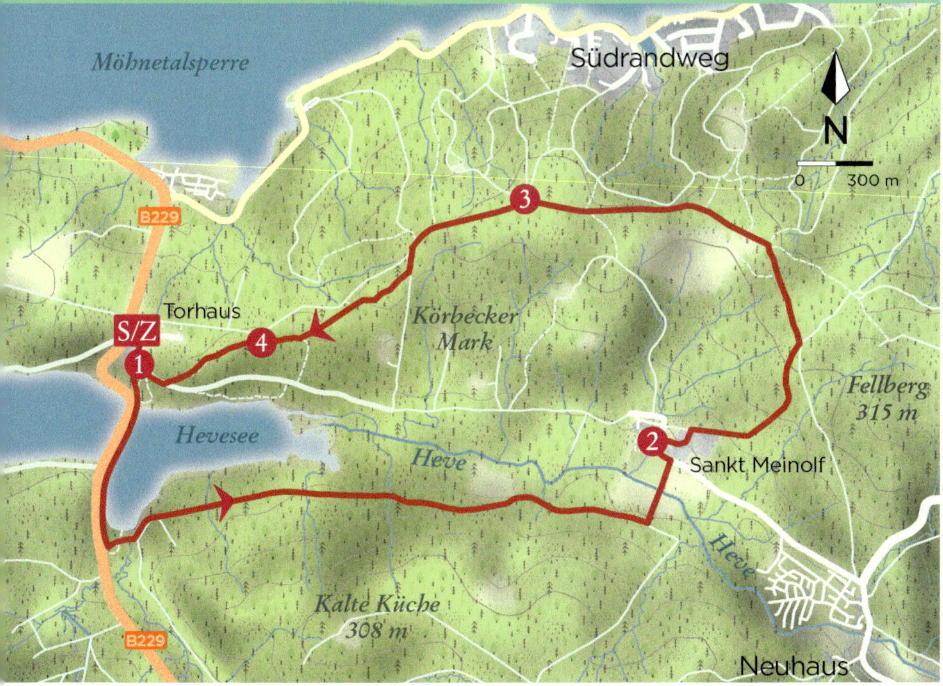

Rund um den Lörmecketurm

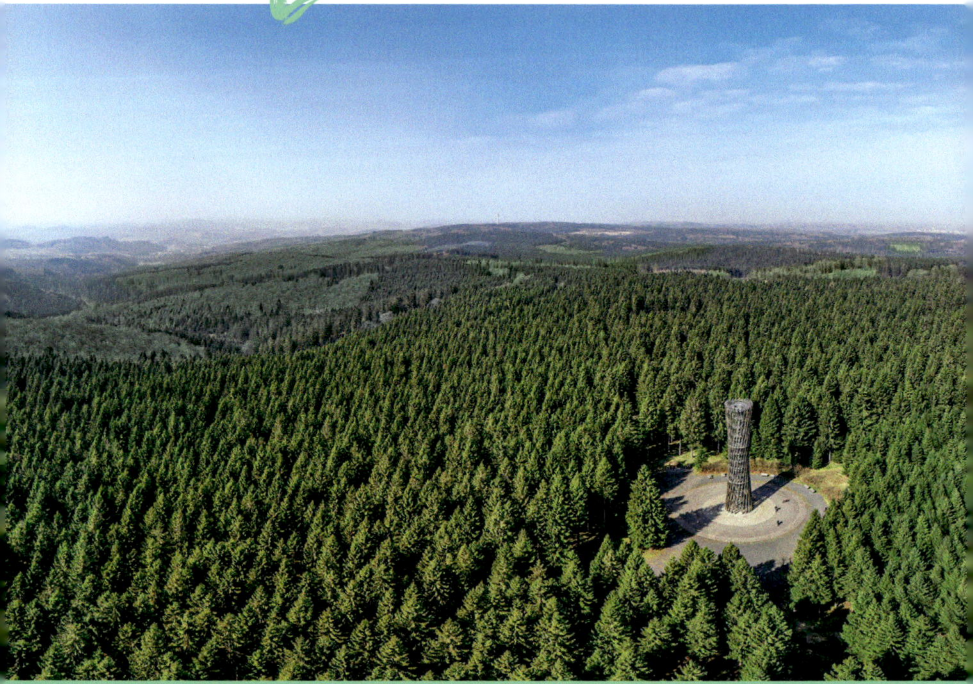

Schwierigkeit: leicht // 6,3 Kilometer // 116 Höhenmeter
Für Familien mit Kindern geeignet

3 – 5 – 7 – 12 – 35 – 80 – 144 – 204 – 300 – 360 – 581 – 615 – 2008: WAS HABEN ALL DIESE ZAHLEN MIT EURER WANDERUNG ZU TUN?

Um das zu erfahren, müsst ihr die Wanderstiefel schnüren, den Rucksack packen und euch auf den Weg machen, um das Wahrzeichen der Sauerland-Waldroute live und in Farbe zu erleben. Alternativ könnt ihr zunächst auch weiterlesen und euch einen Überblick verschaffen, wohin euch diese Tour führt. Spätestens danach aber solltet ihr aufbrechen. Ihr könnt aufatmen, denn die gesamten 240 Kilometer der Sauerland-Waldroute von Iserlohn nach Marsberg müsst ihr dabei nicht erwandern, um das lohnenswerte Ziel zu erreichen. Gemütliche 6,3 Kilometer führen euch stattdessen durch den Naturpark Arnsberger Wald und zu seinem höchsten Punkt auf 581 Metern – womit sich die erste Zahl aus der Überschrift bereits erklärt.

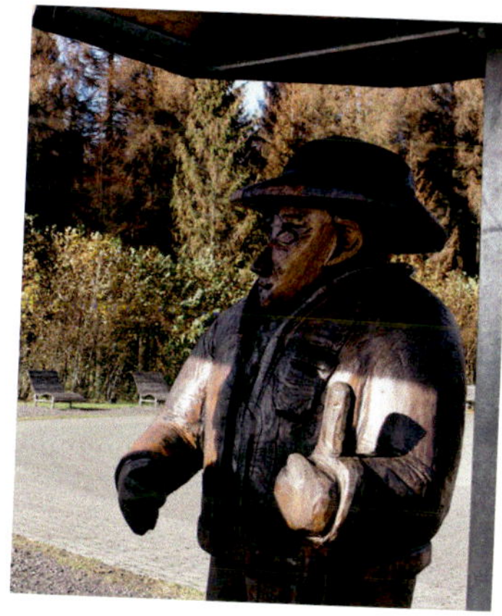

EIN SYMBOL FÜR FREUNDSCHAFTEN

Zu Beginn des Weges empfängt euch das Eingangsportal dieser Wanderung direkt am Wanderparkplatz Lörmecketurm und lädt euch dazu ein, den »Mythos Wald« zu entdecken. Zur Orientierung findet ihr dort eine große Karte, auf der die verschiedenen Wanderwege der Umgebung abgebildet sind. So könnt ihr euch überlegen, ob ihr die hier beschriebene Route laufen oder diese noch um den einen oder anderen Kilometer ergänzen mögt.

Ein mit angenehmer Steigung verlaufender Forstweg führt euch auf dem Hinweg genüsslich zum Lörmecketurm. Der sogenannte Plackweg ist eine historisch bedeutsame Route, handelt es sich dabei doch um einen alten Handelsweg, der noch aus der Römerzeit stammt und schon früher von Arnsberg in Richtung Brilon verlief. Gemütliche Bänke säumen die Strecke, und eine kleine Schutzhütte bietet einen trockenen Unterstand. Merkwürdige Baumriesen stehen am

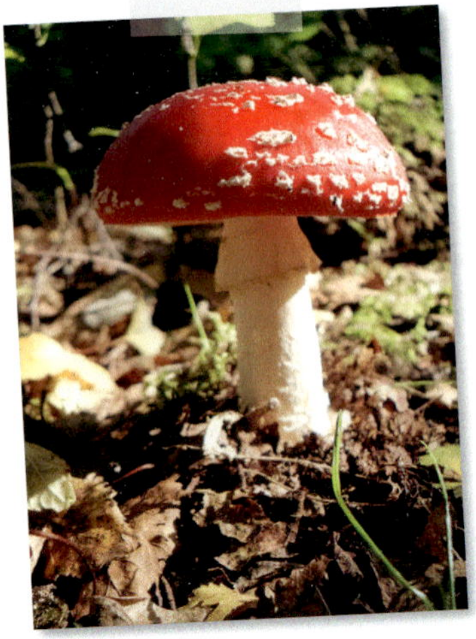

Waldrand und strecken ihre Arme in alle Himmelsrichtungen aus. Wunderschöne Baumpilze haben sich an ihren Stämmen angesiedelt und zaubern ihnen lustige Gesichter. Grün leuchtendes Moos sorgt für die notwendige Bekleidung. Zwischen hoch aufragenden Fichten und Buchen stehen farbenfrohe Pilze im weich gepolsterten Untergrund. Die kleinen Dinge, die sich am Wegesrand abzeichnen, sind immer wieder erstaunlich, und weil die Tour nicht allzu lang ist, lauft nicht so schnell daran vorbei, sondern nehmt euch Zeit.

Denn schon nach knapp drei Kilometern kommt das Highlight des Weges – der LÖRMECKETURM 1 – in Sicht. Einst noch von dichtem Wald umgeben, steht er heute zu einer Seite völlig frei. Heiße Sommer und der Borkenkäfer haben ihre Spuren auf dem Plateau hinterlassen. Dennoch ist das Erscheinungsbild des imposanten Turms ein wahrer Augenschmaus. 144 jeweils zwölf Meter lange und edel anmutende Douglasienrundhölzer schlingen sich um die stählerne Wendeltreppe in seinem Inneren. Auf dem Platz rundherum stehen Bänke, eine Schutzhütte und eine Vesperinsel, die zur Pause einladen. Zwei Holzskulpturen, die aus einer 300 Jahre alten Eiche gefertigt wurden, stehen daneben als Symbol für die lange und traditionelle Freundschaft zwischen Meschede-Eversberg und Warstein und grüßen die Wanderer.

EIN TURM DER SUPERLATIVE – DIE HÖHE DES LÖRMECKETURMS BETRÄGT 35 METER. SEIN GEWICHT BELÄUFT SICH AUF 80 TONNEN, DIE VON 144 KUBIKMETERN BETON IM ERDREICH GEHALTEN WERDEN. AN SEINER BASIS SOWIE GANZ OBEN HAT ER EINEN DURCHMESSER VON 7 METERN, IN DER MITTE 5 METER.

Nach einer Bauzeit von gerade einmal fünf Monaten wurde er 2008 eröffnet. Seinen Namen verdankt der Turm der nahe gelegenen Lörmeckequelle, die sich östlich der Tour befindet.

Auch wenn ihr vom Fuße des Turms bereits ein wenig die Aussicht genießen könnt, das, was euch oben erwartet, ist es wert, die 204 Stufen der Wendeltreppe zu bewältigen. Wie in einem Leuchtturm winden sie sich nach oben. Unterwegs könnt ihr euch etagenweise vorarbeiten und verschnaufen. Insgesamt drei Aussichtsplattformen lassen den Blick über Wald und Wiesen, Berge und Täler schweifen. Oben angekommen eröffnet sich ein atemberaubendes 360-Grad-Rundum-Panorama vor eurem Auge. Hinweisschilder machen es euch einfach zu erkennen, welche Sauerländer Höhepunkte in der Umgebung auszumachen sind. Die Burgruine Eversberg, der Fernsehturm auf der Hunau (Fernmeldeturm Bödefeld) oder die Bruch-

Rustikaler Aussichtspunkt im Hochmoor Moosbruch

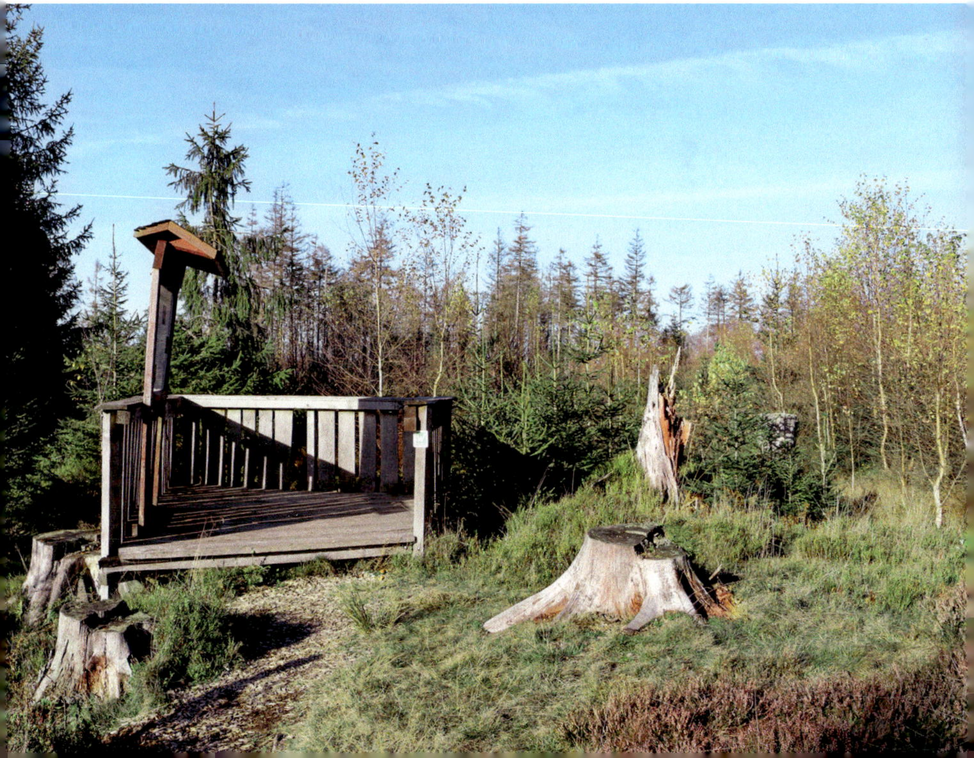

hauser Steine, könnt ihr sie entdecken? Immerhin 615 Meter befindet ihr euch auf der obersten der drei Aussichtsplattformen, da soll die Sicht an guten Tagen sogar über die Westfälische Bucht bis zum Teutoburger Wald reichen.

Am Fuße des Lörmecketurms gibt es ideale Stellen für ein Picknick mit Aussicht; wer es allerdings etwas ruhiger und idyllischer mag, der sollte noch ein Stück auf dem Rundweg weiterwandern. Dafür müsst ihr allerdings zunächst einen kurzen Abschnitt in die Richtung zurück, aus der ihr gekommen seid, bevor der Weg nach rechts abbiegt. Der vor euch liegende urige Pfad ist naturbelassen und schlängelt sich durch den verwunschenen Wald. Kleine Namensschilder mit den Bezeichnungen der Bäume zeigen an, dass es sich bei dem Weg um die Jahresbaumallee handelt. Diese begleitet euch bis zum KAPELLENPLATZ 2. Hier findet ihr – wie versprochen – ein

*Der herbstliche Arnsberger Wald –
Wandergenuss zu jeder Jahreszeit*

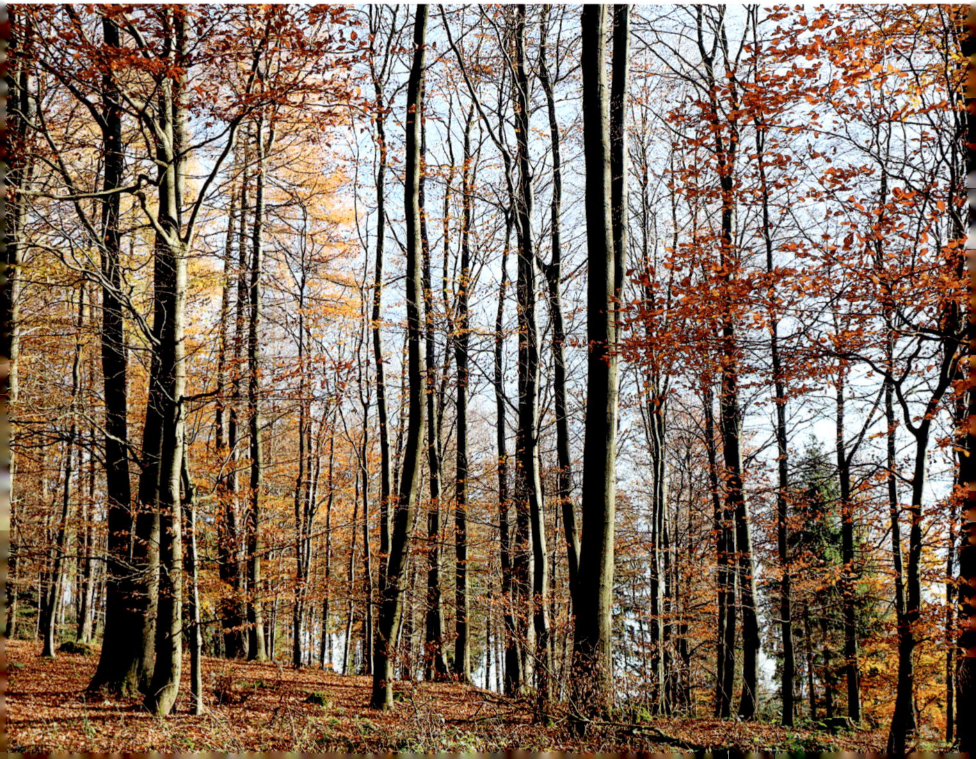

lauschiges Plätzchen für eine Pause sowie eine malerische Kapelle. Teelichter flackern in der winzigen Halle. Gegen eine Spende dürft ihr eins dazusetzen und euch in das Gedenkbuch eintragen.

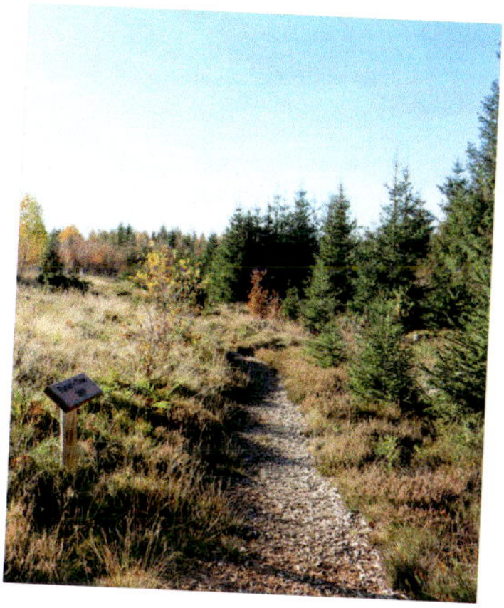

Traumhafte Pfade im Sauerland

DIE KAPELLE WURDE IM JAHR 2004 NEU ERBAUT. SIE ERINNERT AN EINE KLEINE JAGDKAPELLE, DIE DER KURFÜRST ERZBISCHOF CLEMENS AUGUST VON KÖLN IN FRÜHEREN ZEITEN AN DIESEM ORT FÜR DIE KÖLNER FÜRSTBISCHÖFE ERRICHTEN LIESS. EIN GEDENKSTEIN IN DER NÄHE MARKIERT DEN PUNKT, AN DEM DIE URSPRÜNGLICHE KAPELLE STAND.

Rund um das niedliche Gotteshaus trefft ihr auf eine weitere Besonderheit dieser Wanderung – das HOCHMOOR MOOSBRUCH 3. Ein stiller, mit Rindenmulch bedeckter Weg führt euch mitten durch diese pittoreske Landschaft. Dichte Gräser wachsen auf dem moorigen Boden. Ihre Blütenschwengel wehen sanft in der Luft. Das Heidekraut verströmt seinen unverwechselbaren Duft. Junge Fichten und Birken streben aus der Fläche empor. Dazwischen lagern morsche Baumstümpfe und Totholzstämme, die dem Ganzen den letzten Schliff fürs Moor-Ambiente verleihen. In den Sommermonaten könnt ihr hier sogar das Wollgras bestaunen. Eine kleine Aussichtsplattform ragt über ein sumpfiges Gewässer, und eine Infotafel erläutert Wissenswertes über das Moosbruch.

DAS HOCHMOOR MOOSBRUCH ERSTRECKT SICH ÜBER EINE FLÄCHE VON RUND DREI HEKTAR. SEIN URSPRUNG LIEGT IN EISZEITLICHEN AKTIVITÄTEN. ES WIRD ALLEIN DURCH NIEDERSCHLAG GESPEIST. DAS BEDEUTET, DASS DER UNTERGRUND EINE WASSERABWEISENDE BARRIERE HABEN MUSS, DAMIT SICH DER NIEDERSCHLAG AUFSTAUEN UND DAS TYPISCHE MOOR BILDEN KANN.

Nach diesem urtümlichen Umweg durch das Hochmoor gelangt ihr wenig später in das hübsche WIDEYTAL 4. Auch hier mutet die Landschaft noch sumpfig an. Zu eurer Rechten fließt der Wideybach gut versteckt, inmitten von hohem Farnkraut und üppigen Gräsern, durch das Tal. Ab und zu hört ihr es plätschern. Würdet ihr seinem Verlauf folgen, kämt ihr an der Warsteiner Brauerei vorbei. Doch so weit kommt es nicht, denn vorher biegt ihr nach links ab und wandert parallel zur B55 zum Parkplatz zurück. Vorher passiert ihr allerdings noch einen geheimnisvollen Weiher, der sich hinter dichtem Farnkraut verborgen hält. Seine dunkle Oberfläche hat etwas Magisches. Dicke Seerosenblätter bedecken das Wasser – wie schön muss es im Sommer aussehen, wenn sie blühen. Ein Warnschild bittet um Aufmerksamkeit, weil die Uferböschung sehr steil ist.

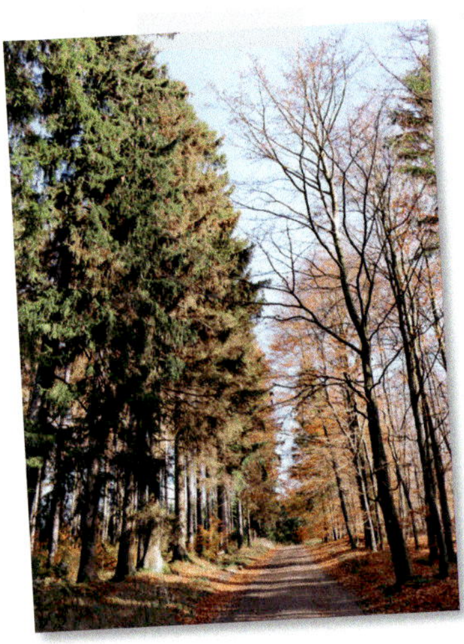

Zu guter Letzt verlasst ihr den Forstweg. Über einen holprigen Wurzelpfad geht es durch Fichtenwald noch einmal bergauf. Die Strahlen der Sonne brechen sich zwischen den hohen Stämmen und erzeugen eine märchenhafte Stimmung. Hexen- oder auch Feenringe wachsen auf dem feuchten Untergrund und bilden die passende Ergänzung in diesem Ensemble der Natur. Kurz darauf seid ihr zurück am Parkplatz, von dem aus ihr gestartet seid.

Alles, was ihr wissen müsst

Rundtour: gemütliche kleine Rundwanderung für alle Altersklassen // Highlights sind der Lörmecketurm und im Sommer die Wollgraswiese // **nicht kinderwagentauglich**

Markierung: Wegweiser Lörmecketurm, A4

Entfernung von: Dortmund: 75 km // Paderborn: 55 km // Siegen: 85 km
ÖPNV: nicht empfehlenswert
Auto: Wanderparkplatz Lörmecketurm an der B55, 59581 Warstein

Einkehr: **Domschänke – Stammhaus der Warsteiner Brauerei,** Dieplohstr. 12, 59581 Warstein, domschaenke.de // **Gutshof Warstein Hofcafé,** Lindenstr. 13, 59581 Warstein, ini.de/unternehmen/warstein/DasHofcafe.html

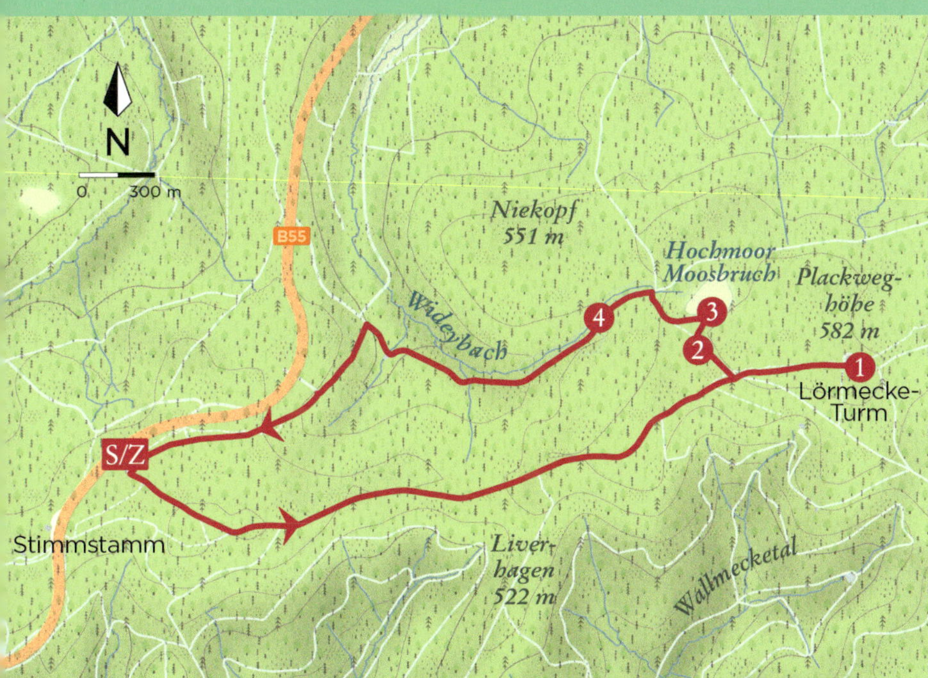

Um Brilons Borberg

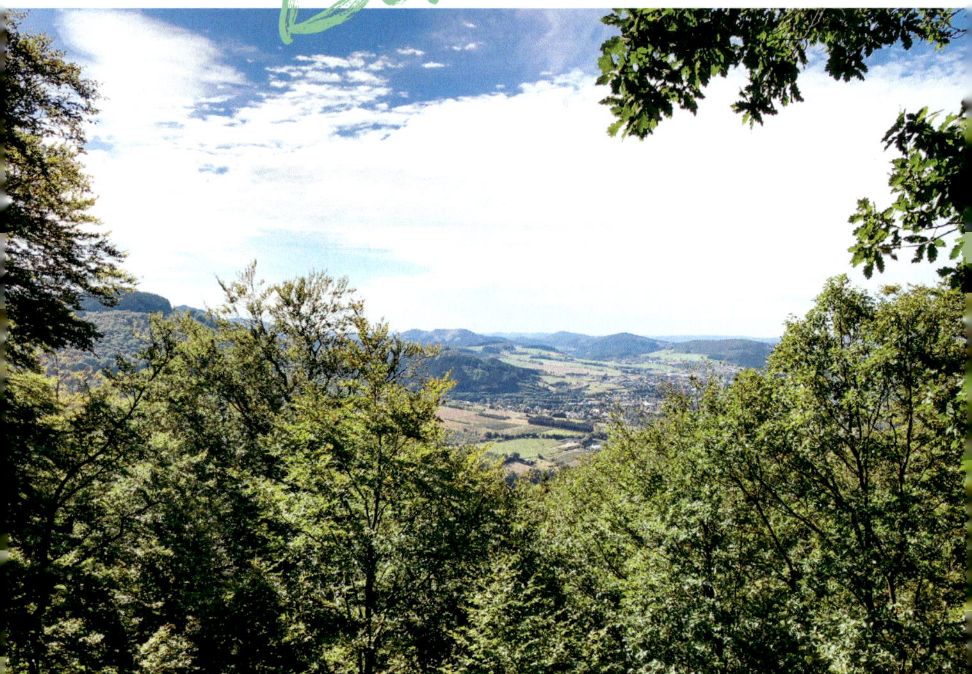

Schwierigkeit: leicht // 5,7 Kilometer // 159 Höhenmeter

Für Familien mit Kindern geeignet

VERGANGENHEIT ATMEN
UND GESCHICHTE
ZUM LEBEN ERWECKEN

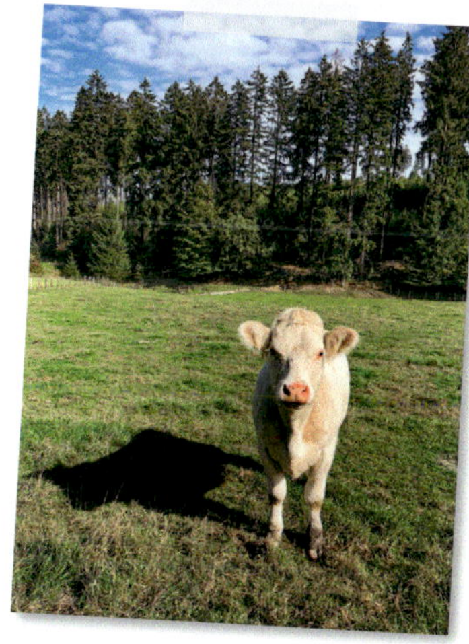

Wo, wenn nicht zwischen den verfallenen Mauern historischer Stätten, lässt sich die Geschichte am bildlichsten vor Augen führen? Wo könnte es geheimnisvoller sein, als an Orten mit einer Vergangenheit, die mehrere 1000 Jahre zurückreicht? Und wo, wenn nicht tief im Wald versteckt, lässt sich die Phantasie am stärksten beflügeln bei der Frage, wer hier vor langer Zeit gelebt hat oder was sich hier einst zugetragen hat? Auf dieser Wanderung ist ein Platz dieser Art zu finden, der euch einlädt, die Magie des Vergangenen zu spüren – der Borberg. Nicht umsonst zählt er zu den Sauerländer Seelenorten, die die Wandernden dazu inspirieren sollen abzuschalten, die Ruhe zu genießen und die besondere Bedeutung und Kraft dieser Plätze wahrzunehmen. Am WANDERPORTAL HILBRINGSE (1), an dem ihr auch bequem parken könnt, beginnt eure Wanderung mitten in herrlicher Natur und Ruhe. Der Rundwanderweg ist mit B 1 ausgeschildert und verläuft teilweise auf denselben Wegen wie der Rothaarsteig und der Briloner Kammweg. Wie der Name des hauptsächlichen Ziels der Tour – dem Borberg – bereits verrät, bekommt ihr es mit einem Gipfel zu tun. Das bedeutet, dass es zunächst bergauf geht. Umgeben von den typischen und hoch aufragenden Sauerländer Fichten ist der Weg zu Anfang noch recht breit, geht aber an einem Abzweig in einen kleinen, urigen Trampelpfad über. Hier wird es nun richtig idyllisch. Eingehüllt von einem urwüchsigen Mischwald, üppigen Gräsern und Sträuchern, die euch über den Kopf zu wachsen scheinen, ist es fast mystisch auf diesem Abschnitt. Damit ihr die Ruhe der Natur ausgiebig genießen könnt, laden im Zentrum dieser Vegetation geschwungene Holzliegen zu einer Pause ein. Um einen Blick ins Tal werfen zu können, müsst ihr euch groß machen, denn alles ist so zugewachsen, dass die Aussicht schwer zu erfassen ist.

Etwas weiter oben trefft ihr schließlich wieder auf den breiten Wanderweg. Eine Nurdachhütte bietet Schutz bei schlechtem Wetter und einen geruhsamen Sitzplatz. Bis zu den historischen Stätten auf dem Borberg ist es jetzt nicht mehr weit. Eine breite Gasse, an deren Seiten altertümlich anmutende Mauerreste zum Vorschein kommen, geben einen ersten Vorgeschmack auf das, was kommt und was Ausgrabungen hier zutage gefördert haben.
Eine Kurve weiter steht ihr plötzlich mitten in der Geschichte des sogenannten BORBERGS KIRCHHOF 2. Sorgsam aufgestapelte Mauern schlängeln sich wellenartig und dennoch in gleichmäßig angelegter Formation über eine Lichtung. Magisch wirkt das herabhängende Gras, welches sich darüber ausbreitet. Wer sich die Struktur des Grundrisses genau ansieht, kann erkennen, dass es sich hierbei um die Grundmauern einer Kirche handeln muss, zu der

Einsamkeit und Ruhe in den wilden Tälern

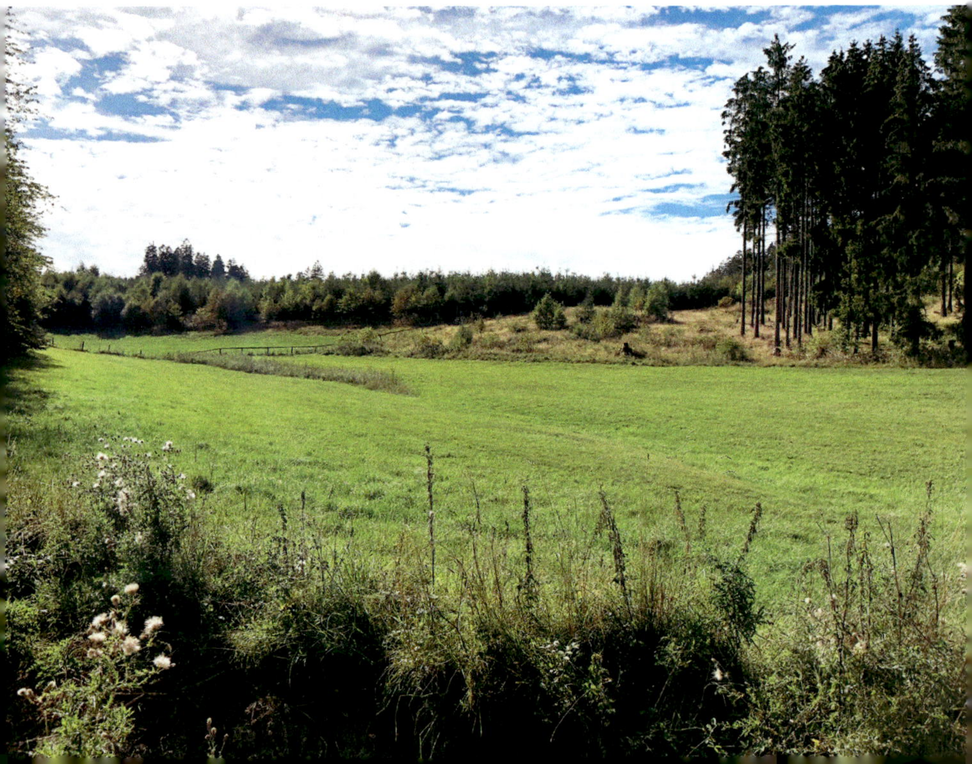

einst auch ein frühmittelalterlicher Friedhof gehörte.
Die Wallanlagen rund um den Borberg geben Aufschluss über das ehemalige Aussehen der gesamten mittelalterlichen Wallburg mit ihren Schutzwällen und Toren. Schautafeln skizzieren detailliert den gesamten Komplex der ehemaligen Burg. Schaut euch also ruhig etwas genauer um und versucht abzuschätzen, wie es früher hier ausgesehen haben muss, bevor dieser Ort verlassen wurde und sich die Natur das Areal zurückerobert hat.

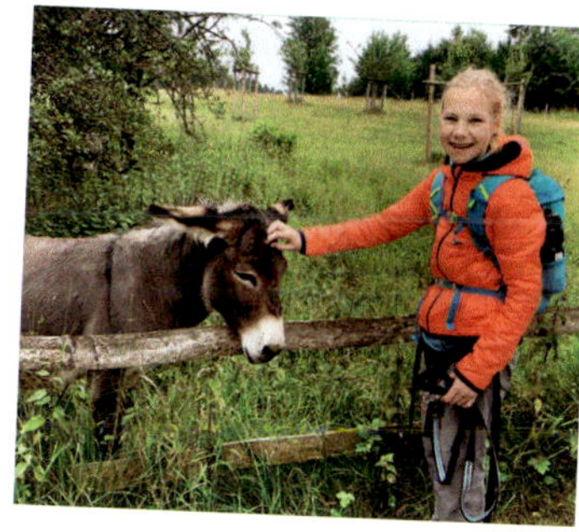

WANDERFREUNDSCHAFTEN

DIE NACHWEISLICH ÄLTESTEN RELIKTE AUF DEM BORBERG STAMMEN AUS DER ZEIT UM DIE GEBURT CHRISTI, ALS GERMANEN ERDWÄLLE ANLEGTEN, UM SICH GEGEN DIE KELTEN ZU SCHÜTZEN. IM 8. UND 9. JAHRHUNDERT MUSS EINE MAUERBURG ALS BEFESTIGUNGSANLAGE AUF DEM BORBERG GESTANDEN HABEN. DIE GRUNDMAUERN DER KIRCHE, FUNDAMENTE EINER KAPELLE UND DES FRIEDHOFS STAMMEN AUS DEM 13. JAHRHUNDERT.

Somit ist der Borberg Zeuge einer spannenden Vergangenheit. Könnt ihr euch hineinversetzen? Lasst eurer Phantasie freien Lauf.
Am höchsten Punkt des Borbergs wurde die Marienkapelle – auch Friedenskapelle genannt – erbaut. Sie befindet sich unmittelbar auf einer Felsenklippe und ist im Kontrast zu der jahrtausendealten Vergangenheit der Anlagen auf dem Borberg eher neueren Ursprungs, wenngleich auch der bereits fast 100 Jahre zurückreicht. Ihr solltet es auf keinen Fall versäumen, um das bezaubernde Bauwerk herumzugehen und von dem bizarr anmutenden Felsen den sagenhaften

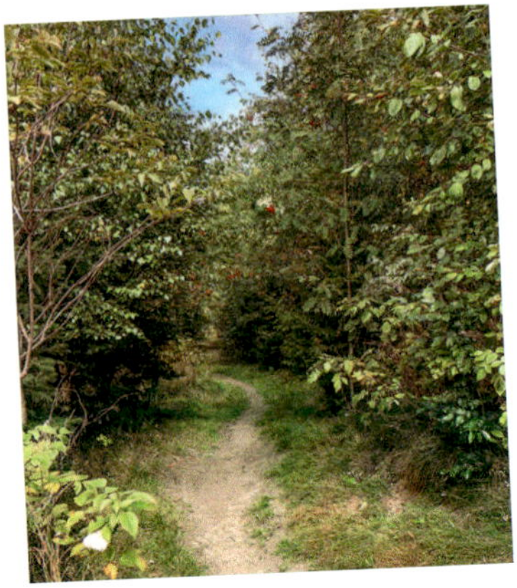

UMSCHLUNGEN VON NATUR

Blick ins Tal auf Olsberg und auf die umliegenden Berge und Täler zu bestaunen.
Also verlasst den Borberg am besten nicht allzu schnell wieder. Überall bieten sich wunderbare Möglichkeiten zu einer Pause und für ein mitgebrachtes Picknick, um die Stimmung des Borbergs auf sich wirken zu lassen. Seid ihr mit Kindern unterwegs, ist der Borberg zudem der optimale Ort, um die Phantasie anzuregen und sich gemeinsam auszumalen, welches Leben sich hier oben im Laufe der Jahrhunderte abgespielt hat. Geht doch mal zusammen auf Entdeckungsreise.
Anschließend könnt ihr euren Weg fortsetzen. Holprige Wurzelpfade führen noch ein wenig bergauf, bevor ihr erneut auf einen Forstweg trefft. Auf diesem wandert ihr nun ganz gemächlich und weitestgehend eben entlang des Hanges des Borbergs. Schaut nicht nur nach vorne, sondern werft dabei auch immer wieder einen Blick durch die lichten Fichtenwälder. Wer genau hinschaut, wird auf der gegenüberliegenden Talseite die majestätischen Felsformationen der Bruchhauser Steine ausmachen können, die sich aus dem dichten Wald erheben. In den Tälern schlummern die kleinen Dörfer. Auf den Berghängen mischt sich das Bunt der Wiesen und Felder mit dem Grün der Bäume. Weit schweift der Blick über den Horizont und die Höhenzüge des Sauerlands.
Auf Höhe des ST. ANTONIUS BILDSTOCK 3 verlasst ihr den Briloner Kammweg und gleichzeitig den Rothaarsteig, indem ihr nach links abzweigt. Vorher könnt ihr euch allerdings erneut eine nette Pause unter dem kleinen Dach gönnen, welches nicht nur den Bildstock schützt, denn auch dieser Ort erzählt eine Geschichte. So

wird berichtet, dass sich hier einst ein Sohn des Henricus Unckel während eines Botenganges im Nebel verirrte. Er konnte glücklicherweise aufgefunden werden, und aus Dankbarkeit darüber ließ sein Vater 1747 den Bildstock des St. Antonius zur Ehren Gottes errichten.

ZU DER ZEIT, ALS SICH DER SOHN DES HENRICUS UNCKEL AN DIESER STELLE VERIRRTE, GAB ES HIER EINE WEITLÄUFIGE HEIDEFLÄCHE, AUF DER SICH DIE MENSCHEN BEI NEBEL IN DER TAT VERLAUFEN KONNTEN. DIE REGION WIRD AUCH HEUTE NOCH ALS »LANGE HEIDE« BEZEICHNET.

Ihr werdet euch heute sicher nicht verlaufen, zumindest nicht, wenn ihr euch an die Wegweiser haltet und dem B1 weiter folgt. Entlang

So kann die Wanderung perfekt ausklingen

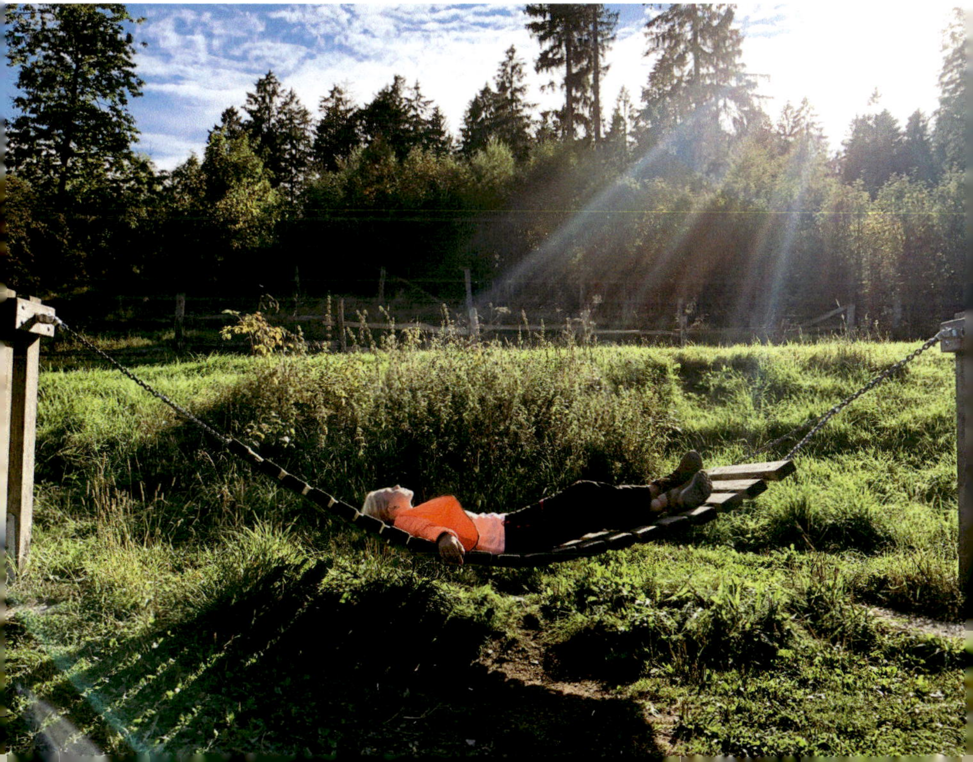

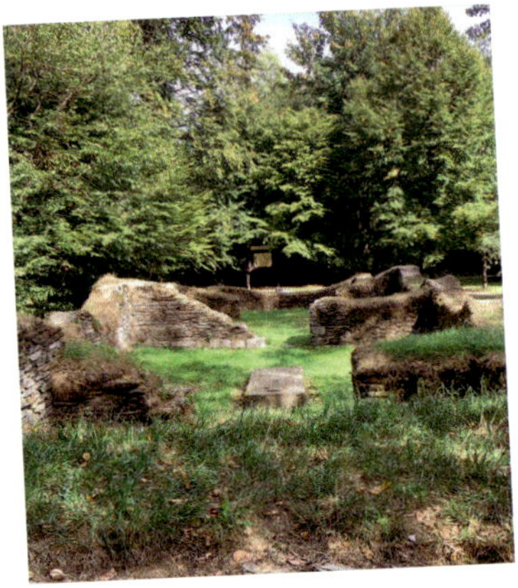

RELIKTE VON BORBERGS KIRCHHOF

des Weges gibt es dabei ständig neue interessante Dinge zu entdecken. Im Spätsommer findet ihr vielleicht sogar einen gesunden Snack für unterwegs, den euch ein Apfelbaum anbietet. Die Natur präsentiert sich farbenfroh. Neben den rotbäckigen Äpfeln leuchten auch die knalligen Früchte der Eberesche im Sonnenschein.

Kurz vor dem Ende der Rundwanderung durchquert ihr ein malerisches Tal. Hellgrün strahlen die Wiesen, während sich im schönen Kontrast dazu die dunkelgrünen Laub- und Nadelbäume die Hänge hinaufziehen. Eine kleine Schar Kühe grast im Herzen dieses friedlichen Paradieses und blickt neugierig auf die Wanderer. Ein Anblick der perfekten Sauerlandharmonie.

Falls ihr nun langsam Hunger verspürt und euch nach einer Einkehr sehnt, ist es nicht mehr weit bis zum Ziel, an dem euch schon die HIEBAMMEN HÜTTE 4 erwartet. Die Blockhütte mit ihren bezaubernden Fensterläden könnte auch in Kanada stehen und erzeugt ein gewisses Trapper-Flair. Rundherum laden passend dazu Sitzplätze zur Rast ein. Falls die Hütte geschlossen haben sollte, könnt ihr es euch zum Ausklang der Tour auf der gemütlichen Holzhängematte am Wegesrand bequem machen und ein wenig schaukeln, bevor es zum Auto zurückgeht. Anschließend lohnt sich noch ein Besuch in Brilon, um die historische Altstadt zu erkunden und gegebenenfalls hier einzukehren. Eine historische Karte des Ortes zu Erkundungszwecken erhaltet ihr in der Tourist-Info in Brilon. Möglichkeiten, um den Tag noch weiter zu gestalten, gibt es auf jeden Fall viele.

Alles, was ihr wissen müsst

Rundtour: kurzweilige Rundwanderung mit historischen Besonderheiten // Strecke kann nach Belieben erweitert werden // unterwegs findet ihr reichlich Picknickplätze // **nicht kinderwagentauglich**

Markierung: B1, weiß auf schwarzem Grund

Entfernung von: Dortmund: 100 km // Paderborn: 55 km // Siegen: 95 km
ÖPNV: nicht empfehlenswert
Auto: Wanderparkplatz Hilbringse, Burghagener Weg, 59929 Brilon

Einkehr: **Hiebammen Hütte,** 59929 Brilon, hiebammen-huette.info // **Starke,** Am Markt 15, 59929 Brilon, hotel-starke.de // **Der Jägerhof,** Am Markt 11, 59929 Brilon, derjaegerhof.de

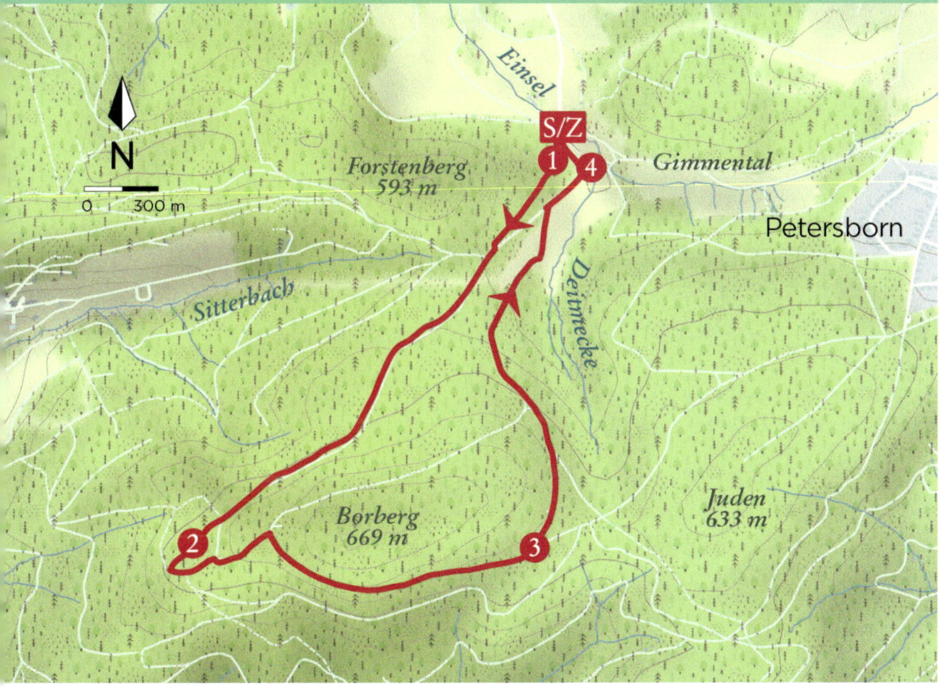

Im Weihnachtsbaumland Bestwig

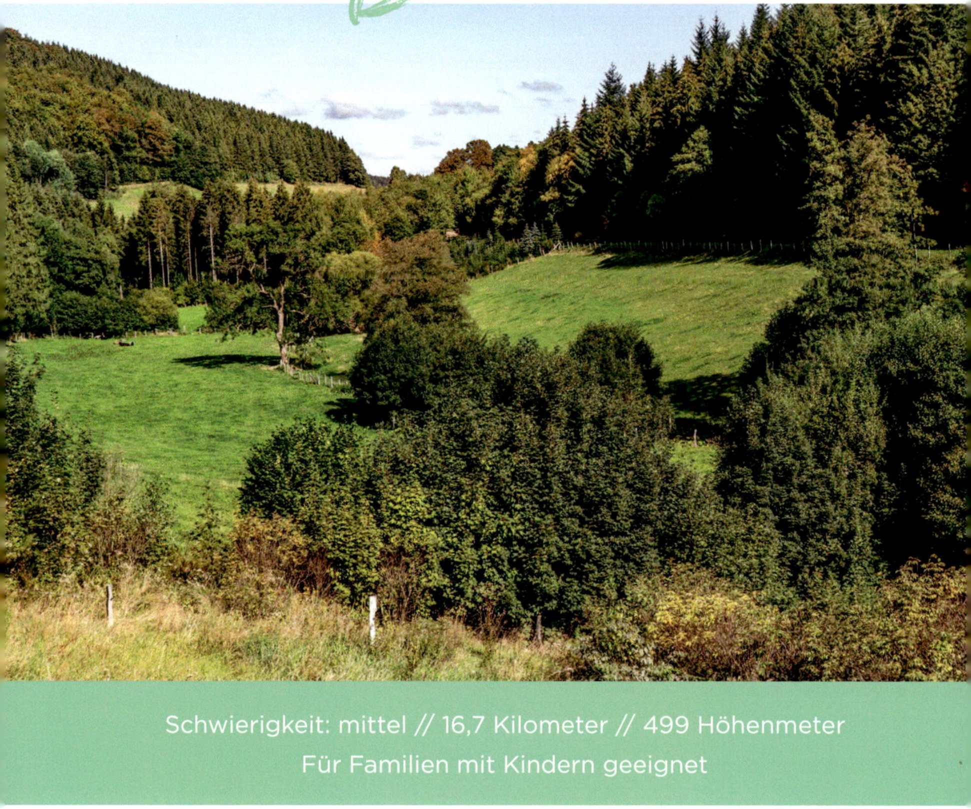

Schwierigkeit: mittel // 16,7 Kilometer // 499 Höhenmeter
Für Familien mit Kindern geeignet

»OH DU FRÖHLICHE« ZWISCHEN BLAUFICHTEN UND NORDMANNTANNEN

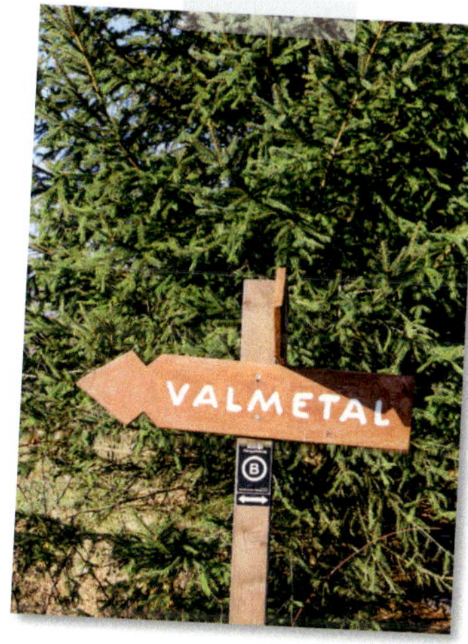

Alles muss seine Ordnung haben im Sauerland der Weihnachtsbäume. Sorgsam stehen sie aufgereiht, die Blaufichten und Nordmänner. In Reih und Glied wachsen sie auf den Hängen: Kleine und große Weihnachtsbäume in unterschiedlichen Grünschattierungen, manche sind schlank und hoch gestreckt, andere knubbelig und mit dichten Zweigen versehen. Während winzige, zarte Pflänzchen erst noch prächtige Weihnachtsbäume werden möchten, sind einige bereits ausgewachsen, warten auf das große Fest und sind fertig für ihre Reise. Diese Wanderung lohnt sich vor allem im Winter, wenn es knackig kalt ist und der Frost unter den Wanderschuhen knirscht. Eine bessere Einstimmung auf das Weihnachtsfest gibt es nicht, und vielleicht nehmt ihr euch auf dem Rückweg ja auch gleich euren Weihnachtsbaum mit. Nicht zuletzt solltet ihr diese Wanderung im Herbst oder Winter durchführen, damit ihr das Naturschauspiel am Wasserfall, der sogenannten Plästerlegge, besonders gut genießen könnt. Im Sommer versteckt er sich nämlich hinter üppigem Pflanzenbewuchs und ist kaum auszumachen beziehungsweise führt bei Trockenheit auch kaum Wasser.

Der Startpunkt zu dieser Rundwanderung befindet sich im malerischen VALMETAL 1 direkt gegenüber des Landgasthofs Rüppel. Über eine kleine Holzbrücke gelangt ihr auf die andere Seite des Bachs und wandert schließlich gegen den Uhrzeigersinn durch das beschauliche Tal, begleitet von hohen Fichten und weiten Feldern.

DIE VALME IST EIN 19,7 KILOMETER LANGER NEBENFLUSS DER RUHR, DER LETZTENDLICH AUCH IN DIESE MÜNDET. GLEICHZEITIG IST VALME AUCH EIN ORTSTEIL DER GEMEINDE BESTWIG, DER SICH NOCH EINMAL IN OBER- UND UNTERVALME GLIEDERT.

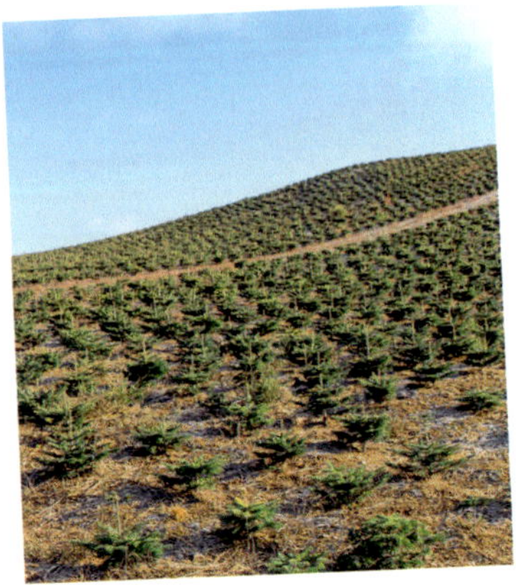

Weihnachtsbaum-Grundschule

Nach knapp einem Kilometer erreicht ihr Untervalme. Die kleine Siedlung besteht aus nur wenigen Häusern und einer winzigen Ferienanlage. Für Familien lädt ein Kinderspielplatz zu einer Pause ein. Anschließend heißt es die erste Anhöhe zu erklimmen. Oben angekommen, erreicht ihr das Weihnachtsbaumland. Auf einer Bank könnt ihr Platz nehmen und die vielen unterschiedlichen und sorgsam angeordneten Weihnachtsbaumschulen, die sich über die Berghänge erstrecken, in Augenschein nehmen. Munter strecken die Nadelbäume ihre Spitzen der Sonne entgegen. Der Weg macht einen scharfen Rechtsknick, und ums Eck ragt ein eindrucksvoller Felsbrocken aus dem Berghang. Obwohl ihn scheinbar kaum Erde bedeckt, finden die Stämme der hoch gewachsenen Buchen auf ihm Halt. Erstaunlich, die Natur findet immer einen Weg zu wachsen und zu gedeihen. Nun heißt es tief Luft holen, denn es folgt ein steiler Aufstieg, und wie versprochen begleiten euch auch hier die Weihnachtsbäume. Auf halber Höhe könnt ihr erneut eine Bank zum Verschnaufen nutzen. Ganz oben schließlich befinden sich die Kleinsten der Kleinen, und durch ein Metalltor gelangt ihr auf den Schulhof der Weihnachtsbaum-Grundschule. Artig formiert sich der Nachwuchs über den weitläufigen Bergrücken, und so weit das Auge gen Horizont blicken kann, seht ihr nichts als Weihnachtsbäume. Wer fängt hier nicht an, Weihnachtlieder zu summen?

Am anderen Ende des Schulhofs liegt die Ortschaft Heinrichsdorf. Hochlandrinder stehen auf einer Wiese und schauen neugierig auf die vorbeiziehenden Wanderer. Nach ein paar Schritten durch das hübsche Dorf gelangt ihr auf einen sonnenbeschienenen Panoramaweg mit atemberaubendem Ausblick. Hier lässt es sich geruhsam wandern und die Aussicht genießen. In der Ferne könnt ihr sogar die Bruchhauser Steine sehen, die sich stolz aus dem Wald erheben. Auf diesem ebenen Weg erreicht ihr Wasserfall. Um zur Plästerlegge zu gelangen, ist eine kleine Schleife notwendig, die euch tief ins Tal hinab führt. Der Weg ist ausgeschildert und führt auf einem urigen Pfad, vorbei an einem idyllischen Campingplatz, steil bergab. Schritt für Schritt sollte hier bedacht gesetzt werden, um auf dem steinigen und teilweise belaubten Untergrund nicht auszurutschen. Nach rund 20 Minuten, ausgehend vom Ort, seid ihr am Ziel angekommen. Der Taleinschnitt ist geprägt von hoch aufragendem Felsgestein, und an seinem Ende fließt der Wasserfall hinab. Ringsherum ergießt sich eine üppige und dschungelartige Vegetation, die es in den Sommermonaten schwermacht, die PLÄSTERLEGGE 2 zu erspähen. Im Winter

Beschauliche Kleinigkeiten am Wegesrand

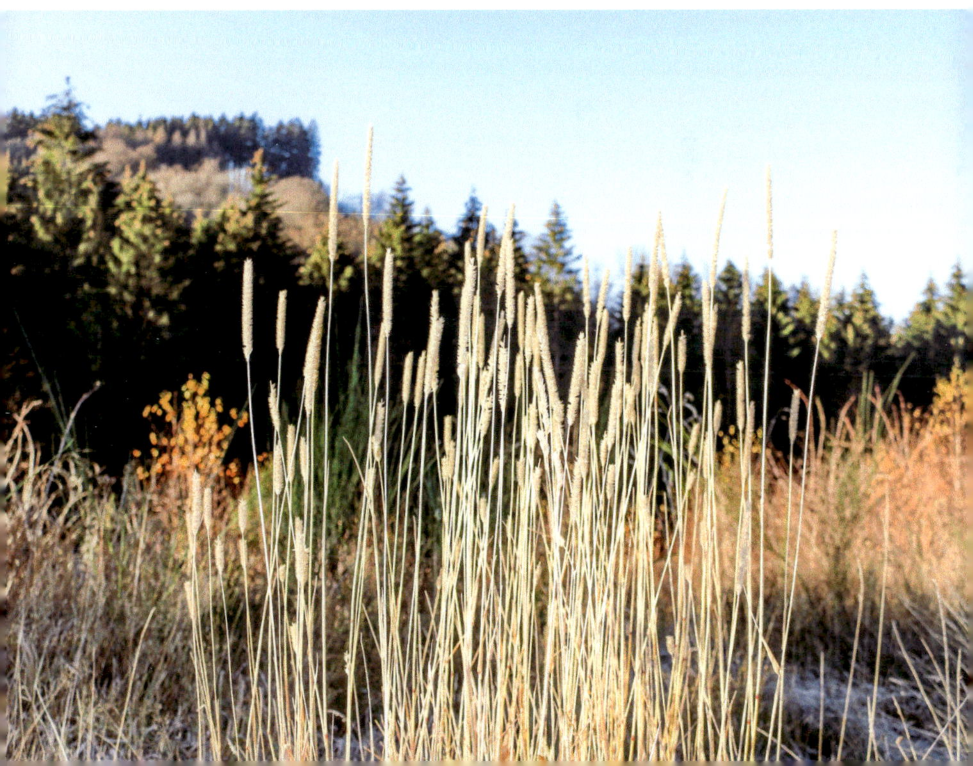

und nach regenreichen Tagen kommt ihr jedoch in den vollen Genuss dieses Erlebnisses. In einer Sitzecke könnt ihr mit Blick auf das Naturschauspiel euer Pausenbrot verzehren.

DIE PLÄSTERLEGGE IST DER EINZIGE NATÜRLICHE WASSERFALL IN NORDRHEIN-WESTFALEN. DER NAME KOMMT AUS DEM PLATTDEUTSCHEN UND IST ZURÜCKZUFÜHREN AUF REGNEN, »PLÄSTERN«, UND LEGGEN, WAS SO VIEL BEDEUTET WIE SCHIEFRIGES GESTEIN, ÜBER DAS SICH DER WASSERFALL ERGIESST.

Dadurch wird klar, dass der Wasserfall tatsächlich nur bei feuchten Wetterverhältnissen in Funktion zu sehen ist und bei langen regenarmen Zeiten sogar trockenfallen kann.

Warten geduldig auf das große Fest –
die kleinen Nordmänner

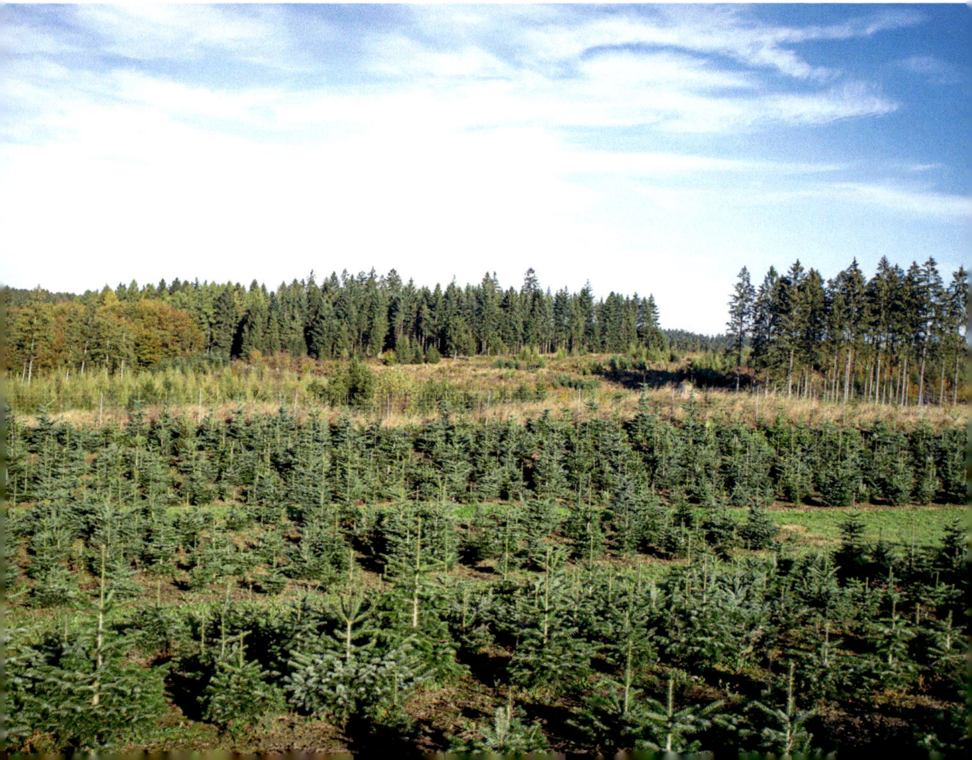

Ruht euch gut aus, denn den steilen Weg, den ihr heruntergewandert seid, müsst ihr wieder hinauf. In Wasserfall könnt ihr noch einen Blick auf den STÜPPELTURM 3 werfen. Der rot leuchtende Aussichtsturm, der zu den höchsten Aussichtspunkten im Sauerland zählt, steht im Fort Fun Abenteuerland, einem beliebten Ausflugsziel für Familien. Wenn ihr mit Kindern im Sauerland unterwegs seid, dann solltet ihr unbedingt einmal dort vorbeischauen. Nach rund fünf Minuten entlang der Hauptstraße kommen wir zum nächsten Abzweig in Richtung Ramsbeck. Wieder einmal vorbei an einer Ansammlung von Weihnachtsbäumen schreitet ihr gemächlich bergab. Dichter Wald umhüllt die Strecke und sorgt für pures Naturvergnügen, das selbst die grün gestrichenen Strommasten nicht zu trüben vermögen, passen sie sich doch perfekt ins Landschaftsbild ein. Den Hang hinauf erstreckt sich eine wunderbare Heidefläche, die besonders im Spätsommer einen traumhaften Anblick bietet. Ein Stückchen weiter trefft ihr auf den Abzweig zum Bergbau-Wanderweg von Ramsbeck (Tour 5), der ebenso durch diese Region verläuft und ein mehr als empfehlenswerter Tourenvorschlag ist. Ganz bis Ramsbeck wandert ihr im weiteren Verlauf nicht; wer aber einen kleinen Stadtrundgang machen und eventuell das Bergbaumuseum besuchen möchte, kann einen Umweg in Kauf nehmen und der Beschilderung zum Ort folgen. Ansonsten biegt ihr nach Überquerung einer Hauptstraße alsbald linker Hand ab und wandert entlang des Berghanges dem Ende der Tour entgegen. Bis dahin sind es aber noch gut vier Kilometer, während der ihr die würzige Luft des Waldes

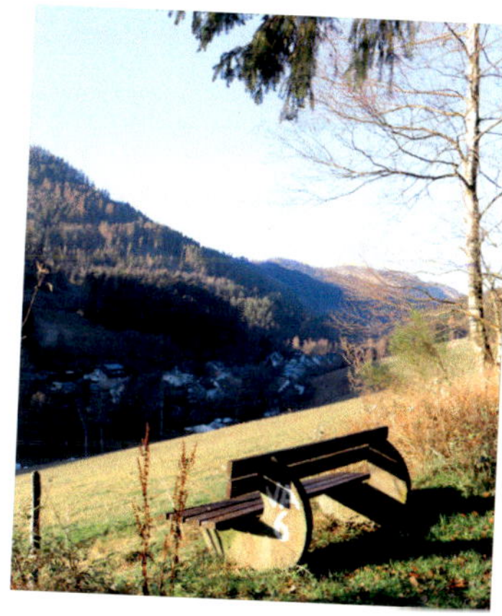

Durchatmen mit Ausblick

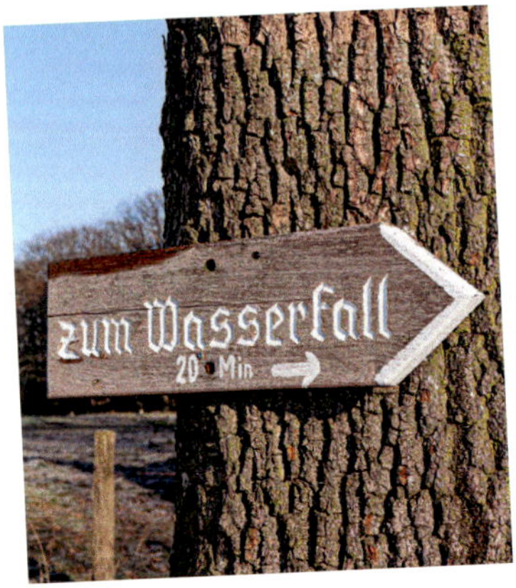

Zum Wasserfall: Hier entlang!

atmen könnt. Je nach Jahreszeit habt ihr vielleicht Glück und erspäht auf der gegenüberliegenden Bergseite und zwischen den Bäumen den Kamin am Bastenberg. Er ist ein Relikt aus der Bergbauzeit Ramsbecks, das von Ferne her aussieht wie der Turm aus einem Märchen der Gebrüder Grimm. Zwischen den Fichten wächst dichtes Moos und bedeckt den Waldboden. Vorwitzige Pilze strecken im Herbst ihre bunten Köpfe daraus empor. Sie wirken beinahe wie lustige Zwerge, die sich im Wald verstecken. Könnt ihr sie sehen? Haltet die Augen auf, denn im Herbst wimmelt es hier von ihnen. Am Rande einer weitläufigen Wiese ruft eine Bank zur Rast. Der Blick schweift über die beschaulich im Tal schlummernden Häuser Werderns und über die umliegenden Höhenzüge.

Was wäre der Weihnachtsbaumwanderweg ohne Weihnachtsbäume, die abermals auf einer Lichtung mitten im Wald wachsen und auf ihren Einsatz warten. Der Weg macht noch einen letzten Schlenker durch ein naturbelassenes Seitental. Parallel zu einer weitläufigen Lichtung plätschert ein Bach, der etwas unterhalb in die Valme mündet. Das Ziel ist nun zum Greifen nah, und was bietet sich zum Abschluss der Tour besser an als ein Fußbad? Zumindest wenn ihr im Sommer unterwegs seid, ist das eine hervorragende Erfrischung. Ist es zu kalt, dann lockt der LANDGASTHOF RÜPPEL (4) direkt gegenüber dem Parkplatz. Und wer noch einen Weihnachtsbaum für zu Hause mitnehmen möchte, der sollte in der Umgebung ruhig Ausschau nach einem Verkaufsstand halten.

Alles, was ihr wissen müsst

Rundtour: für naturverbundene Wanderer mit dem Blick für die Kleinigkeiten am Wegesrand // führt zum einzigen natürlichen Wasserfall in NRW // **nicht kinderwagentauglich**

Markierung: Beschilderung Untervalme, Heinrichsdorf, Wasserfall, Ramsbeck // gemäß GPS oder Tourenbeschreibung

Entfernung von: Dortmund: 90 km // Paderborn: 70 km // Siegen: 75 km
ÖPNV: nicht empfehlenswert
Auto: Wanderparkplatz Valmetal, Valme 4, 59909 Bestwig

Einkehr: **Landgasthof Rüppel,** Valme 4, 59909 Bestwig, edelsteinhotel-sauerland.de, direkt am Wanderparkplatz // **Bäckerei/Café Hamich,** Uferweg 5, 59909 Bestwig, baeckerei-hamich.de

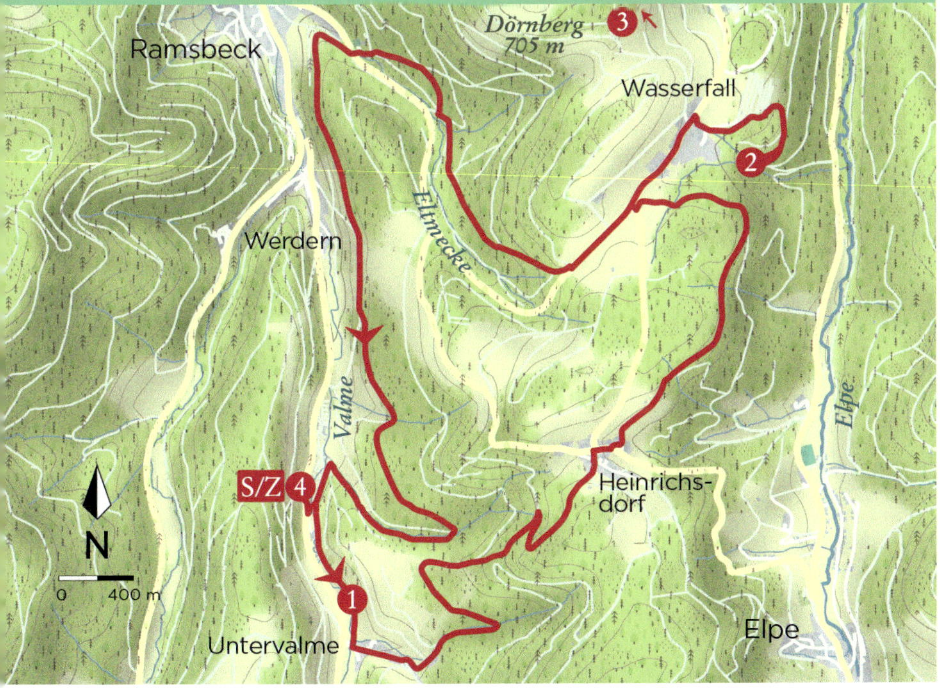

Bergbauwanderweg Ramsbeck

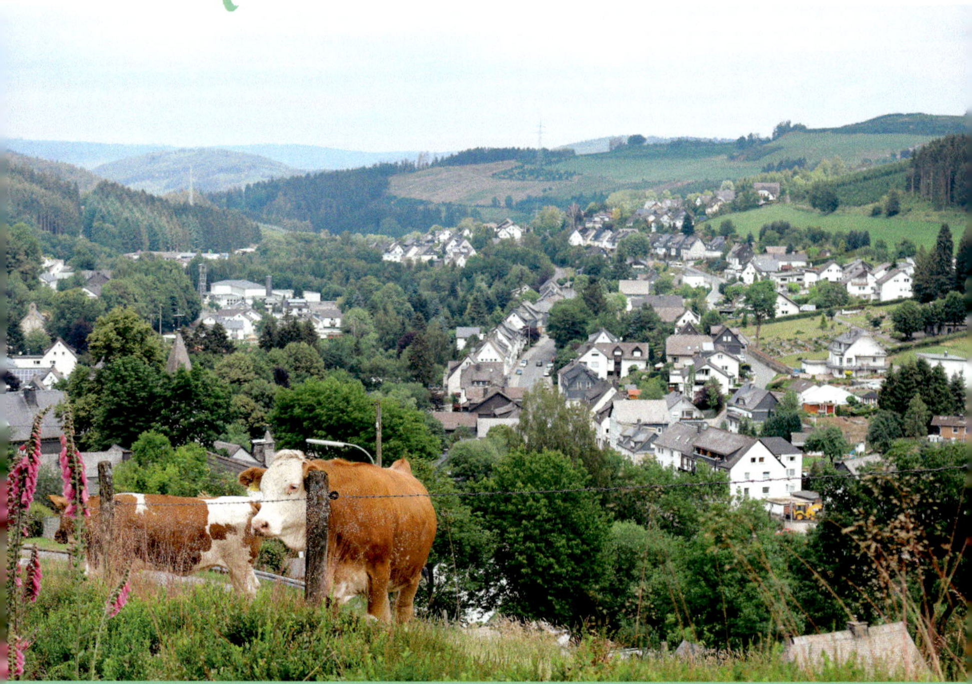

Schwierigkeit: mittel // 9,9 Kilometer // 316 Höhenmeter

Für Familien mit Kindern geeignet

EIN HAUCH VON WILDEM WESTEN
IM »SAUERLÄNDISCHEN KALIFORNIEN«

Ein absoluter Geheimtipp unter den Themenwegen im Sauerland ist der Bergbauwanderweg in Ramsbeck. Zeugnisse längst vergangener Zeiten, in denen Siedler von weit herkamen, um hier ihr Glück zu suchen, erinnern an den Goldrausch in Kalifornien und lassen die Geschichte des Ortes und seine langjährige Bergbautradition wieder lebendig werden. Insgesamt 38 Informationstafeln am Wegesrand nehmen den Bergbauwanderer mit auf eine anschauliche Reise in die Vergangenheit, die beim Anblick der puren Natur rundherum wohl sonst bei dieser Tour in Vergessenheit geraten würde.

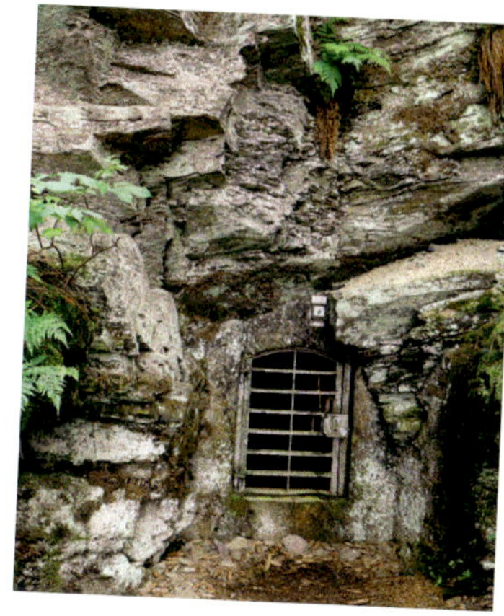

Ehemaliger Stolleneingang

Der Bergbauwanderweg beginnt direkt am Besucherbergwerk in Ramsbeck. Ganz traditionell dient als Eingangsportal ein »DEUTSCHER TÜRSTOCK« 1, der einst im Bergbau errichtet wurde, um die Stollengänge abzustützen. Bevor es in das ehemalige Bergbaugebiet am Bastenberg geht, passiert ihr verschiedene historisch bedeutsame Gebäude im Ortskern. Dann heißt es bergauf. Entlang des Berghanges zieht sich der Wanderweg durch herrliche Felder und Wiesen, auf denen genüsslich die Kühe weiden. Vorbei an verschiedenen christlichen Bildstöcken, die zu bewundern sind, und schließlich auch durch schattigen Wald wandert ihr empor. Bald liegt Ramsbeck weit unten im Tal. Der Panoramablick auf den kleinen Ort und die umliegenden vom Bergbau geprägten Hänge lässt sich bestaunen und von einer bequemen Holzliege aus auch ganz gemütlich bei einer Pause betrachten.

Nach einiger Zeit kommt ein hölzerner Zaun in Sicht und ein schmaler Pfad führt den Berg hinauf. Hier versteckt sich etwas oberhalb im Hang – in einer Art Schlucht – der alte Eingang zum VENETIANERSTOLLEN 2. Je weiter ihr zwischen den aufragenden und

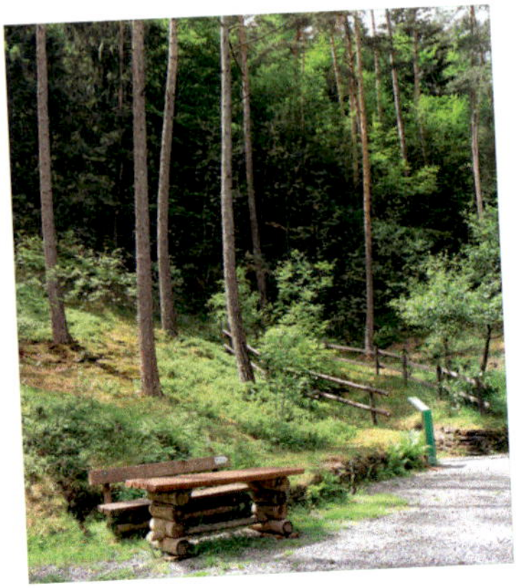

Rastplatz am Josephus-Stollen

tunnelartigen Wänden dem Stollentor entgegen wandert, desto kälter wird es. Aus dem finsteren Stollen weht euch schließlich ein regelrecht eisiger Luftzug entgegen und sorgt für ein schauriges Gefühl. Habt ihr am Weg vor dem Venetianerstollen noch das Gedenkkreuz für die im Bergbau Verunglückten betrachtet, so hört ihr vielleicht jetzt aus dem verborgenen Stolleninneren noch die Rufe ihrer Geister und fühlt ihren kalten Atem auf der Haut.

DER VENETIANERSTOLLEN REICHT 154 METER IN DEN BERG HINEIN UND WURDE BEREITS IM 11./12. JAHRHUNDERT ANGELEGT.

Er ist der älteste aller Stollen im Bastenberg und wurde vermutlich von Venetianern aus dem fernen Italien angelegt, die hier nach Silber- und Bleierz schürften und um die sich die eine oder andere geheimnisvolle Sage oder magische Erzählung rankt.
Das nächste Highlight am Bergbauwanderweg lässt im Anschluss an den Venetianerstollen nicht lange auf sich warten: Kurz nach einer Biegung erhebt sich plötzlich seitlich des Weges ein mächtiger, gemauerter Turm mit einer wehenden Fahne auf dem First. Nach dem mystischen Stollen erscheint dieses Bauwerk nahezu märchenhaft, doch Rapunzel ist hier nicht zu Hause. Der Turm, der aussieht als gehöre er zu einer Burganlage, ist in Wahrheit ein KAMIN 3 und in seiner Gesamtkonstruktion ein Meisterwerk der Bergbaukunst.

DER KAMIN IST TEIL DER RAUCHGASANLAGE DER EHEMALIGEN BLEI- UND METALLHÜTTE VON RAMSBECK. UM DIE BEI DER VERHÜTTUNG ENTSTEHENDEN GESUNDHEITSSCHÄDLICHEN GASE AUS DEM TAL ZU BEFÖRDERN, WURDEN DIESE ÜBER EINEN 385 METER LANGEN, GEMAUERTEN KANAL (DESSEN RESTE SICH ENTLANG DES WEGES NOCH ZEIGEN WERDEN) DEN BERG HINAUF- UND DURCH DEN KAMIN ABGELEITET.

Neben dem historischen Gemäuer befinden sich mehrere gemütliche Sitzgruppen mit Bänken und Tischen. Der noch bevorstehende Weg ist anspruchsvoll, also nutzt den wunderschönen Platz am Fuße des Turms und die Zeit, um zu verschnaufen und die Vergangenheit vor eurem inneren Auge Revue passieren zu lassen.

Die »Wasserburg«, ehemalige Maschinenwerkstatt der Eisengießerei

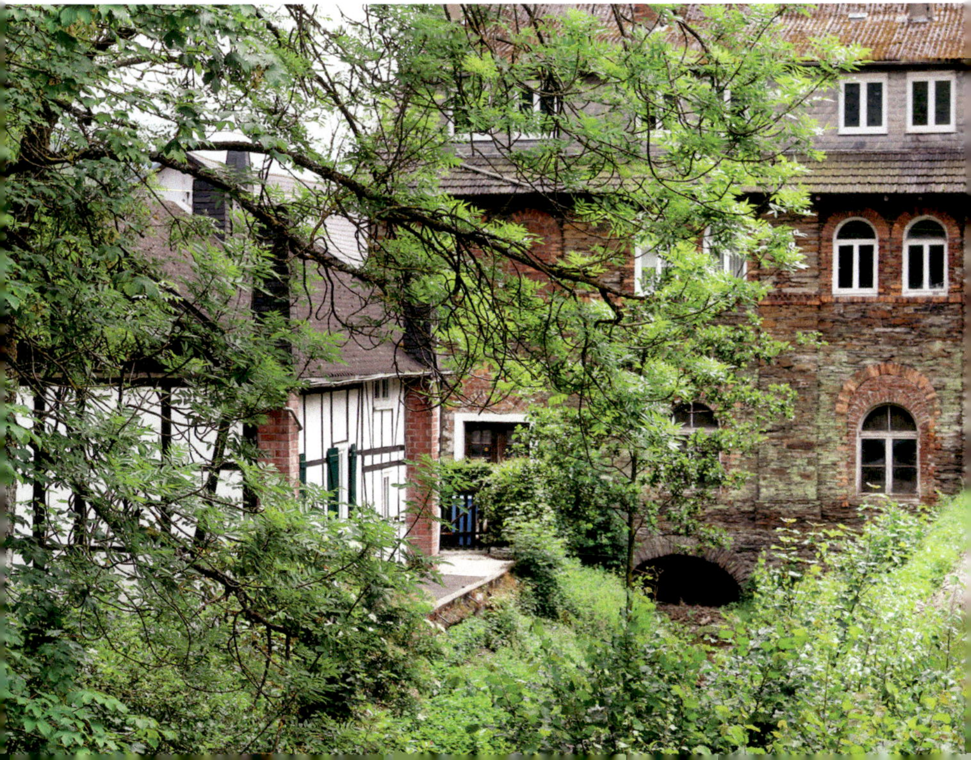

Der Weg führt nun wieder zurück ins Tal. Vorbei an den Überresten des Rauchgaskanals gelangt ihr etwas später zum Eingang des Josephus-Stollens. Auch aus diesem Stollenportal, welches 100 Meter in den Berg reicht, spürt ihr die kalte Luft, allerdings weniger schaurig als zuvor. Auf dem Vorplatz des Stollens befindet sich ein Holzblockhaus, und Bänke und Tische laden erneut zu einer Pause ein.
Im Tal angekommen befindet sich zur Linken ein neu gestalteter Platz mit historischen Sehenswürdigkeiten und Infotafeln zur Bergbaugeschichte. Wer die Tour verkürzen möchte, kann von hier aus jetzt in wenigen Minuten zum Ausgangspunkt zurückkehren; wer aber ein paar weitere Höhenmeter nicht scheut, macht rechtsabbiegend zunächst einen kurzen Abstecher nach Werdern, bevor es auf der gegenüber des Bastenbergs liegenden Hangseite den Dörnberg hinaufgeht. Der Bergbauwanderweg passiert dabei die malerische »Was-

Ausblick vom Bastenberg auf Ramsbeck

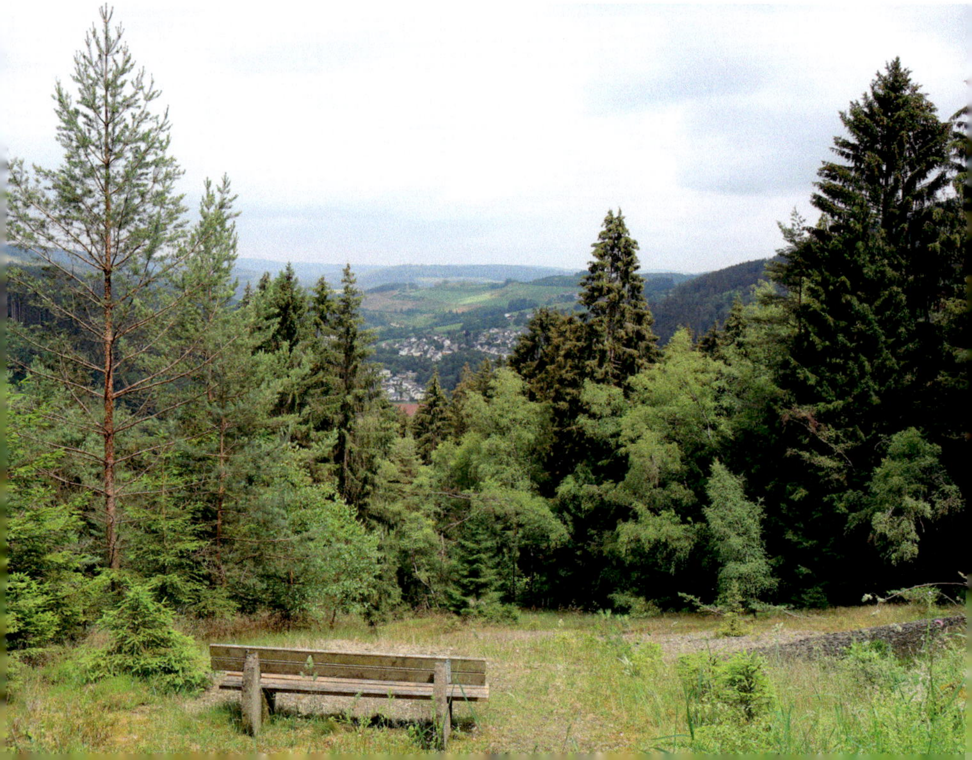

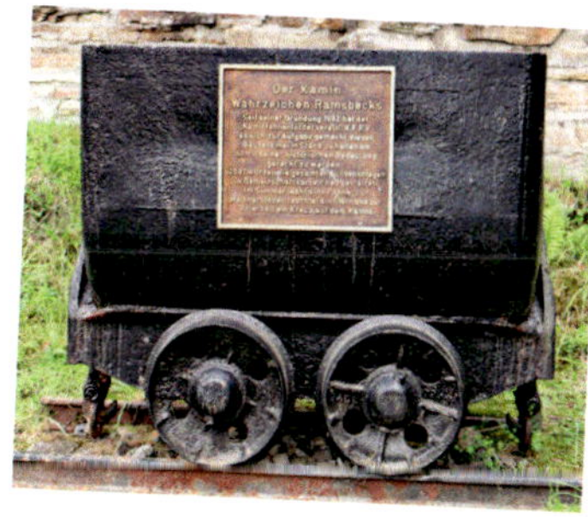

Zeitzeugen der Geschichte

serburg«, aber dieses Bauwerk hat im eigentlichen Sinne nichts Märchenhaftes an sich. Die frühere Maschinenwerkstatt der Eisengießerei wurde nämlich aus Platzmangel direkt über dem Bachbett der Valme errichtet, und auch heute noch plätschert das Wasser mitten durch das Gebäude.

In Werdern trifft dann beschwerliches Industrietreiben auf beschauliches Wohnen. Die winzigen Siedlungshäuser mit ihren kleinen Schuppen und Ziegenställen müssen einst neben den rauen Industrieanlagen fast unwirklich ausgesehen haben.

Nach diesem ortsgeschichtlichen Schlenker wird es Zeit, wieder Waldboden unter den Füßen zu spüren. Waren die Wege über den Bastenberg noch recht komfortabel, wartet der Dörnberg nun mit urigen Steigen auf. Hohe Fichten ragen den Hang empor, dazwischen strecken lustige Graswedel ihre Köpfe hervor und wehen sanft im Wind. Ramsbeck schlummert friedlich im Tal, und sein Wahrzeichen – der Kamin – winkt vom Bastenberg herüber.

Immer wieder erzählt der Wanderweg Bergbaugeschichte. Die Spuren der Vergangenheit sind allgegenwärtig. Mit dem Aufstieg auf die Willibaldhalde wird es nun konditionell noch einmal herrlich anspruchsvoll. Die Historie wird jetzt spürbar lebendig und greifbar. Dazu verändert sich das landschaftliche Bild an dieser Stelle komplett. Die Eingänge der WILLIBALDSSTOLLEN 4, an denen der Bergbauwanderweg vorbeiführt, wirken modern, fast als würde hier noch gearbeitet. Lediglich die Tatsache, dass sich die Natur die Wege fleißig zurückerobert, zeigt, dass dem nicht so ist. Überall grünt, sprießt und blüht es auf dem kargen Untergrund. Steile Schieferhänge prägen das Umgebungsbild. Am Eingang zum Willibaldstollen III hängt der Text des Steigerliedes. Seid ihr mutig und traut euch, die Strophen herauszuschmettern? Stellt euch doch vor den Eingang und singt im

Chor – oder nehmt den Ohrwurm einfach mit auf den Rest des Weges. Glück auf! Glück auf! Der Steiger kommt, und er hat sein helles Licht bei der Nacht und er hat sein helles Licht bei der Nacht schon angezündt, schon angezündt.

DAS STEIGERLIED WIRD BEREITS SEIT ÜBER 400 JAHREN IN FAST ALLEN BERGBAUREGIONEN DEUTSCHLANDS GESUNGEN UND HAT DEN CHARAKTER EINER HYMNE.

Auf dem Vorplatz des Willibaldstollens solltet ihr noch einmal rasten, denn ein letzter knackiger Anstieg, wenn nicht sogar der anstrengendste der gesamten Tour, steht euch bevor. In zahlreichen Serpentinen windet sich der schieferbedeckte Steig im eifrigen Zick-Zack-Kurs steil den Dörnberg hinauf. Der Waldboden zwischen den Birken und Buchen ist übersät von Blaubeersträuchern. Glücklicherweise erwartet euch oben eine Bank.
Von hier aus geht es nun gemächlich des Weges und zurück in Richtung Ramsbeck – natürlich nicht ohne weitere Relikte der Vergangenheit. An einem vorwitzig geschnitzten Baumstumpf strahlt euch ein Baummännlein in die Augen. Lasst euch neben ihm auf der Bank nieder und genießt die Natur, das Rauschen des Windes in den Bäumen, das Wiegen der Gräser und Blumen in der leichten Brise an diesem aussichtsreichen Wandertag.
Das letzte Stück der Tour führt zurück durch Ramsbeck und vorbei an ein paar altehrwürdigen Gemäuern. Am Besucherbergwerk angelangt, könnt ihr im Schatten des Förderturms im Restaurant »Zur Lore« einkehren und die Wanderung mit all ihren Sehenswürdigkeiten Revue passieren lassen. Außerdem stehen euch die Türen des Bergbaumuseums offen, falls ihr das Geschichtsprogramm noch ausdehnen oder ein Andenken mitnehmen wollt.

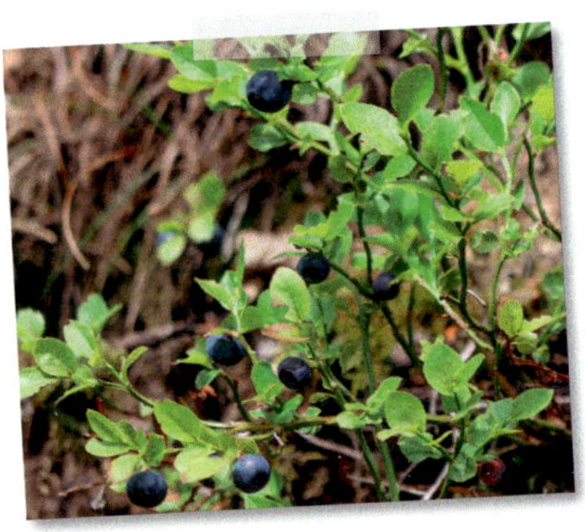

Alles, was ihr wissen müsst

Rundtour: abenteuerlich, historisch interessant und abwechslungsreich // der erste Abschnitt der Tour ist bedingt kinderwagentauglich mit Ausnahme des Abstiegs vom »Kamin« // die Tour besteht aus mehreren Teilen und kann somit verkürzt werden, denn der Aufstieg auf die Willibaldhalde hat es in sich, lohnt sich aber, auch was die teilweise spektakuläre Wegführung anbelangt // **bedingt kinderwagentauglich**

Markierung: Pfeil Bergbauwanderweg

Entfernung von: Dortmund: 90 km // Paderborn: 65 km // Siegen: 75 km
ÖPNV: nicht empfehlenswert
Auto: Parkplatz direkt am Besucherbergwerk, Glück-Auf-Str. 3, 59909 Bestwig-Ramsbeck

Einkehr: **Zur Lore,** Glück-Auf-Str. 3, 59909 Bestwig-Ramsbeck

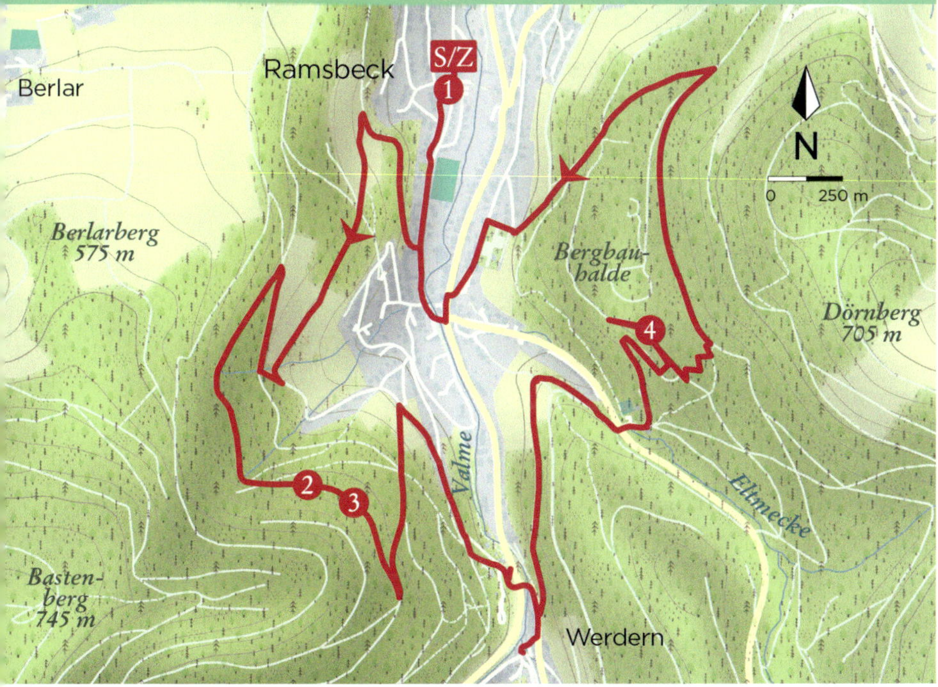

Über den Klippenpfad zum Gipfel des Olsbergs

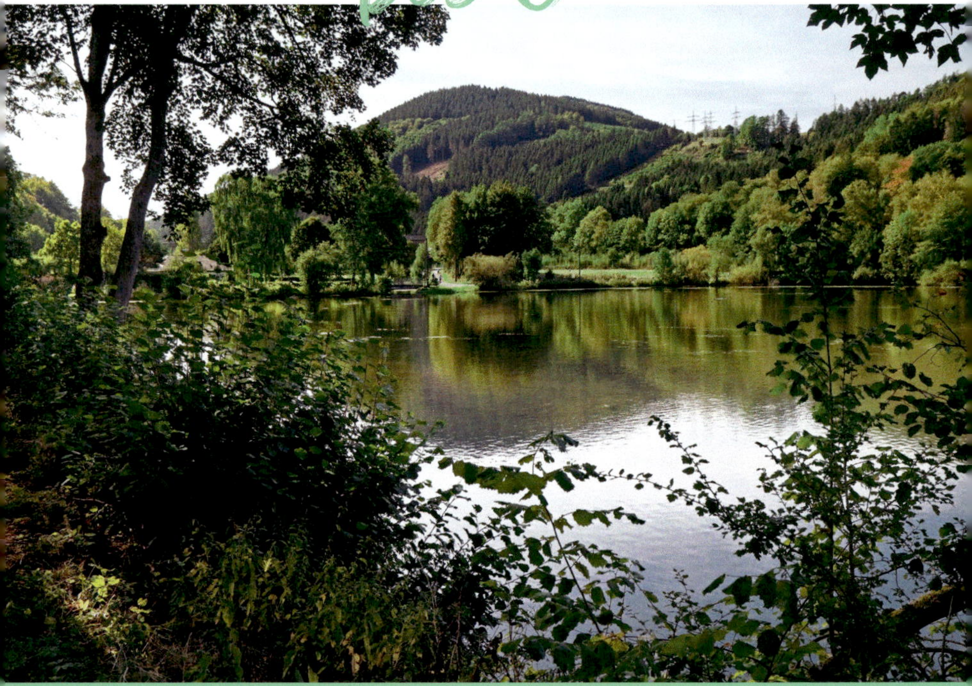

Schwierigkeit: schwer // 8,5 Kilometer // 360 Höhenmeter
Für Familien mit Kindern geeignet

ALPIN WANDERN IM SAUERLAND. MAJESTÄTISCH THRONT DER GIPFEL DES OLSBERGS ÜBER DEM GLEICHNAMIGEN ORT

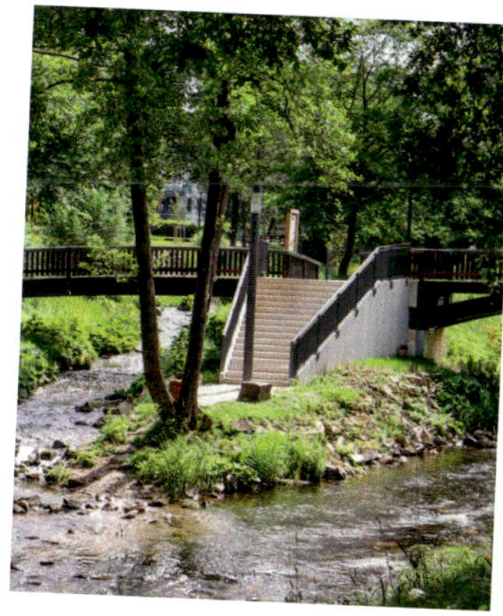

Gierskoppbach und Ruhr

Das imposante Ziel der Wanderung, das Gipfelkreuz, ist bereits zu Beginn der Tour sichtbar und lässt den Wanderer in Anbetracht des bevorstehenden Aufstiegs ehrfürchtig nach oben schauen. Während die junge Ruhr beschaulich durch das Städtchen plätschert, fallen daneben im Ortskern besonders die lebensgroßen Kneipp-Figuren auf, die an zahlreichen Plätzen aufgestellt wurden. Jede Figur ist ein Unikat und verdeutlich die lange Kneipp-Tradition Olsbergs. Und so bieten sich zu Beginn der Wanderung, zwischendurch und im Anschluss in Olsberg perfekte Voraussetzungen, sich die heiß gewanderten Füße abzukühlen.

Der Weg zum Gipfel beginnt am Rande des Kurparks und führt zunächst entlang der Ruhr. Wer das idyllisch plätschernde und glasklare Flüsschen hier sieht, mag sich kaum vorstellen können, zu welch stattlichem Fluss sich die Ruhr in ihrem Verlauf entwickeln wird.

VON IHRER QUELLE BEI WINTERBERG BIS ZU IHRER MÜNDUNG IN DEN RHEIN BEI DUISBURG MISST DIE RUHR RUND 219 KILOMETER. IM KURPARK VON OLSBERG BEFINDET SICH EINE KNEIPP-TRETSTELLE INMITTEN DES JUNGEN FLUSSES. LASST EUCH DIE SCHÖNE ABKÜHLUNG HIER VOR ODER NACH DER WANDERUNG NICHT ENTGEHEN.

Nach den letzten Häusern des Ortes tauscht ihr den Asphalt unter euren Füßen gegen naturbelassene Pfade. Vorbei am OLSBERGER RUHR-STAUSEE 1 geht es über den Stauwall, der bei schönem

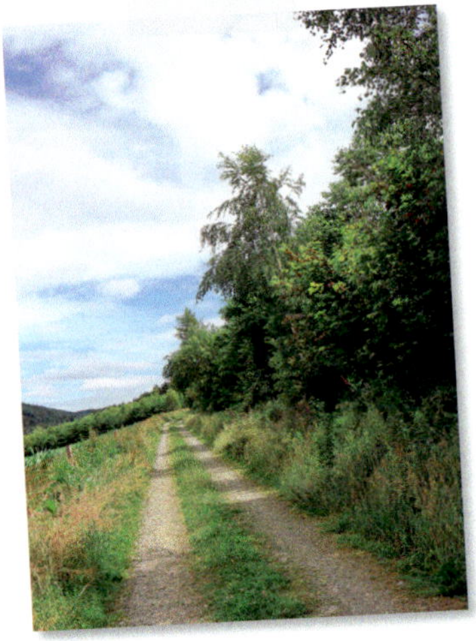

Wetter von einer Heerschar Enten bevölkert wird, und anschließend über ein kurzes Teilstück des Ruhrhöhenwegs. Der Steig ist schmal und urig und verläuft etwas oberhalb des Sees parallel zum Ufer durch schattigen Wald. Gemütlich geht es des Weges, und nichts lässt erahnen, was euch demnächst an Kondition und Ausdauer auf dem Weg zum Gipfel abverlangt wird.

Bevor der eigentliche Gipfelaufstieg beginnt, passiert ihr noch eine Bundesstraße, trabt auf breiten Forstwegen leicht bergan und vorbei an der Hasley-Hütte. Etwas weiter beginnt dann endlich der langersehnte Klippenpfad, und es erwartet euch Natur pur und ein richtig alpines Berggefühl. Vorbei ist das gemächliche Schlendern, nun heißt es mit deutlicher Steigung bergauf. Über den naturbelassenen Steig wandert ihr durch den Wald. Hoch ragen die Fichten und Buchen vom Hang gen Himmel. Dazwischen lassen die blanken Felsen, die aus der Erde hervorstechen, ein erstes Gefühl für den Klippenpfad aufkommen. Dichtes Moos wuchert auf dem Gestein, schaulustige Pilze strecken ihre Köpfe daraus hervor. Der Pfad wird merklich steiler und führt fast gerade den Berg hinauf. Wurzeln säumen den Weg, jeder Schritt muss gut überlegt sein, um nicht zu stolpern. Die Felsblöcke gewinnen mit jedem Höhenmeter deutlich an Intensität. Ihre Ecken und Kanten treten aus dem Berghang hervor, und die interessanten Gesteinsstrukturen, die im Zuge der Entwicklung des Rheinischen Schiefergebirges entstanden sind, werden sichtbar. Nun wird der Weg auch seinem Namen »Klippenpfad« gerecht. Vorbei an den mächtigen Felsgebilden wandert ihr auf dem holprigen Steig bergan. Auch wenn die Olsberger Klippen sich mitten im Wald befinden und nicht an einer Steilküste mit Blick aufs Meer, die bizarren Felsen in dieser mystischen Natur könnten kein besseres Abenteuer-Wandergefühl aufkommen lassen.

Nach dieser anstrengenden Passage habt ihr euch eine Abkühlung verdient. Bevor es immer noch kräftig bergauf in Richtung Gipfel geht, erreicht ihr die LUISENQUELLE 2 mit einer natürlichen Kneipp-Tretstelle. Ein bezaubernder Pool in einer Steinumfassung lädt dazu ein, Schuhe und Socken auszuziehen und die vom Aufstieg qualmenden Füße in das kühle Nass zu tauchen. Wer mit Kindern unterwegs ist, sollte am besten ein Badetuch im Rucksack dabeihaben, denn die Versuchung, hier eine spritzige Wasserpause einzulegen, ist groß. Die Eltern können dabei gemütlich von der Bank aus zusehen und ein kleines Picknick vorbereiten.
Anschließend geht es dem Endspurt zum Gipfel entgegen. Typischerweise beginnt sich der dichte Wald zu lichten, je höher es hinaufgeht. Dennoch säumen immer noch die herrlich duftenden Nadelbäume den Weg. Die Pfade sind so mit Wurzeln übersät, dass sie wie natür-

Zeit zum Kneippen an der Luisenquelle

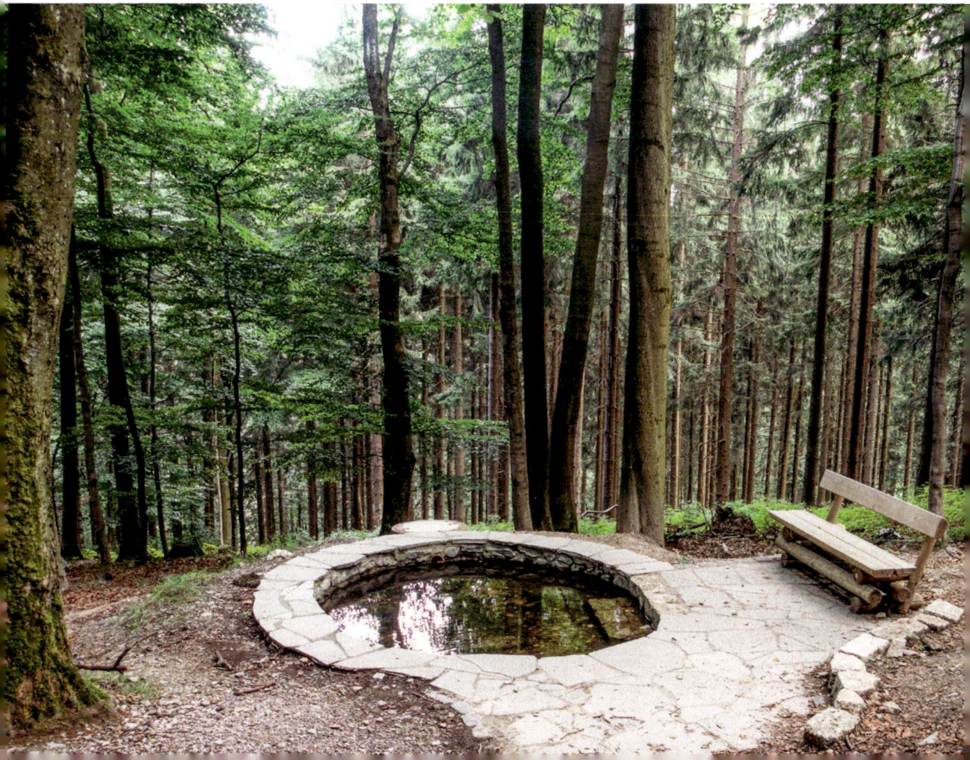

liche Treppen wirken, und zum ersten Mal könnt ihr unterwegs ein paar Fernblicke erhaschen. Zwischen jungen Fichten, die in zartem Grün erstrahlen, sowie hohen Gräsern und Farnen führt der Weg zum Gipfel des Olsbergs hinauf.
Und dann habt ihr es geschafft: Imposant erhebt sich das GIPFELKREUZ 3 vor euren Augen, und das Ziel ist erreicht. Gute 360 Höhenmeter liegen hinter euch, und nun habt ihr alle Zeit der Welt, die eindrucksvolle Aussicht über das im Tal liegende und winzig erscheinende Olsberg, die beschaulichen Dörfer im Umkreis und die sanft geschwungenen Berge des Sauerlands zu genießen. Mehrere Bänke und eine gemütliche Schaukelliege sorgen für einen unvergesslichen Aufenthalt. Was könnt ihr am Horizont entdecken? Wenn ihr mit Kindern unterwegs seid, dann spielt doch eine Runde »Ich sehe was, was du nicht siehst«.

Naturbelassen schlängelt sich der Klippenpfad zum Olsberg hinauf

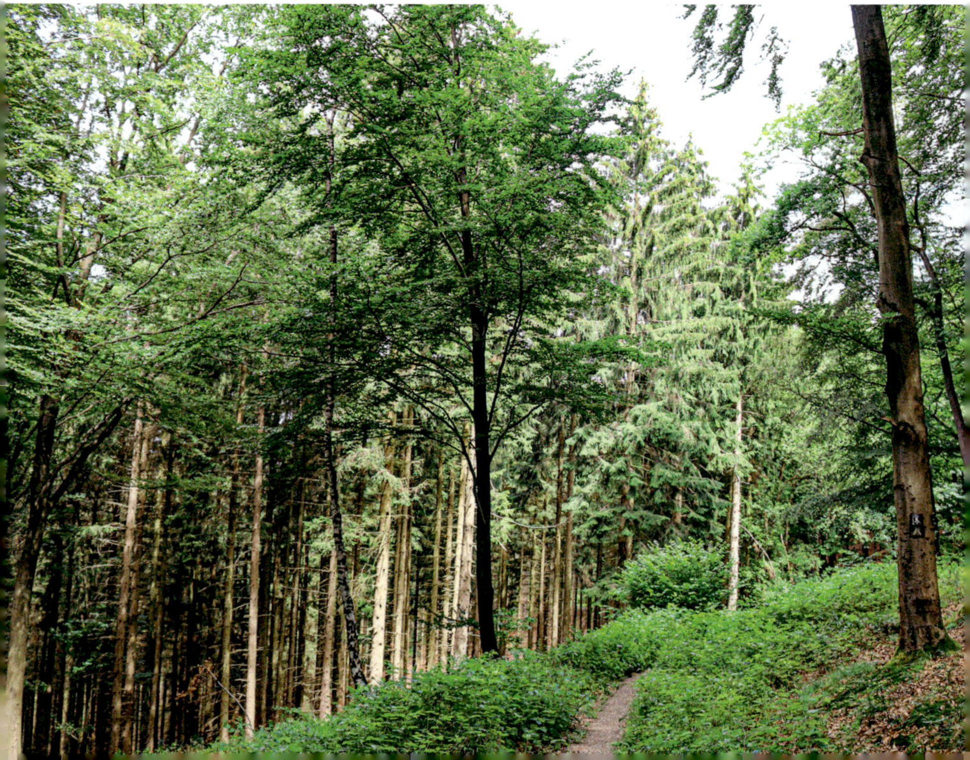

DER GIPFEL DES OLSBERGS BEFINDET SICH AUF EINER HÖHE VON 704 METERN, WÄHREND DIE NIEDRIGSTE STELLE IM STADTGEBIET VON OLSBERG AUF GERADE EINMAL 313 METERN LIEGT.

Wer den Blick vom friedlich im Tal schlummernden Olsberg abwenden kann und sich umsieht, entdeckt in der entgegengesetzten Richtung die Bruchhauser Steine am Istenberg. Die eindrucksvollen Steinriesen sind so markant, dass sie aus vielen Richtungen sichtbar sind. Ein Abstecher vom Olsberg zu den Bruchhauser Steinen wäre dennoch zu weit, empfiehlt sich aber unbedingt im Rahmen einer weiteren Tour. Blättert hierfür einfach ein paar Seiten weiter.
Habt ihr alle Fotos im Kasten, dann geht es nun an den Abstieg. Dieser ist im Vergleich zu dem knackigen Aufstieg recht mühelos. Zwar zieren nun keine Klippen mehr den Pfad, dafür umhüllt euch aber wieder Natur pur. Abwechselnd auf breiten Forstwegen und urtümlichen Steigen geht es ins Tal.
Die hohen Stämme der Buchen und das dichte grüne Blattwerk sorgen für angenehmen Schatten. Im Kontrast zu dem im Sommer frischen Grün ist der Boden bedeckt mit orange-braunem, knisterndem Laub. Versteckt in einem unscheinbaren Stichweg entdeckt, wer genau hinsieht, einen Waldaltar mit Jesus-Kreuz mitten im Wald. Überhaupt solltet ihr auch auf diesem Teil des Weges der Natur eure Aufmerksamkeit schenken. Originelle Baumstümpfe mit Moos überzogen, urwüchsige Baumpilze und Gesteinsbrocken, die mit etwas Phantasie und Kreativität zu Lebewesen oder Gegen-

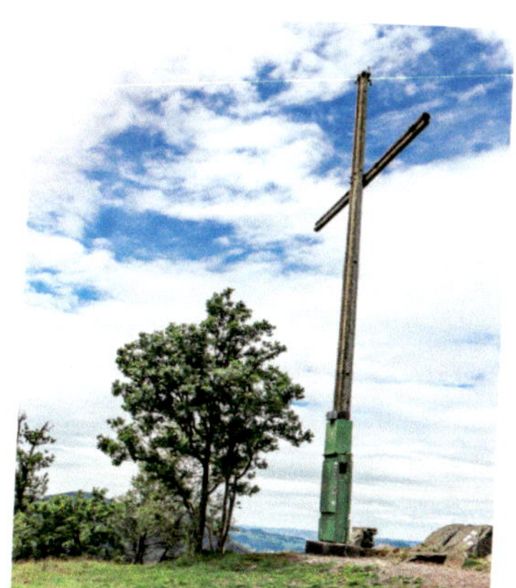

AM GIPFEL DES OLSBERG ANGEKOMMEN

TOUR 6 // OLSBERG

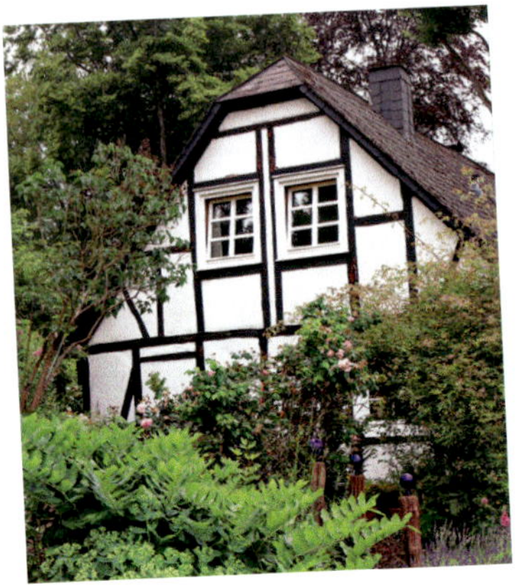

ständen werden, finden sich entlang des Weges. Und auch nur derjenige, der ganz genau hinschaut, nicht nur auf die Wegweiser achtet und vorschnell abbiegt, wird auch noch die außergewöhnliche Felsenschlucht zu sehen bekommen.
Immer wieder bringt auch der Abstieg vom Olsberg noch einzigartige Überraschungen mit sich. Die Wege verändern sich stetig. Wie in der Wildnis führt plötzlich ein schmaler Trampelpfad zwischen dichten Sträuchern, langen Gräsern und im Sommer blühenden Disteln den Hang hinab, bevor ihr wieder zivilisiertere Wege erreicht. Eine bunte Oase für die Sinne.
Auf einem recht naturbelassenen Forstweg und mit deutlich weniger Wald, dafür aber wieder mit mehr Aussicht und oberhalb einer Weihnachtsbaumschule geht es gemächlich zurück Richtung Olsberg. Je nach Uhrzeit lässt sich auf den Feldern und Wiesen möglicherweise ein Reh, ein Fuchs oder ein langohriger Feldhase sehen. Seid leise, vielleicht habt ihr Glück.
Etwas weiter unterhalb erreicht ihr schließlich wieder den Ort und wandert vorbei an malerischen Häusern und historischen Gebäuden. Wer jetzt hungrig ist, der kann in einem der zahlreichen Restaurants, in einem Café oder der Eisdiele einkehren und den Tag ausklingen lassen. Außerdem bietet es sich an, dem KURPARK 4 erneut einen Besuch abzustatten, um ein letztes Mal die Füße in der Ruhr zu kühlen, auf einer der gemütlichen Liegen im Park Platz zu nehmen oder den Blumen- und Kräutergarten zu bewundern. Olsberg hat einiges zu bieten, und wer noch etwas Zeit erübrigen möchte, kann diese hier perfekt nutzen.

Alles, was ihr wissen müsst

Rundtour: ideal für naturverbundene Wanderer, die gern eindrucksvolle Panoramen genießen // naturbelassene Pfade, herrliche Ausblicke, besonders vom Gipfelkreuz // **nicht kinderwagentauglich**

Markierung: XR und K für Kneippwanderweg

Entfernung von: Dortmund: 90 km // Paderborn: 60 km // Siegen: 90 km
ÖPNV: mit dem Zug bis Bahnhof Olsberg
Auto: kostenloser Parkplatz direkt an der Olsberg Touristik, Ruhrstraße 32, 59939 Olsberg

Einkehr: **Gasthof Zur Post,** Markt 1, 59939 Olsberg, gasthof-zur-post.eu // **Goldmarie Olsberg,** Ruhrstr. 4, 59939 Olsberg, goldmarie-olsberg.de // **Gasthof Kropff,** Carls-Aue-Str. 1, 59939 Olsberg, gasthof-kropff.de

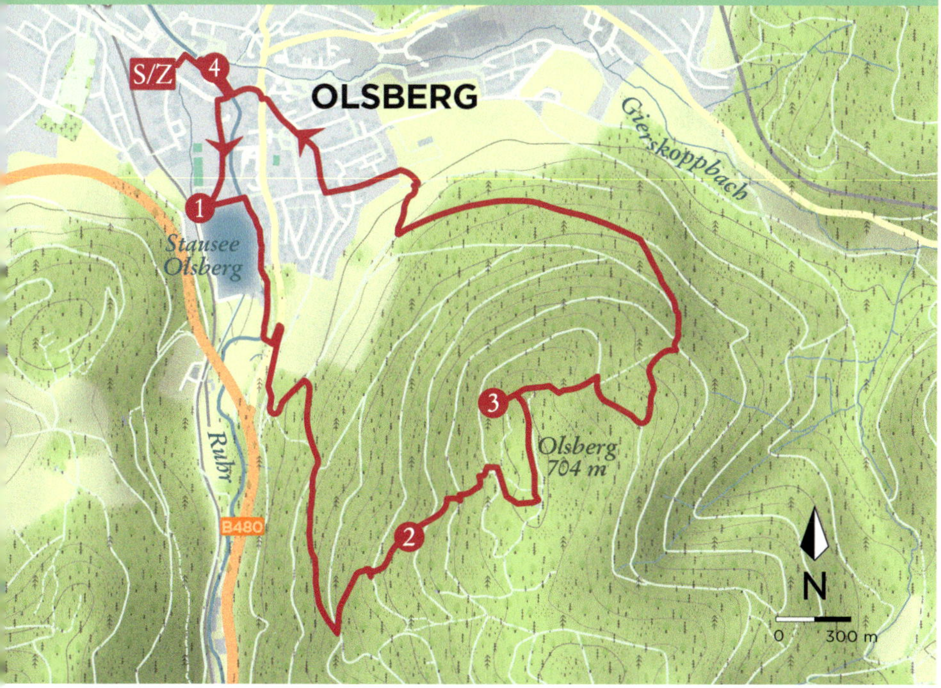

Von den Bruchhauser Steinen zum Langenberg

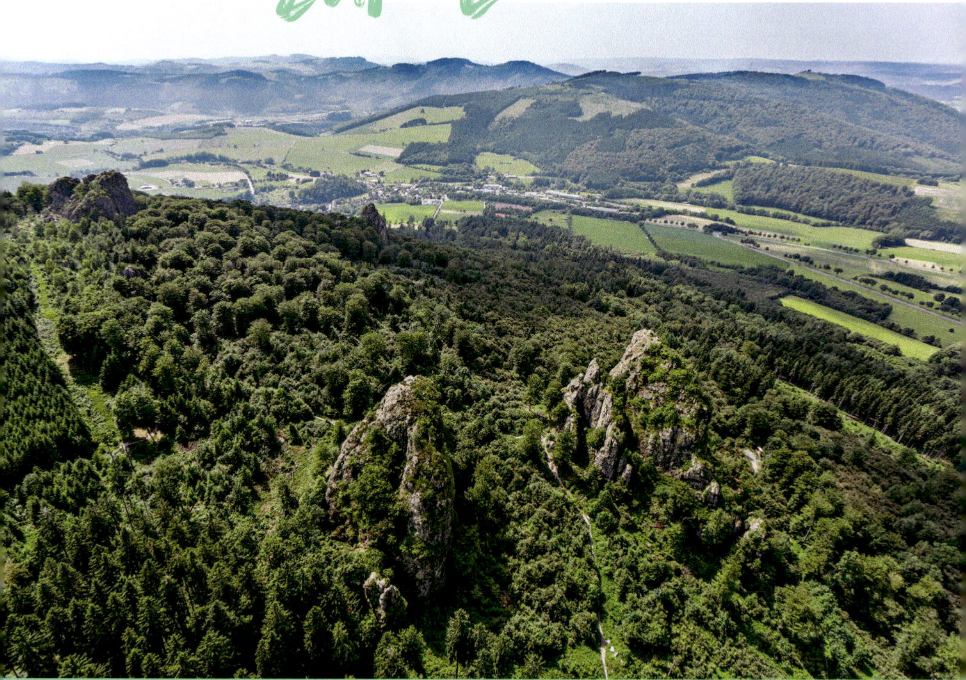

Schwierigkeit: schwer // 17,7 Kilometer // 565 Höhenmeter
Für Familien mit Kindern geeignet

HOCH, HÖHER, AM HÖCHSTEN –
SAUERLÄNDER HÖHEPUNKTE

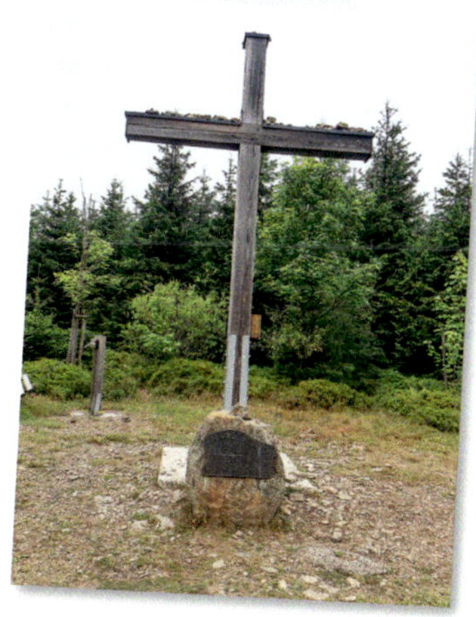

Monumental ragen die Bruchhauser Steine aus dem Berg empor. Ihre Erscheinung könnte nicht majestätischer sein. Schon von Weitem bieten sie ein beeindruckendes Naturschauspiel, und es gibt keinen Wanderweg in der Umgebung, von dem aus nicht wenigstens einmal die mächtigen Felsbrocken sichtbar sind. Nach einer kleinen Kraxelei auf den Feldstein könnt ihr eine atemberaubende Aussicht genießen. Anders verhält es sich mit dem Langenberg, der zwar der höchste Berg von Nordrhein-Westfalen ist, dessen Gipfelkreuz aber mitten im Wald auf einer Lichtung steht. Keine Aussicht, stattdessen Idylle und Natur pur und ein wunderschöner Rastplatz. Diese Wanderung verbindet zwei der Höhepunkte des Sauerlands; während es stetig hinaufgeht, offenbart die Natur ein abwechslungsreiches Erscheinungsbild.

Die Wanderung beginnt am Parkplatz des Besucherzentrums an den Bruchhauser Steinen. Hier holt ihr euch das Parkticket sowie eure Eintrittskarten und könnt entscheiden, ob ihr die Tour im oder gegen den Uhrzeigersinn wandert. Gegen den Uhrzeigersinn führt euch die Route gleich zu Beginn durch die Bruchhauser Steine; im Uhrzeigersinn bewahrt ihr euch das Highlight bis zum Schluss auf.

Wer nicht abwarten kann, startet mit den Steinen. Der charmante Pfad, über den es ordentlich bergauf geht, verläuft durch den idyllischen Wald. Hohe Fichten, Birken und Buchen streben zum Himmel, und wie wahllos dahingeworfen liegen dicke Felsbrocken verstreut auf dem Hang verteilt. Dichtes Moos und krüppelige Wurzeln umschlingen die urtümlichen Gesteinsbrocken. Auch auf dem Rundweg um die Bruchhauser Steine haltet ihr euch entgegen des Uhrzeigersinns und erreicht als ersten der vier Felsen den Bornstein. Ein Hochsitz – die sogenannte Falkenwacht – lädt zu Vogelbeobachtungen an der steil aufragenden Felswand ein.

MIT EINER HÖHE VON 92 METERN IST DER BORNSTEIN DER HÖCHSTE DER BRUCHHAUSER STEINE. SEIN NAME STAMMT VON EINER LEGENDE AB, DIE BESAGT, DASS ES AUF SEINEM GIPFEL EINST EINE QUELLE (BORN) GEGEBEN HAT. IN DER HOCH AUFRAGENDEN NORDWAND BRÜTEN WANDERFALKEN.

Entlang des Weges durch die Bruchhauser Steine veranschaulichen Informationstafeln und Ferngläser die archäologische Bedeutung des Areals, das vor vielen hundert Jahren als Befestigungsanlage diente. Kaum habt ihr den Bornstein umrundet, der mit seinen zackigen Spitzen und Einkerbungen auf der Rückseite aussieht als wäre er die Spitze eines Berges in den Dolomiten, erblickt ihr den »Großen Kurfürsten« im Goldstein. Könnt ihr das Gesicht in der

Oben auf dem Feldstein lockt ein spektakulärer Ausblick

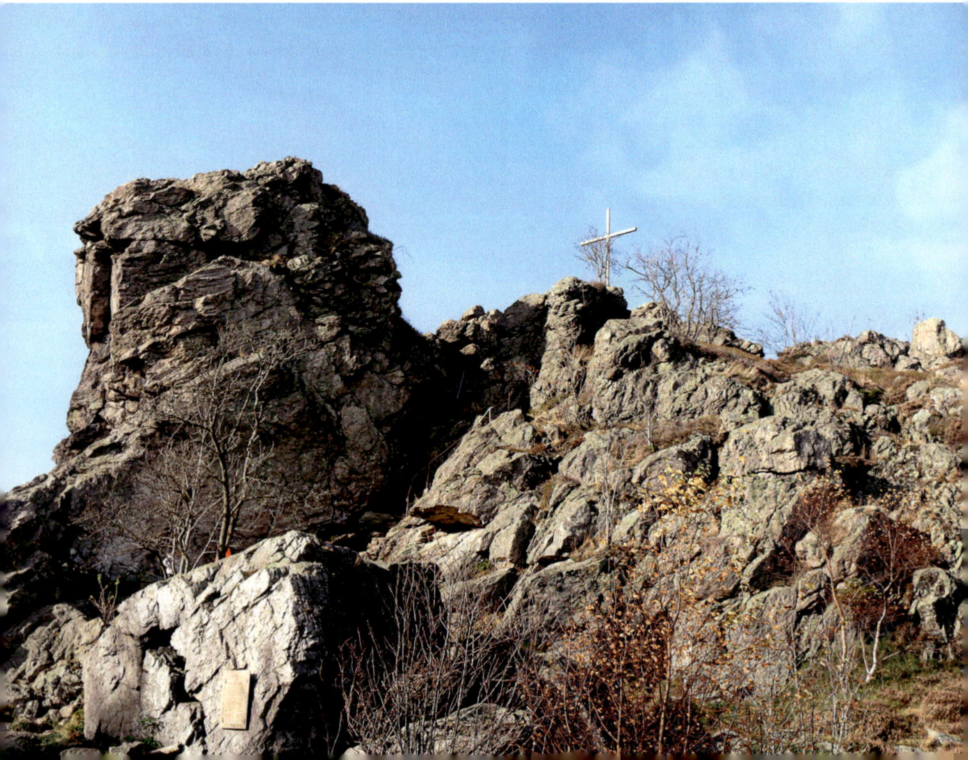

außergewöhnlichen Felsformation erkennen? 60 Meter ist der Goldstein hoch, der seinen Namen dem goldenen Schimmer seines Gesteins verdankt.

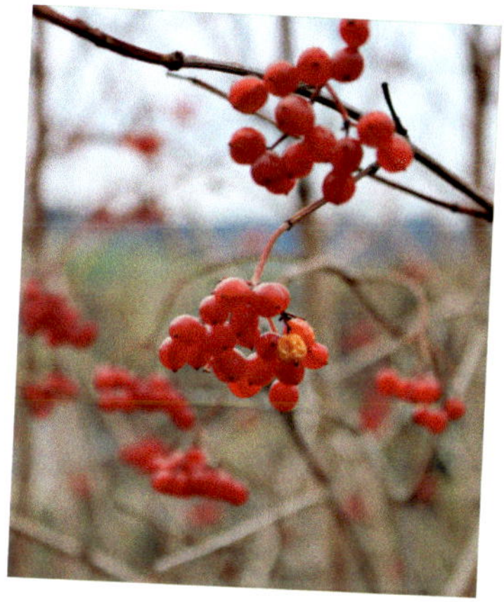

FARBKLECKSE IM HERBST

Der Ravenstein liegt nicht direkt an der Strecke (über einen kleinen Abstecher könnt ihr ihn und die ewige Quelle jedoch erreichen), dafür aber der FELDSTEIN 1. Mit seinen 45 Metern Höhe ist er der kleinste der Bruchhauser Steine, dafür liegt er allerdings mit 756 Metern am höchsten und ist zudem der einzige begehbare Fels. Über die natürlichen Felsstufen der Thomas-Neiss-Steige könnt ihr den Gipfel des Feldsteins im Zuge einer kleinen Kraxelei erklimmen. Oben befindet sich ein Gipfelkreuz, und die Aussicht von der Spitze raubt euch sicher den Atem, wenn es der Aufstieg nicht schon getan hat. Ein 360-Grad-Rundumblick und ein eindrucksvolles Landschaftspanorama liegen euch zu Füßen. Zeit für ein kleines Entdeckerspiel? Welche berühmten Punkte des Sauerlands findet ihr mit bloßem Auge? Erkennt ihr das Riesenrad vom Fort Fun oder den Hochheideturm in Willingen? Rund um den Feldstein laden euch anschließend Bänke und Rastplätze zu einer Pause ein, sodass ihr das faszinierende Ambiente der Bruchhauser Steine noch etwas auf euch wirken lassen könnt, bevor ihr die Tour fortsetzt.

Etwas abseits der Steine gelangt ihr zum Drachenstartplatz und zu einer überdachten Vesperhütte. Ein letzter Fernblick über die Höhenzüge ist an dieser Stelle möglich. Dann heißt es richtig wandern, denn der größte Teil der Tour steht euch noch bevor. Begleitet von der abwechslungsreichen Pflanzenvielfalt verläuft der Waldweg über die Höhenzüge in einem leichten Bergauf und Bergab. Lichtungen strahlen im Sonnenschein. Baumpilze in wunderschönen Schattierungen

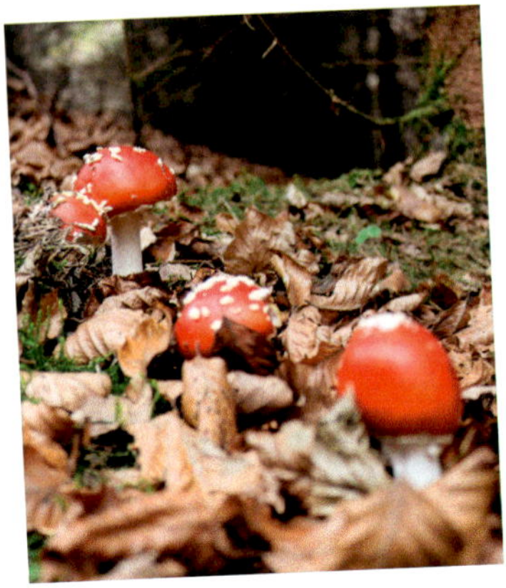

HERBSTLICHES – NUR ZUM ANGUCKEN!

sehen aus wie gemalt. Eine kleine Holzhütte mit schiefem Dach liegt auf einer beschaulichen Wiese. Sie ist umgeben von bunten Laubbäumen und Gräsern, die in der leichten Brise vor sich hin schwingen. Hier und da ziehen sich Schneisen durch den Wald und geben die Sicht über die Berge und Täler frei.

Nachdem ihr den Hömberg halb umrundet habt, trefft ihr auf den Rothaarsteig, der nun euer Wegweiser bis zum Langenberg sein wird. (Wer die Wanderung nicht über den Richtplatz sowie den Langenberg fortsetzen möchte, kann an dieser Stelle die Strecke verkürzen und folgt dem Rothaarsteig in die Gegenrichtung nach Bruchhausen zurück.) Mit 843 Metern ist der Langenberg der höchste Berg Nordrhein-Westfalens, und das bedeutet, dass es nun weiterhin bergauf geht. Ein weitestgehend naturbelassener Pfad führt euch durch Wald und Flur. Bevor ihr allerdings den Langenberg erreicht, gelangt ihr an den RICHTPLATZ 2.

AM RICHTPLATZ BEFAND SICH JAHRHUNDERTELANG DIE GERICHTSSTÄTTE DES GAUGERICHTS MEDEBACH. FREISPRUCH ODER TOD WAREN ZUR DAMALIGEN ZEIT DIE EINZIG MÖGLICHEN URTEILE. EIN GROSSER STEIN MIT EINER BRONZETAFEL ERINNERT AN DIESEN ORT.

Wer mag, kann sich eine Pause an der Vesperinsel gönnen oder bis zum Langenberg weitermarschieren, denn dort wartet eine bequeme Hängeliege zum besonders gemütlichen Verweilen. Auch bis dorthin geleitet euch ein uriger schmaler Pfad durch den dichten Wald. Das GIPFELKREUZ DES LANGENBERGS 3 befindet sich auf einer

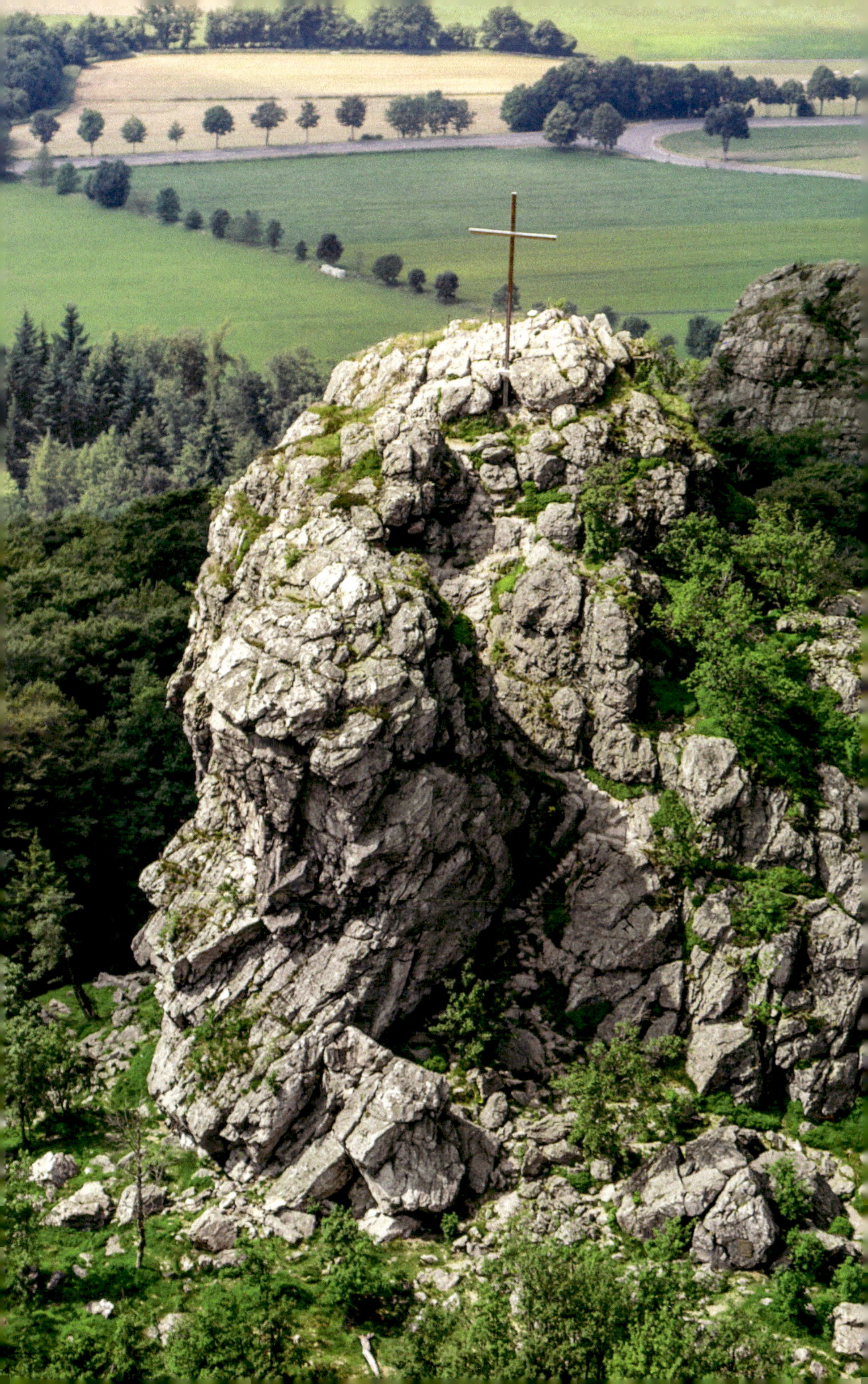

kleinen Lichtung. Wie es sich für einen Gipfel gehört, gibt es hier oben auch einen Stempelkasten sowie ein Gipfelbuch, in dem ihr euch verewigen könnt. Nehmt also gemütlich Platz an der Vesperinsel und tragt euren Gruß ein. Wenn ihr euch daraufhin bei einer ordentlichen Jause nach dem Aufstieg gestärkt habt, tut eine Schaukeleinlage in der lauschigen Hängematte gut. Das Plateau des Langenbergs ist – bis auf die behagliche Lichtung – komplett bewaldet, sodass es hier keine Aussicht zu genießen gibt, dafür aber Ruhe und Natur pur.
Bis zum Oberen Burbecker Platz bleibt ihr im weiteren Verlauf des Weges dem Rothaarsteig treu. Dort allerdings ist es Zeit für die Kehrtwende auf dieser Tour. Vom Oberen Burbecker Platz wandert ihr zum Unteren Burbecker Platz und anschließend rechts abzweigend und parallel zum Hang mit angenehmem leichtem Gefälle in Richtung Bruchhausen zurück. An der großen Kreuzung, an der ihr vorhin auf den Rothaarsteig getroffen und Richtung Langenberg gewandert seid, zweigt ihr nun in der Gegenrichtung auf den Rothaarsteig ab. Es geht steil bergab auf diesem romantischen Pfad. Das für die Region typische Schiefergestein quillt aus dem Boden, und es empfiehlt sich etwas Vorsicht, da der Untergrund je nach Wetter durchaus rutschig sein kann. Ein undurchdringlicher Laub- und Nadelwald säumt den Weg. Die aufragenden Hänge sind mit Moos und knisterndem Laub bedeckt, und die Umgebung wirkt beinahe märchenhaft. Habt ihr den steilen Abstieg überwunden, wird der Weg wieder sanfter, und mit einem ausgezeichneten Blick über Berg und Tal schlendert es sich wohltuend dahin.
Oberhalb des Weges befindet sich eine Rothaarsteig-Schutzhütte, die auch an feuchteren Tagen einen trockenen Sitzplatz bietet. Der beschauliche Ort Bruchhausen kommt immer mehr in Sichtweite. Der Weg macht eine Schleife und überquert einen kleinen Bach, der zur Rechten zu einem verwunschenen Weiher aufgestaut ist, und zweigt noch einmal nach links auf einen Pfad ab, der schließlich etwas oberhalb des Ortes endet. In Bruchhausen lohnt sich eine Einkehr im GUTSCAFÉ 4, bevor es zum Auto zurückgeht.

ALLES, WAS IHR WISSEN MÜSST

Rundtour: eine Tour, die Sehenswertes mit der Sauerländer Waldlandschaft kombiniert // kann je nach Anspruch verlängert oder verkürzt werden // **nicht kinderwagentauglich**

Markierung: Rothaarsteiglogo bis zum Langenberg // anschließend den Wegweisern mit Ortskennzeichnungen bis zurück zu den Bruchhauser Steinen folgen

Entfernung von: Dortmund: 100 km // Paderborn: 70 km // Siegen: 90 km
ÖPNV: nicht empfehlenswert
Auto: Parkplatz Infocenter Bruchhauser Steine, 59939 Olsberg

Einkehr: **Cafeteria am Infocenter Bruchhauser Steine,** bruchhauser-steine.de // **Gutscafé am Blütengarten,** Gaugreben'scher Weg 1, 59939 Olsberg Bruchhausen, rosenbogen-heidrich.de

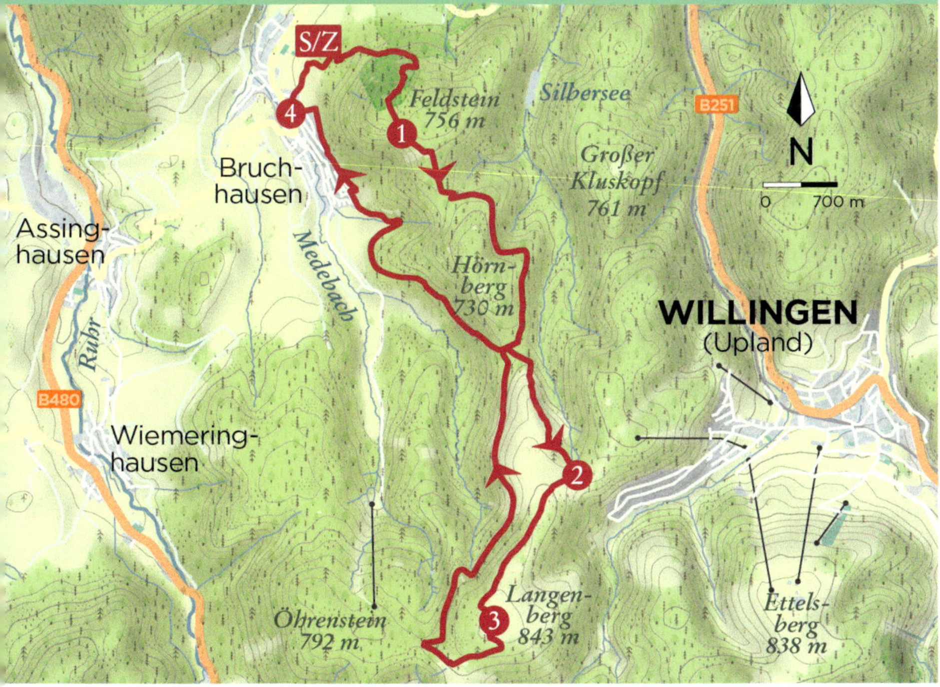

Diemelsee-Panoramaweg in Heringhausen

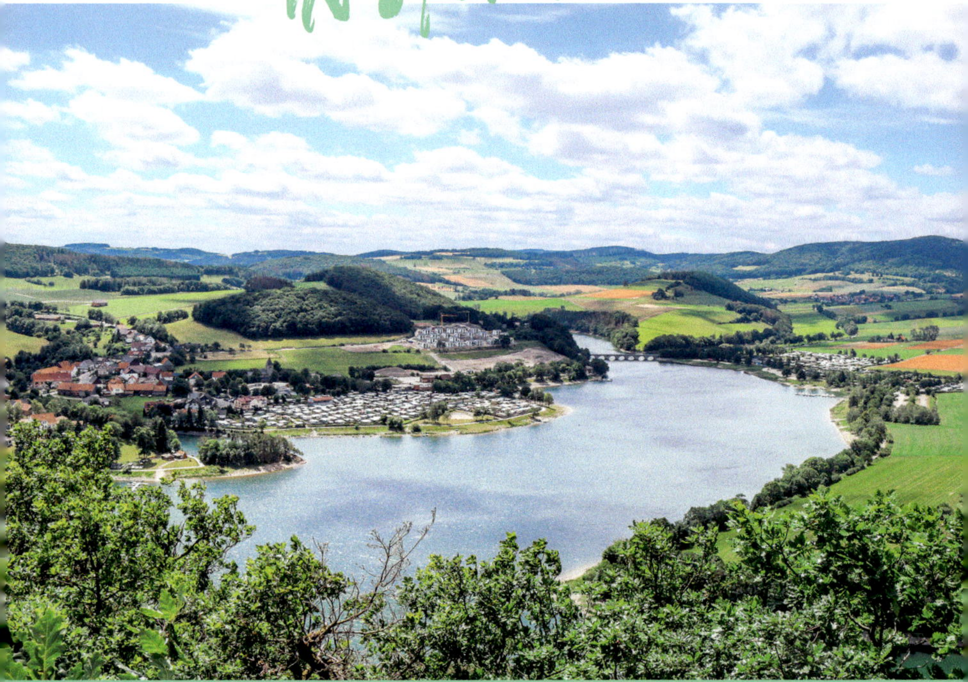

Schwierigkeit: mittel // 10,2 Kilometer // 289 Höhenmeter
Für Familien mit Kindern bedingt geeignet

FERNSICHT STATT FERNSEHEN.
IHR SEHT DIE LANDSCHAFT
AUS IMMER WIEDER NEUEN PERSPEKTIVEN

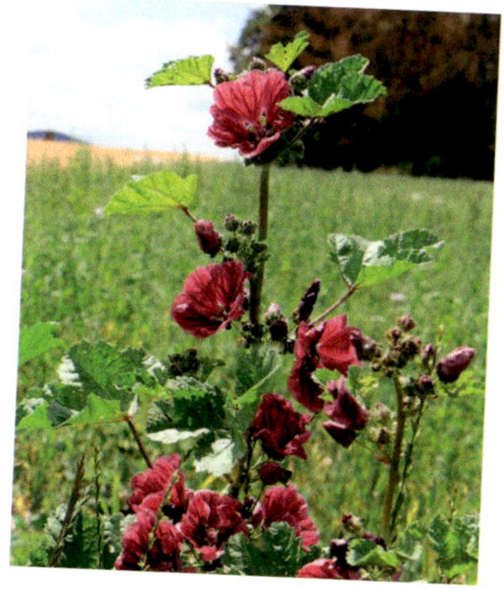

Knallige Farben des Sommers

Idyllisch eingebettet in die Täler des Hochsauerlands liegt die Diemeltalsperre, die vielen auch als Diemelsee bekannt ist. Schon während der Fahrt zum Wanderparkplatz seht ihr das Wasser in der Ferne schimmern. Zu den Seiten ziehen sich grün leuchtende Hänge hinauf, malerisch kuscheln sich kleine Dörfer an die Ufer. Ein Fahrgastschiff zieht geschmeidig seine Bahnen über den See; hier und da fahren Bötchen, die aus der Ferne nur als winzige Punkte auszumachen sind. Dichte Wälder bilden einen unvergleichlichen Kontrast zu den im Sommer blühenden Wiesen und weiten Feldern. Faszinierende Ausblicke von der spektakulären Felsenklippe am St. Muffert und etwas unterhalb des Eisenbergs runden die Panoramawanderung ab und sorgen für atemberaubende Momente. Der Panoramaweg überzeugt mit einer ausgesprochenen Vielseitigkeit und ist ein Genuss für jeden Wanderer.

WER FRÜH GENUG STARTET, KANN NACH DEM PANORAMAWEG NOCH DAS FREIZEITPROGRAMM AM DIEMELSEE NUTZEN. HIER BIETET SICH ZUM BEISPIEL EINE RUNDE MINIGOLF, EINE FAHRT MIT DEM ELEKTROBOOT ODER DEM FÄHRSCHIFF SOWIE EIN BESUCH DES STRANDBADS AN. FÜR WANDERER MIT HUND GIBT ES MEHRERE HUNDESTRÄNDE AM DIEMELSEE.

Mit einem knackigen Anstieg über einen schmalen Steig, der regelrecht für ein alpines Flair sorgt, beginnt der Panoramaweg, der im

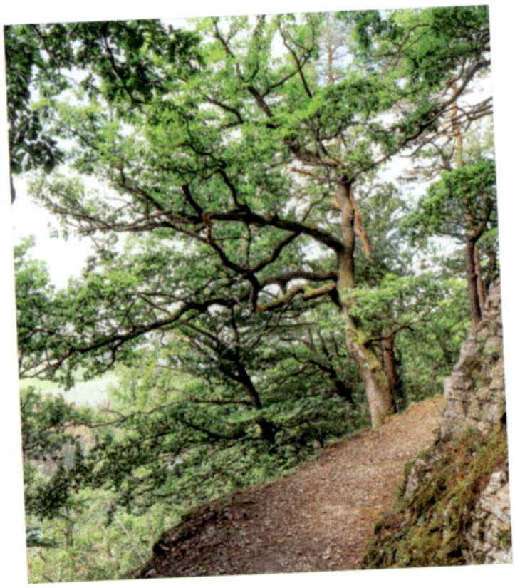

Alpines Feeling am Diemelsteig

Folgenden seinem Namen alle Ehre erweisen wird. Zur Linken fällt der Hang steil ins Tal hinab, zur Rechten ziehen sich die felsigen und bizarr erscheinenden Schieferhänge empor. Knorrige Eichen säumen den Wegesrand; sie wachsen urtümlich aus dem kargen Untergrund hervor und bilden die erstaunlichsten Formationen. Zwischen den Bäumen ist der Diemelsee je nach Jahreszeit gut versteckt, aber im Sonnenschein schimmert das Wasser durch die Zweige. Es wäre kein Panoramaweg, würde sich der Wald an manchen Stellen nicht lichten und einen Blick auf den See freigeben. Vor Erreichen des ersten Aussichtspunktes, der gleichzeitig auch eine schöne Möglichkeit zur Rast nach dem steilen Anstieg bietet, begleiten alte Grenzsteine der Region den Wegverlauf. Um das erste Highlight dieser Tour, das Gipfelkreuz des St. Mufferts, zu erreichen, müsst ihr für ein paar Schritte den Hauptweg in Höhe einer Bank am »alten Grenzstein« verlassen und nach rechts auf einen unscheinbaren Pfad abbiegen. Diesem folgt ihr bis zum Aussichtspunkt. Eine Schutzhütte bietet bei schlechtem Wetter einen trockenen Picknickplatz. Die Aussicht über den Diemelsee von hier oben ist beeindruckend. Wie eine Schleife ziehen sich die Seitenarme des Sees um einen Höhenzug.

An dieser Stelle lohnt es sich, noch ein paar Meter abzusteigen, um zum eigentlichen Gipfelkreuz zu gelangen. Dieses befindet sich genau auf der Klippe des ST. MUFFERTS 1, die geprägt ist von dem felsigen Schiefergestein dieses Landstriches. Zwei Bänke laden zur Pause ein und geben Gelegenheit, das Panorama auf sich wirken zu lassen. Etwas weiter oberhalb befindet sich eine Vesperinsel, um eure mitgebrachte Brotzeit auszupacken.

DER DIEMELSEE WIRD GESPEIST VOM FLUSS DIEMEL UND SEINEM ZUFLUSS, DER ITTER. VOM GIPFELKREUZ AUS GESEHEN IST DER LINKE SEETEIL DER DIEMELARM, DER RECHTE TEIL DER ITTERARM.

Nach dem Genuss der phantastischen Aussicht geht es zurück in Richtung des alten Grenzsteins und von dort aus weiter bergan. Der urige Steig führt euch durch den angenehm schattigen Wald. Hier und da bedecken Heidelbeersträucher den Boden, und zwischen dem Grün der Bäume strahlt der kräftig pinke Fingerhut, der im Sommer allgegenwärtig zu sein scheint. Es geht dem nächsten markanten Streckenpunkt entgegen. Auf einer Höhe von 595 Metern befindet sich der EISENBERG 2. Ein Schild macht darauf aufmerksam, dass es sich dabei um den höchsten Punkt im Bereich der Stadt Mars-

Der Panoramaweg bietet eine Vielzahl wunderbarer Landsichten

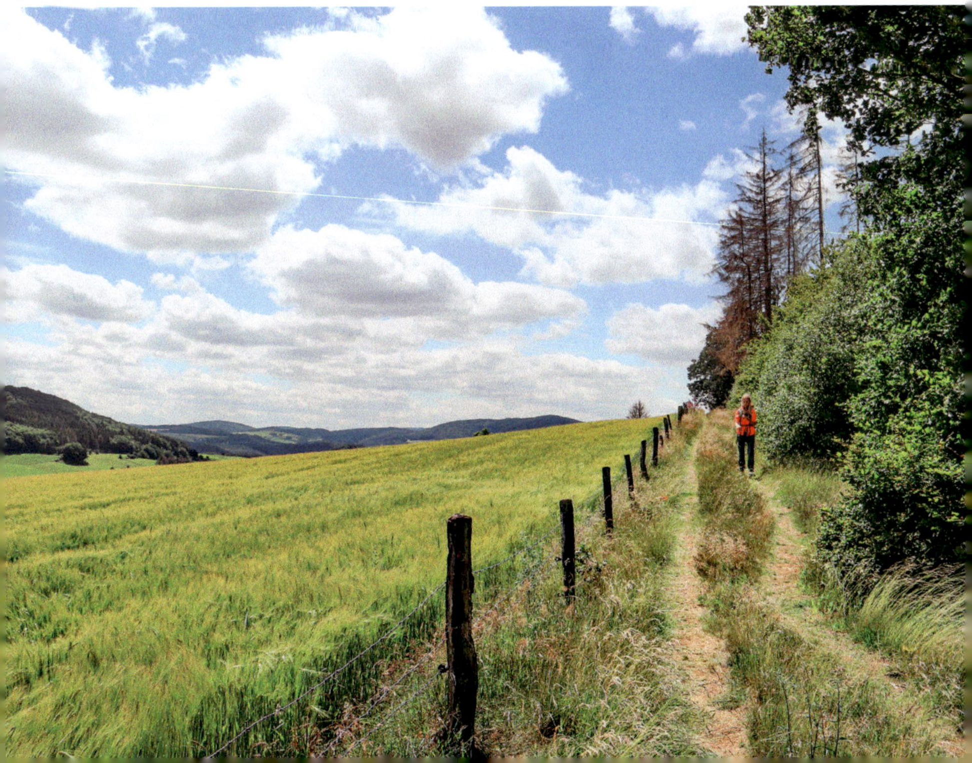

berg handelt. Der Gipfel des Eisenbergs ist komplett bewaldet und wird verziert von einem Steinkreis mit vielen kleinen Steinmännchen. Die Szenerie wirkt beinahe etwas mystisch. Wer mit Kindern unterwegs ist, findet hier auf jeden Fall einen schönen Ort für eine kreative Pause. Also fangt an zu basteln, und setzt eure eigene kleine Wandergruppe doch als Steinmännchen dazu.

Ein paar Schritte weiter zweigt ein Pfad nach links ab, der gern übersehen wird. Hier solltet ihr nicht zu schnell vorbeigehen, sondern abbiegen. An einem weiteren Aussichtspunkt habt ihr nämlich die einmalige und vor allem einzige Gelegenheit auf dem Panoramaweg, einen Blick auf die große STAUMAUER DES DIEMELSEES 3 zu erhaschen. Der Aussichtspunkt ist, genauso wie der am Gipfel des St. Mufferts, spektakulär auf einer steil abfallenden Klippe gelegen; ein Geländer lässt den Blick aber in Gelassenheit schweifen.

Weiden mit Ausblick – wer möchte hier nicht das Leben genießen?

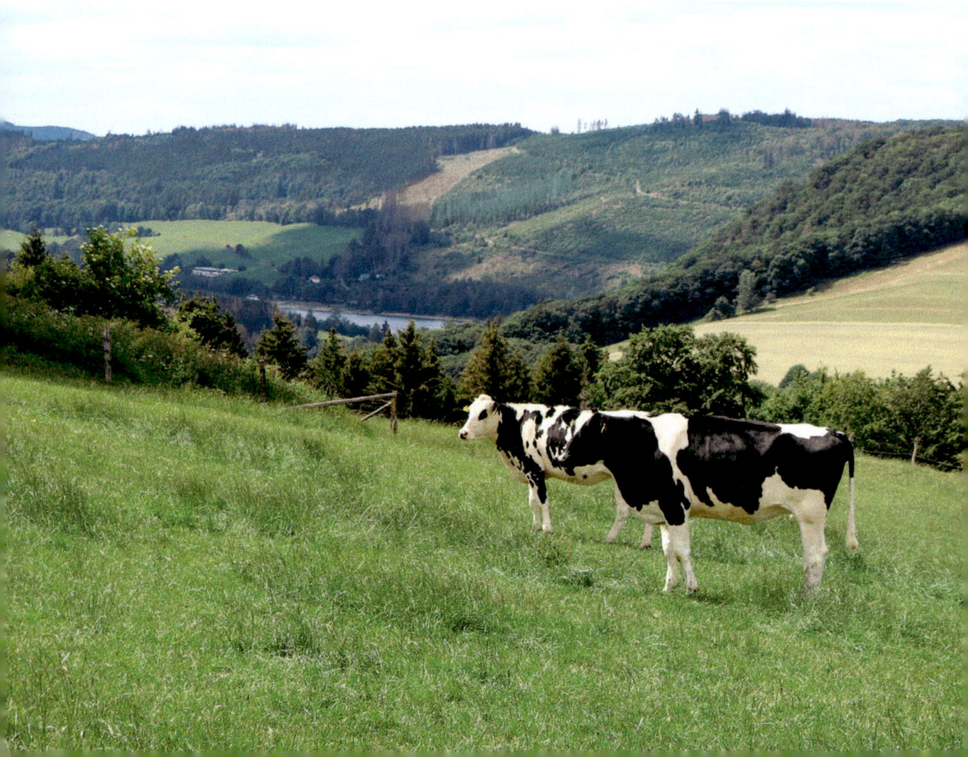

DIE STAUMAUER DES DIEMELSEES MISST EINE HÖHE VON 36,2 METERN ÜBER DER TALSOHLE. SIE WURDE AUS BRUCHSTEINEN DES DIABAS-STEINBRUCHS ERBAUT, DER DAFÜR EIGENS UNTERHALB DES EISENBERGS EINGERICHTET WURDE. IHRE KRONENLÄNGE BETRÄGT 194 METER, DAZU IST SIE OBEN SIEBEN METER BREIT UND AN IHRER BASIS GANZE 31 METER.

Urwaldähnlich erscheint das jetzt folgende Stück des Wanderweges. Hoch ragen lange, dünne Baumstämme die Hänge hinauf, der Waldboden ist zugedeckt mit breit gefächerten Farnen. Das satte Grün des Waldes verdeutlicht die enorme Kraft der Farben. Dann wird der Panoramaweg heller, und anstelle von Wald wandert ihr zwischen blühenden Wiesen und goldenen Feldern entlang. Weit verbreitet dominiert auch hier der Fingerhut mit seinen knallig pink leuchtenden Blüten die Wege. Bienen und Hummeln summen in seinen Blüten. Wie kleine Sterne zieren blaue Kornblumen die Feldränder. Dazu strahlen weiße Wiesen-Margeriten und violette Malven um die Wette und sorgen für ein fröhlich-buntes Panorama vor dem blauen Himmel, an dem sich niemand sattsehen kann. Deshalb lasst euch Zeit, setzt euch ins Gras oder an den Feldrand, atmet den Duft, den die vielen Blumen versprühen, und lasst euch von der Natur verzaubern. Statt Waldbaden könnt ihr hier Wiesenbaden und vom Alltag entschleunigen.

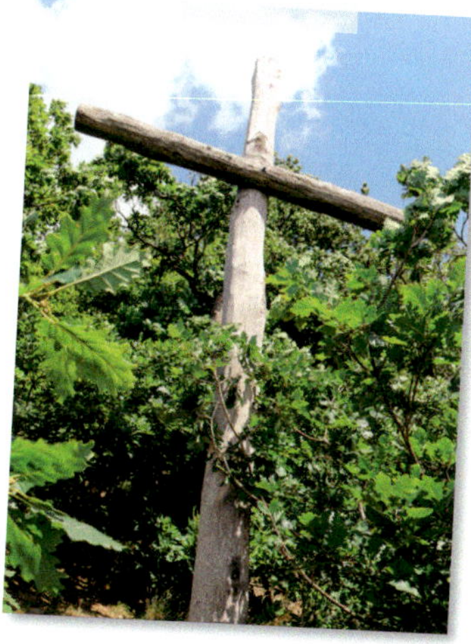

Im Auf und Ab führt der aussichtsreiche Panoramaweg über die Hügel. Nach jeder Biegung bietet sich ein neuer Ausblick. In der Ferne ist der Hochheideturm in Willingen auf dem Ettelsberg zu erkennen. Für knapp einen Kilometer verlasst ihr zwischendurch den Na-

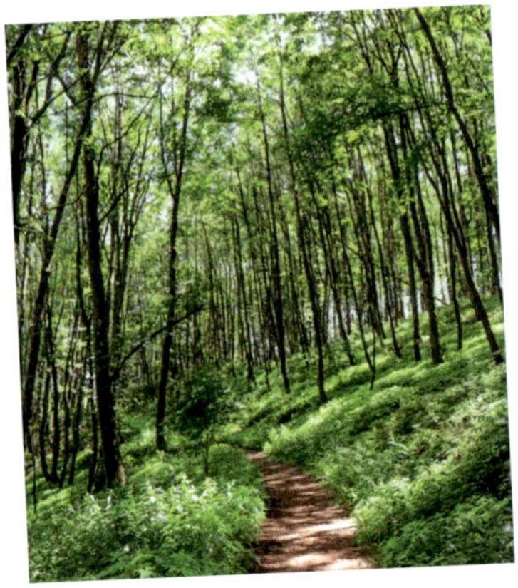

Am Eisenberg – wie im Urwald

turweg und passiert eine asphaltierte Strecke; diese ist jedoch kaum befahren, und in Anbetracht der wunderbaren Aussicht ringsherum ist das sicher zu verschmerzen.
Am AUSSICHTSPUNKT 4 oberhalb der Ortschaft Rhenegge habt ihr die Gelegenheit zu einer letzten Pause an einem überdachten Picknickplatz. Friedlich schlummert das kleine Dorf im Talkessel. Etwas gespenstisch erheben sich mitten darin die verlassenen Gebäude des ehemaligen Sanatoriums Sonnenhof, für die schon seit Jahren nach einem Investor gesucht wird. Nehmt euch Zeit, den Blick schweifen zu lassen.
Bis Heringhausen ist es nun nicht mehr weit. Durch die grünen Hügel wandert ihr vorbei an gemütlich wiederkäuenden Kühen, die um ihre herrliche Wiese mit dem sagenhaften Panorama zu beneiden sind. In einiger Entfernung seht ihr bereits wieder den Diemelsee. Zwischen den Feldern geht es locker bergab. Auf den letzten Metern erhaltet ihr noch die Möglichkeit, euch Heringhausen anzusehen und gegebenenfalls in einem der Gasthöfe einzukehren, bevor es über eine Brücke zurück zum Wanderparkplatz geht.

DER PANORAMAWEG HERINGHAUSEN VERLÄUFT EIN STÜCK PARALLEL ZUM FÄHRSCHIFF-HÖHENWANDERWEG. WER DIE WANDERUNG MIT EINER SCHIFFSFAHRT VERBINDEN MÖCHTE, KANN ALTERNATIV AUCH DIESE VARIANTE IN ANGRIFF NEHMEN. DIE AUSSICHTSPUNKTE ST. MUFFERT UND EISENBERG LIEGEN DABEI EBENSO AUF DER STRECKE.

Alles, was ihr wissen müsst

Rundtour: Kinder sollten wanderfreudig sein, da es viel bergauf und bergab geht und der erste Anstieg bis zum Gipfel des St. Mufferts teilweise recht steil hinaufführt // Wanderern mit Hund empfiehlt es sich, Trinkwasser für den Vierbeiner mitzunehmen // **nicht kinderwagentauglich**

Markierung: weißes PW auf schwarzem Hintergrund

Entfernung von: Dortmund: 115 km // Paderborn: 55 km // Siegen: 110 km
ÖPNV: nicht empfehlenswert
Auto: Wanderparkplatz Florenbicke, Seestr., 34519 Diemelsee

Einkehr: **Diemelsteighütte,** Siekesweg 1, 34519 Diemelsee-Heringhausen, diemelsteighütte.de // **Fritten Jupp,** Am See 42, 34431 Marsberg, frittenjupp.com // **Gasthof Zum Diemeltal,** Am Weiher 6, 34431 Marsberg-Helminghausen, gasthofdiemeltal.de

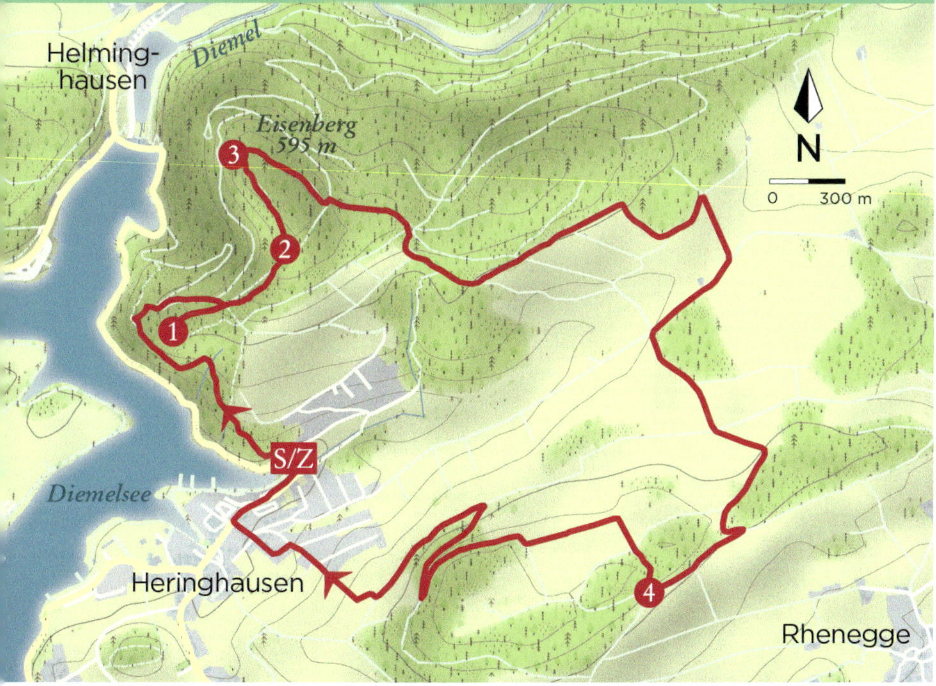

Erlebniswandern in Willingen über den Ettelsberg

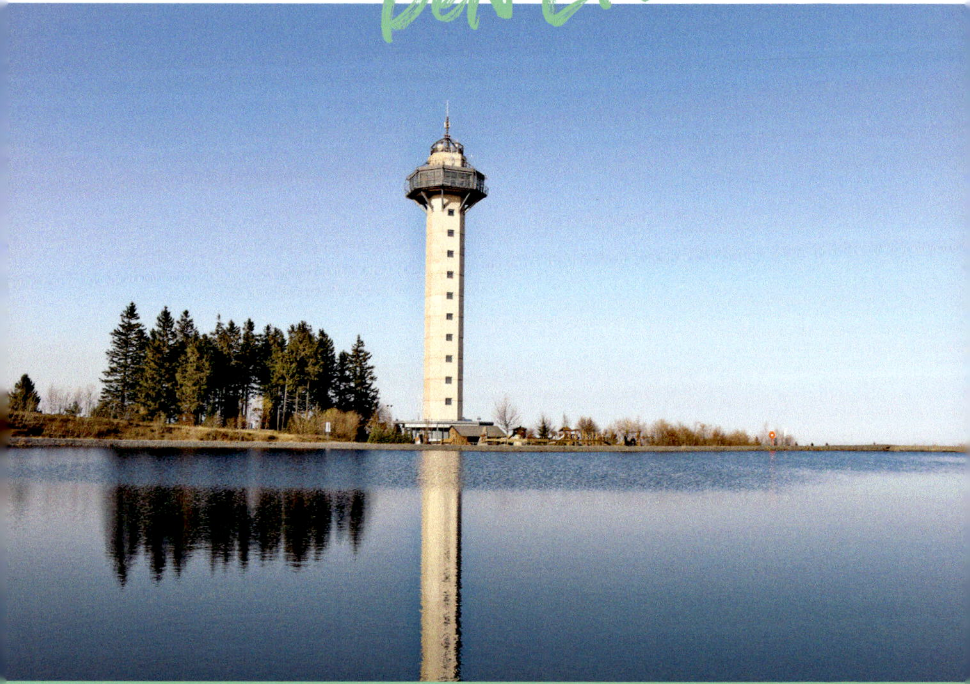

Schwierigkeit: mittel // 8,3 Kilometer // 244 Höhenmeter
Für Familien mit Kindern geeignet

EIN KUNTERBUNTER WANDERTAG. LANGWEILIG WIRD EUCH BEI DIESER TOUR SICHER NICHT

Viel Abwechslung verspricht euch diese Rundwanderung um den Hausberg der Willinger, den Ettelsberg, auf der neben Sauerländer Natur auch ein reichliches Erlebnisprogramm geboten wird. Wer's ruhig mag, ist hier falsch (außer bei schlechtem Wetter); wen etwas Trubel nicht stört, dem steht ein wirklich abwechslungsreicher Tagesausflug bevor. Die Tour ist ideal für Familien mit Kindern, da den kleinen Gästen Spiel und Spaß, aber auch Naturkundeprogramm zuteil wird. Daneben kommen aber auch sportlich Ambitionierte auf ihre Kosten. Alpines Bergsteigen auf einem Klettersteig steht auf dem Programm, und wer beim Anblick vom Aussichtspunkt an der Mühlenkopfschanze kein Herzrasen und feuchte Hände bekommt, kann neben der Schanze den Weg rauf- und runterflitzen.
Die aussichtsreiche Runde startet am Fuße des Ettelsbergs. Ehrfürchtig blickt ihr den Hang hinauf, doch wer nun darauf spekuliert, die Seilbahn zu nutzen, sollte Abstand davon nehmen, denn ihr seid zum Wandern hier. Also heißt es jetzt bergauf, und nachdem ihr die letzte Straße passiert habt, wird es alpin am Ettelsberg. Über einen naturbelassenen Pfad, der auch als Klettersteig ausgeschildert ist, da auf dem schiefrigen Untergrund etwas Achtsamkeit ratsam ist, geht es steil bergauf. Zwischen duftendem Heidekraut und urigen Krüppelkiefern windet sich der Weg bergan. Die offene Fläche bietet reichlich Aussicht. Mit jedem Schritt werden die Häuser Willingens immer kleiner. Beschaulich liegt der Ort im Tal. Majestätisch erstrahlen die Berge im Umland. Oben angekommen habt ihr mehrere Möglichkeiten, denn der Gipfel des Ettelsbergs hat so einiges zu bieten. Alles überragend steht der HOCHHEIDETURM (1) auf dem Gipfelplateau, das nun zu ausführlichen Erkundungen einlädt. Wer ganz hoch hinaus will, kann den Aussichtsturm erklimmen.

DER HOCHHEIDETURM IST MIT SEINEN 62 METERN DER HÖCHSTE AUSSICHTSPUNKT IN NORD-WEST-DEUTSCHLAND. 241 STUFEN ODER EIN AUFZUG BRINGEN EUCH NACH OBEN. DER BESUCH IST KOSTENLOS.

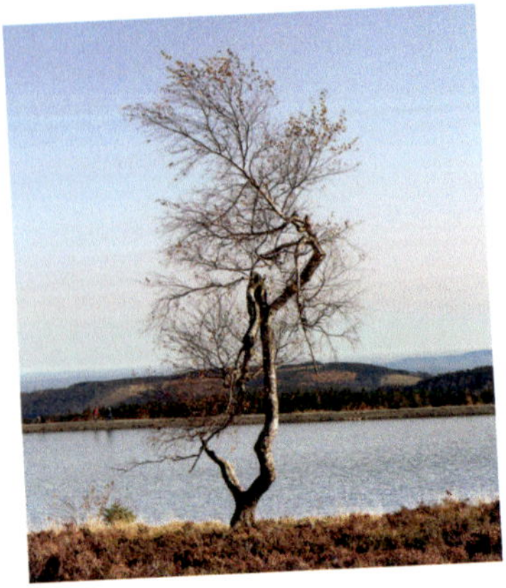

Der tanzende Baum

Bei Sonnenschein und blauem Himmel wirft der Hochheideturm ein perfektes Spiegelbild auf den Speicherteich, der im Winter das Wasser für die Beschneiung der Skipisten sicherstellt. Bänke entlang des Ufers laden zur Pause ein. Verschiedene Fotospots in der Umgebung – wie ein runder Bilderrahmen oder ein überdimensionaler Stuhl – sind perfekt, um unvergessliche Erinnerungen mit nach Hause zu nehmen. Schaut euch um. Wer mit Kindern unterwegs ist, wird um einen Aufenthalt an dem Landschaftsspielplatz, der wirklich keine Wünsche offenlässt, nicht herumkommen. Aus der bekanntesten Hütte des Sauerlands, der ETTELSBERG-HÜTTE 2, klingt Musik und buntes Stimmengewirr. Hier bei Siggi ist immer was los. Seine Erbsensuppe im Bierglas hat bereits legendären Kultstatus erreicht. Habt ihr euch ein Picknick mitgebracht? Dann schaut euch nach einem ganz außergewöhnlichen Rastplatz um. Unweit von Siggi's Hütte stehen auf einer kleinen Lichtung und im Schutze einiger Nadelbäume ausrangierte Sessel eines Liftes. Sie sorgen für ein charmantes Gebirgsflair und sind ein schöner Ort zum Rasten, jedoch nicht zum Rosten, denn die Wanderung soll weitergehen. Lasst also den Trubel hinter euch.

Es ist erstaunlich, wie dieses Großaufgebot an Sehenswürdigkeiten mit der umliegenden Natur harmoniert. Kaum habt ihr das Zentrum des Ettelsbergs verlassen, wird es merklich ruhiger. Folgt nun der Beschilderung zum KYRILL-PFAD 3.

2007 HINTERLIESS DER ORKAN KYRILL ENORME SCHÄDEN AUF DEM GIPFEL DES ETTELSBERGS. HEUTE ERINNERT NUR NOCH WENIG AN DIE VERWÜSTUNG.

AUF DER RUND EINEN HEKTAR GROSSEN FLÄCHE IST DIE NATUR SICH SEITDEM SELBST ÜBERLASSEN. DAS CHAOS DER ZERSTÖRUNG WEICHT; NACH UND NACH ENTSTEHT NEUES LEBEN.

Zur Veranschaulichung führt ein Lehrpfad durch das Gebiet. Über Treppen und Steige sowie schmale Pfade, könnt ihr den Kyrill-Pfad erkunden. Frische Fichten leuchten im Sonnenschein, dicht gedrängt stehen sie aneinander. Sträucher wuchern zwischen den Bäumen. Mittlerweile gut versteckt liegen die damals umgestürzten Stämme zwischen dem urwaldähnlichen Grün. Vögel zwitschern ungestört in dieser Idylle, die unzähligen Lebewesen ein Zuhause bietet. Von dem hölzernen Aussichtsturm lässt sich das Ausmaß des ehemaligen Orkangebiets nur erahnen.

Zeit zum Nachdenken auf der Aussichtsplattform am Kyrill-Pfad

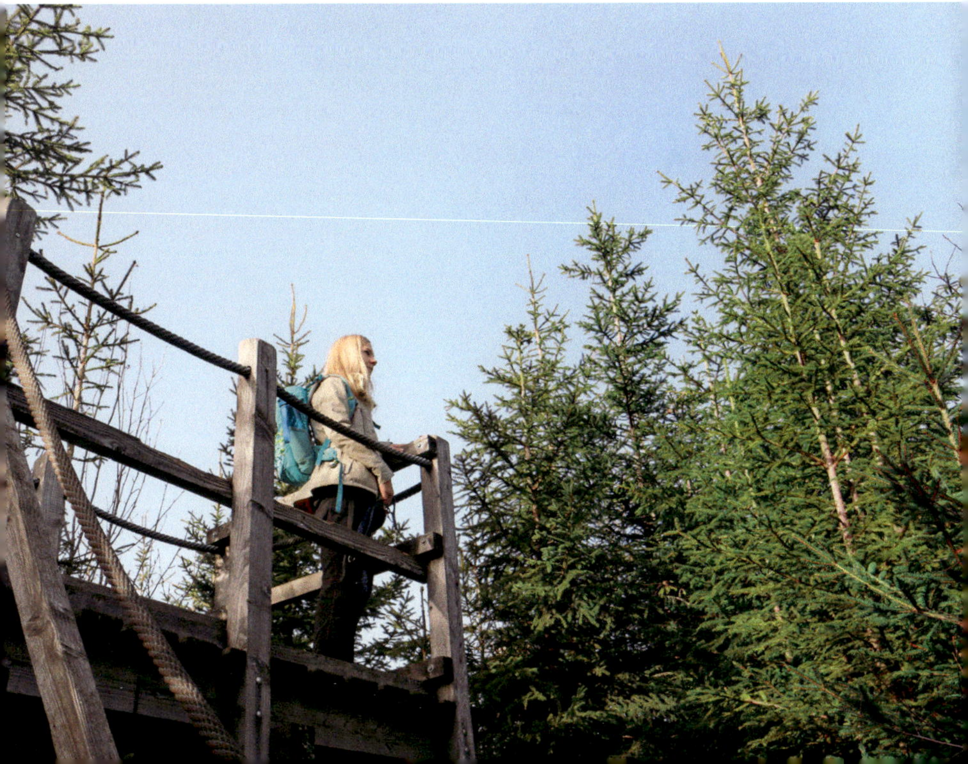

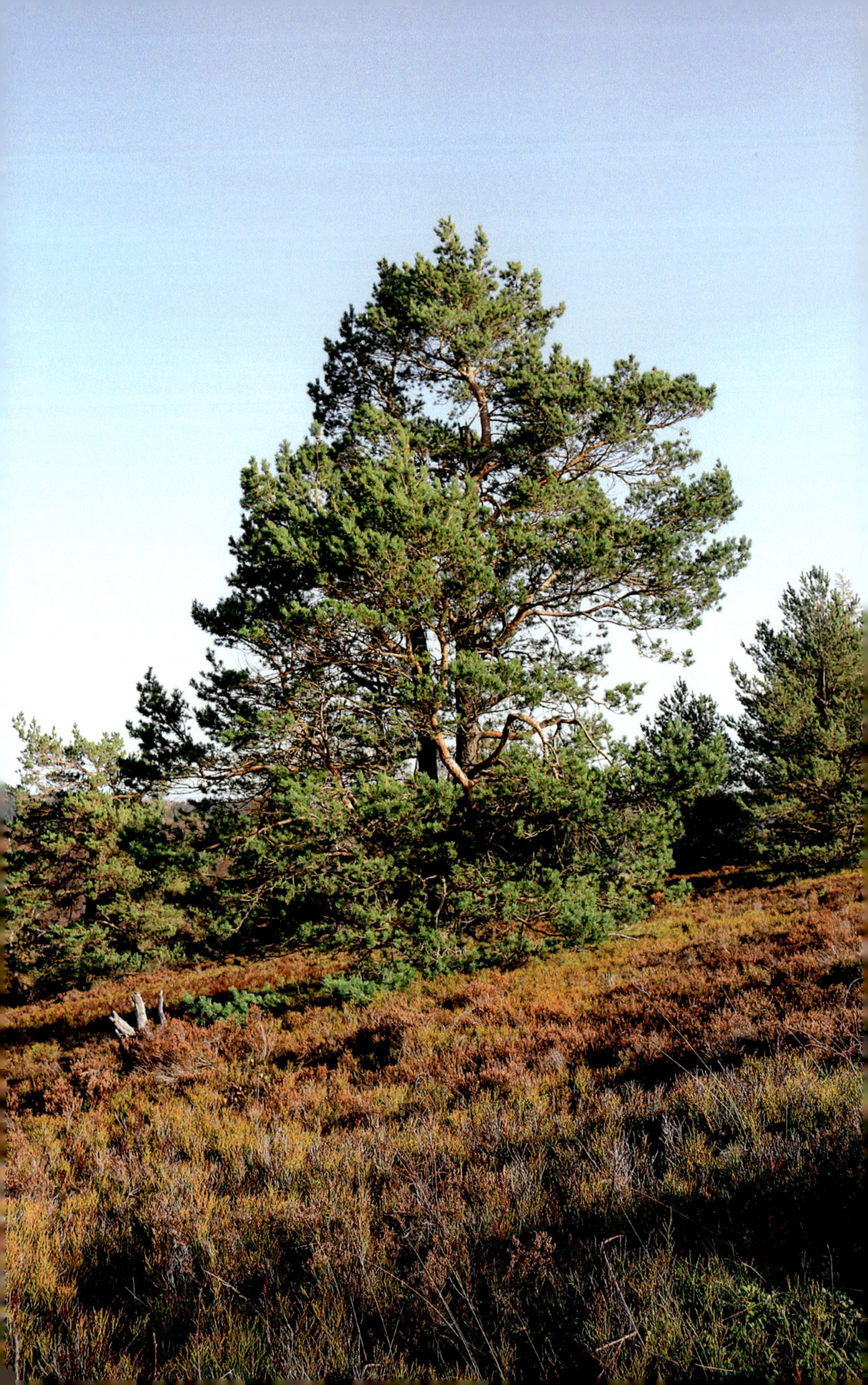

Nach dem interessanten Besuch des Kyrillpfades wandert ihr auf dem breiten Forstweg weiter bis zur Großen Grube. Auf der von Sonnenstrahlen gefluteten Lichtung stehen zahlreiche Bänke und laden zum Verweilen ein. In der Mitte des Platzes thront ein großes Kreuz. Ein paar Findlinge kuscheln sich ins Gras und eine hölzerne Plakette erinnert an die Vergangenheit dieses Ortes.

IM 16. UND 17. JAHRHUNDERT WURDE AN DIESER STELLE HOLZKOHLE GEBRANNT. SELBIGE WURDE IN DEN WILLINGER SCHMELZÖFEN ZUR ERZEUGUNG VON EISEN VERWENDET.

Doch das nächste Highlight der Tour wartet schon. Bunter Mischwald begleitet euch des Weges. Besonders stimmungsvoll ist es im Herbst, wenn die Blätter unter euren Füßen rascheln und die verästelten Baumriesen mit ihren schimmernden Mooskleidchen im Wald sichtbar werden. Und dann steht sie plötzlich vor euch – die riesige MÜHLENKOPFSCHANZE 4. 156 Höhenmeter überwinden die Skispringer vom Startpunkt am »Adlerhorst« bis zum Auslauf. Der Blick die Schanze hinab ist atemberaubend, und wer bekommt dabei nicht Herzklopfen?! Über einen Zick-Zack-Pfad könnt ihr den Hang hinunterwandern und unten im Café Aufwind einkehren. Anschließend bringt euch die Standseilbahn wieder bequem nach oben. Das Ende der Rundwanderung ist allerdings noch nicht erreicht. Es geht weiter durch den Wald, und ein Stück des Weges führt über einen Waldlehrpfad. Hier gewinnt ihr Einblicke in die Geschichte und Natur der Region. Das Innenleben eines Kohlenmeilers veranschaulicht, wie früher Holzkohle hergestellt wurde. Ein Unterstand mit verschiedenen

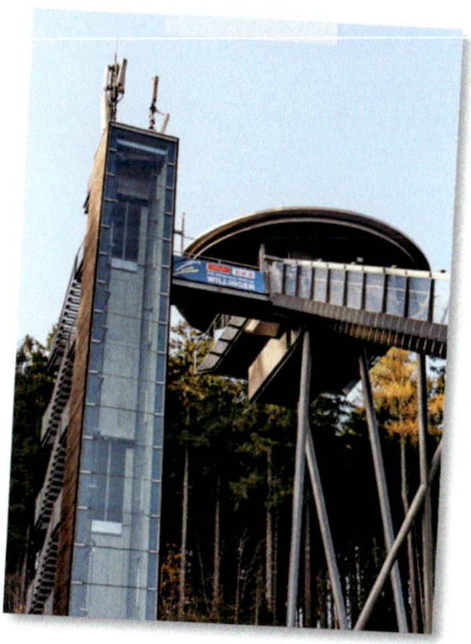

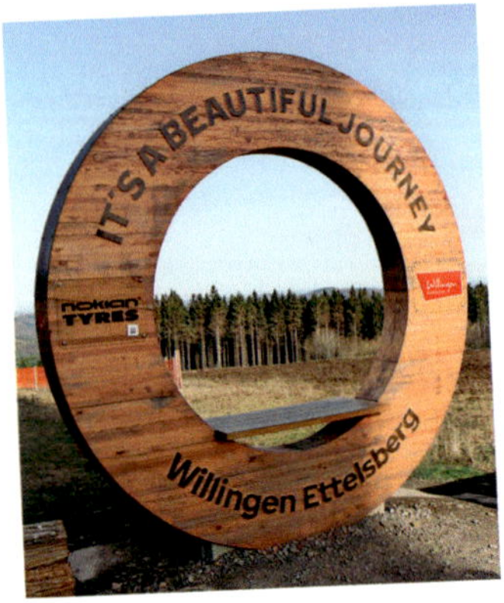

Fotospot auf dem Ettelsberg!

Holzsorten erklärt, welcher Stamm zu welchem Baum gehört. Ein Insektenhotel gewährt kleinen Bewohnern Unterschlupf. Entlang des Pfades gibt es viel Liebevolles zu bestaunen. Haltet die Augen auf, und lasst euch entführen in das Reich der Tier- und Pflanzenwelt.

Langsam kommt Willingen wieder in Sichtweite. Der Wanderweg führt euch unterhalb des Wild- und Freizeitparks entlang. Große Dinosaurierskulpturen, die etwas befremdlich wirken, stehen am Waldrand, und auf der Wiese könnt ihr Tiere beobachten. Habt ihr noch Zeit und Lust? Dann wäre ein Besuch des Wild- und Freizeitparks die optimale Abrundung dieses Tages. Der Eingang ist nicht weit entfernt. Ihr müsstet nur noch einmal ein kleines Stück bergauf gehen. Den Blick ins Tal gerichtet kommt etwas Filmstimmung wie in den Harry-Potter-Verfilmungen auf. Das Willinger Eisenbahnviadukt mit seinen wunderschönen Rundbögen kreuzt den Talboden und könnte fast eine Kulisse aus dem Film sein. Es fehlt nur ein schnaufender Dampfzug, der über die Brücke rattert, um das Bild zu vervollständigen.

Last but not least könnt ihr am Parkplatz noch einmal einkehren oder euch im Ortskern selbst eine nette Location suchen. Als kleiner Tipp für die Mountainbike-Freunde sei ergänzt, dass Willingen die Mountainbike-Hochburg des Sauerlands ist und es rund um den Ettelsberg spektakuläre Trails gibt. Wer sich ebenfalls gern von einer rasanten Abfahrt begeistern lässt, aber kein Mountainbike fährt, für den ist die Sommerrodelbahn eine spaßige Alternative. Neben der Sommerrodelbahn befindet sich die Ski- und Rodelhütte »Einkehrschwung«, wo ihr den Tag gemütlich ausklingen lassen könnt. Und wenn die Kinder noch nicht müde sind, dann sind sie es spätestens nach ein paar Runden an der riesigen Murmelbahn.

Alles, was ihr wissen müsst

Rundtour: für Wanderer, die neben der Natur auch etwas Fun und Action suchen // **nicht kinderwagentauglich**

Markierung: Wanderweg Ettelsberg und Beschilderung Kyrill-Pfad, Große Grube, Mühlenkopfschanze // gemäß GPS oder Tourenbechreibung

Entfernung von: Dortmund: 100 km // Paderborn: 60 km // Siegen: 75 km
ÖPNV: nicht empfehlenswert
Auto: Parkplatz Ettelsberg an der Seilbahn, Zur Hoppecke 5, 34508 Willingen

Einkehr: **Zum Wilddieb,** Am Ettelsberg 1, 34508 Willingen, zumwilddieb.de // **Siggi's Hütte,** Am Ettelsberg, 34508 Willingen, siggishuette.de // **Café Aufwind,** Zur Mühlenkopfschanze 1, 34508 Willingen, cafe-aufwind.de

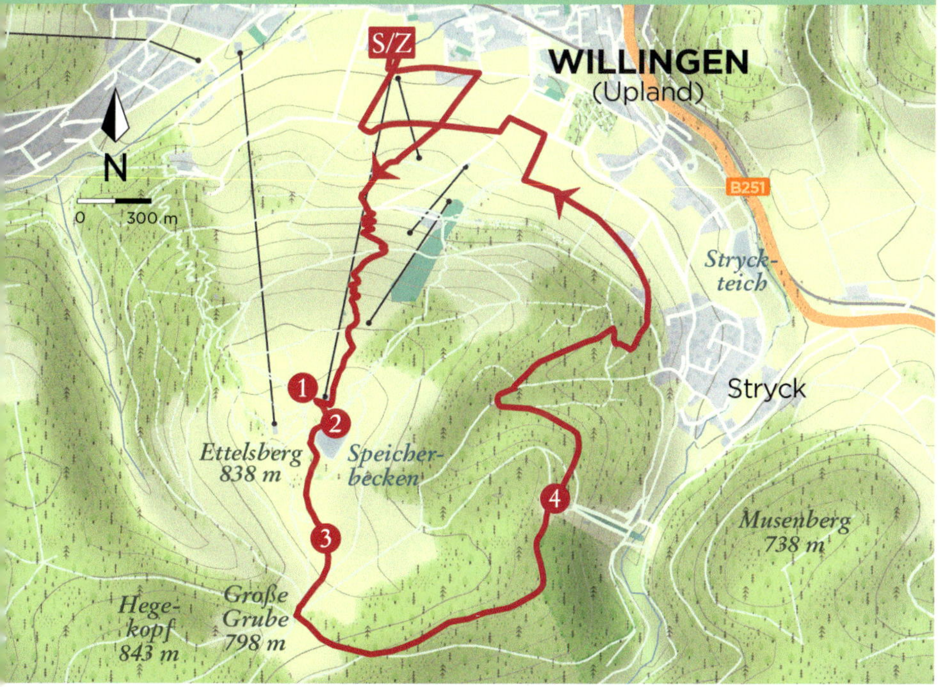

Vulkanpfad Welleringhausen

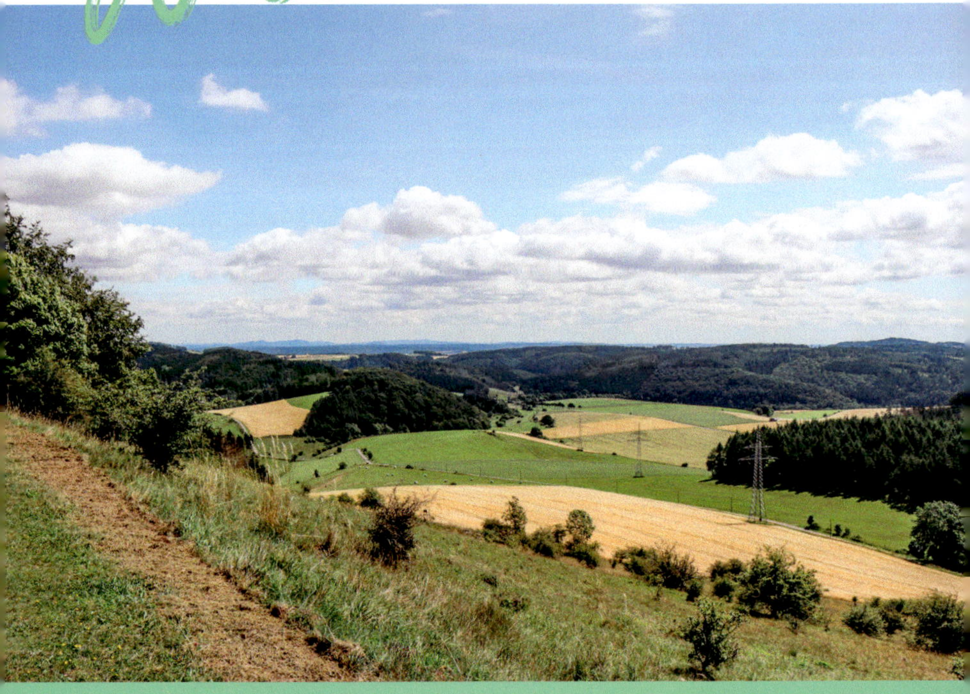

Schwierigkeit: leicht // 7,8 Kilometer // 160 Höhenmeter

Für Familien mit Kindern geeignet

TANZ AUF DEM VULKAN. WER GLAUBT, DASS ES VULKANISCHE AKTIVITÄTEN NUR IN DER EIFEL GAB, LIEGT DANEBEN

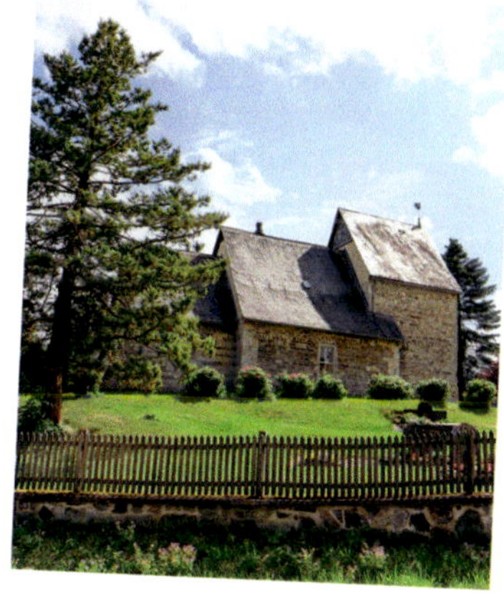

Die Abrahamskirche

Der Beweis dafür befindet sich im Naturpark Diemelsee in einem der kleinsten Dörfer des Landkreises Waldeck-Frankenberg namens Welleringhausen. Der winzige Ort blickt selbst zwar »nur« auf eine Geschichte von etwas mehr als 1000 Jahren zurück, die Region dagegen erzählt von einer Jahrmillionen-Vergangenheit, die der Vulkanpfad eindrucksvoll schildert. Auf einer Strecke von rund 7,8 Kilometern werdet ihr Zeuge der Entstehung der Erde und im Besonderen auch dieses einzigartigen Landstrichs, erhaltet die Möglichkeit, über einen Vulkan zu spazieren – oder auch zu tanzen, wer möchte – sowie geologisch und geschichtlich bedeutsame Informationen hautnah zu erleben. Die Wanderung beginnt am Wanderportal in Welleringhausen gegenüber der Abrahamskirche. Das romanische Bauwerk aus dem 12. Jahrhundert steht am höchsten Punkt des Dorfes und ist der ideale Einstiegsort in die Tour, denn auch die Kirche hat im Laufe vieler Jahrhunderte eine bewegte Vergangenheit erfahren und birgt immer noch das eine oder andere Geheimnis.

DER URSPRÜNGLICHE NAME DER KIRCHE KONNTE BIS HEUTE NICHT EINDEUTIG BELEGT WERDEN. ES WIRD VERMUTET, DASS DER ADLIGE ABRAHAM ZU WELTERKUSEN, SEINES ZEICHENS KNAPPE DER GRAFEN VON ARNSBERG, DIE KIRCHE GESTIFTET HAT.

Das erste Stück des Vulkanpfades wandert ihr über die ebenso geschichtsträchtige Apfelallee. Während ihr auf der linken Seite bereits am Fuße des Grotenbergvulkans entlangzieht, säumt eine Reihe alter Obstbäume den rechten Teil des Weges. Knackige Äpfel hängen in Hülle und Fülle an den Zweigen, etwas weiter tragen die Äste üppige Kirschbestände. Die Apfelallee ist aus einer Gemeindebaumschule im 18. Jahrhundert hervorgegangen, die das Ziel hatte, die Dorfbewohner mit vitaminreicher Nahrung gesund über die kalten Wintermonate zu bringen.

Bald darauf verlasst ihr jedoch die Allee, biegt nach links ab und steigt nun auf einem Wiesenweg steil den Vulkan empor. Der Gipfel des Grotenbergs ist bewaldet, seine Hänge jedoch sind mit Feldern und Wiesen überzogen, die in der Sonne leuchten. Auf dem kargen und felsigen Untergrund der Vulkanhänge wächst Magerrasen, dazwischen blüht im Sommer die Heidenelke in Pink, der Feld-Thymian in zartem Violett, die sternchenförmigen Blüten des Scharfen Mauerpfeffers leuchten in Gelb. Das Zirpen der Heuschrecken, das Summen der Bienen und eine Vielzahl fröhlicher Vogelstimmen dominieren die Geräuschkulisse. Vor Erreichen des Aussichtspunktes, in dessen unmittelbarer Nähe sich auch eine kleine Schutzhütte mit Picknickplatz befindet, führt der Weg für ein kurzes Stück durch angenehm schattigen Wald.

Oben angekommen lässt sich das Panorama über den Ort und die Landschaft genießen. Der Blick reicht unsagbar weit über hohe Berge und weite Täler. Ein Hinweisschild gibt Aufschluss über die Entstehung des GROTENBERGVULKANS 1. Unvorstellbar, dass sein eigentlicher Ursprung vor über 350 Millionen Jahren in Äquatornähe lag.

DER GROTENBERGVULKAN WAR KEIN ÜBERIRDISCHER, SONDERN EIN SOGENANNTER UNTERMEERISCHER VULKAN, DER SEINERZEIT IM URMEER AUSBRACH. VEREINFACHT GESAGT, VERLIEH DIE VERSCHIEBUNG DER KONTINENTE DEM VULKANGESTEIN IN MILLIONEN VON JAHREN SEIN HEUTIGES ERSCHEINUNGSBILD, WAS IM LAUFE DER WANDERUNG VIELERORTS DURCH DIE GESTEINSAUFSCHLÜSSE SICHTBAR WIRD.

Am Hang des Vulkans, vorbei an den blühenden Wiesen, in denen zur Abwechslung zartrosafarbene Malven um die Wette strahlen, führt die Route schließlich bis zum Haus Sonnenberg. 1924 als Waisenhaus für Kinder erbaut, ist es heute ein Ferienwohnheim. Unter einer kleinen Überdachung steht eine gemütliche Sitzgruppe, und ein Schild mit der Aufschrift »Rastplatz für alle Wanderer« lädt zur Pause ein. Wenige Schritte weiter leuchtet in dieser historischen Umgebung ein gelb-schwarzes Kuriosum. Das geflügelte Nashorn mit dem Logo eines Fußballvereins vermag so gar nicht hierher zu passen, sorgt aber für ein kleines Schmunzeln.

Nun heißt es für ein paar Meter besonders achtsam zu sein, denn für knapp 200 Meter verläuft der Vulkanpfad über die schmale Landstraße, bevor es links auf dem Forstweg weitergeht und bereits das nächste Naturschauspiel entdeckt werden möchte. Inmitten eines

Der gesunde Proviant ist hier zum Greifen nah!

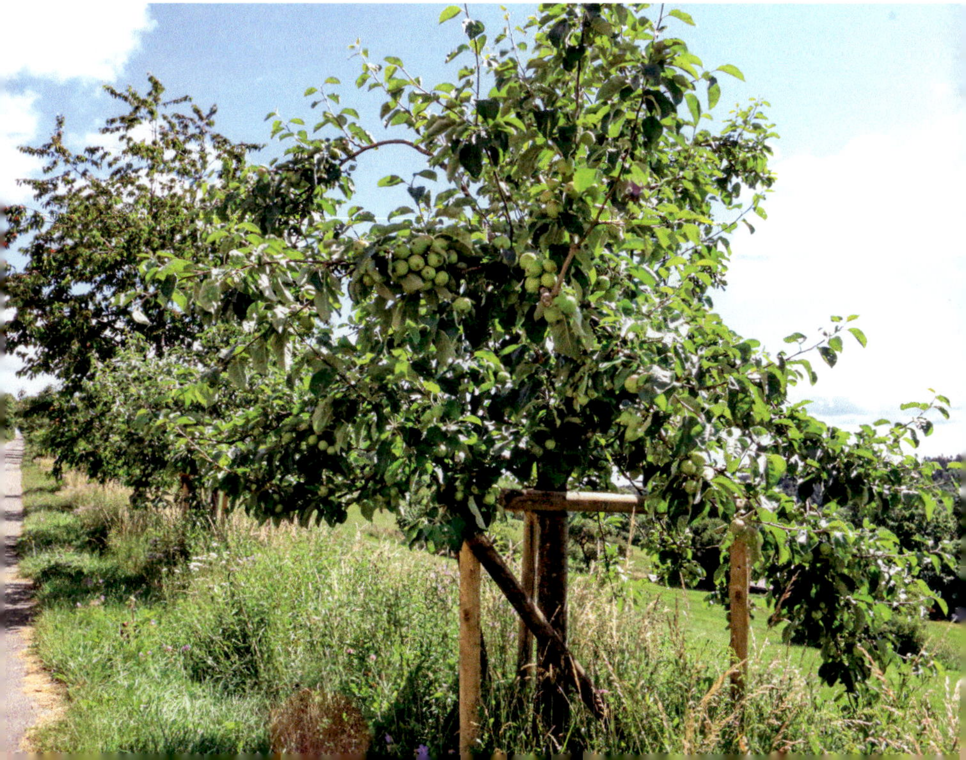

Feldes liegt das RISPENSEGGEN-BIOTOP ❷ – ein Sumpfgebiet, das besonders durch die markanten Köpfe der Rispenseggen auffällt, die sich bis zu einem Meter hoch erheben.

IN DEN ZEITEN, ALS DAS NAHE GELEGENE WAISENHAUS NOCH KINDER BEHERBERGTE, WURDE DER SUMPF AUFGESTAUT UND DIENTE ALS SCHWIMMBAD. ER WURDE AUCH ALS SOGENANNTER SCHAFSWASCHKUMP GENUTZT, UM DIE SCHAFE VOR IHRER SCHUR GUT ZU WASCHEN.

Am nächsten Abzweig ist Obacht geboten. Ihr solltet nicht vorschnell links abbiegen und der Route folgen, sondern einen kleinen Umweg in Kauf nehmen. Deshalb folgt dem 400 Meter langen Stichweg bis zum Infopunkt »Haus im Öhl«. Dieser kurze Abstecher

Rund um den Grotenberg – den grünen Vulkan

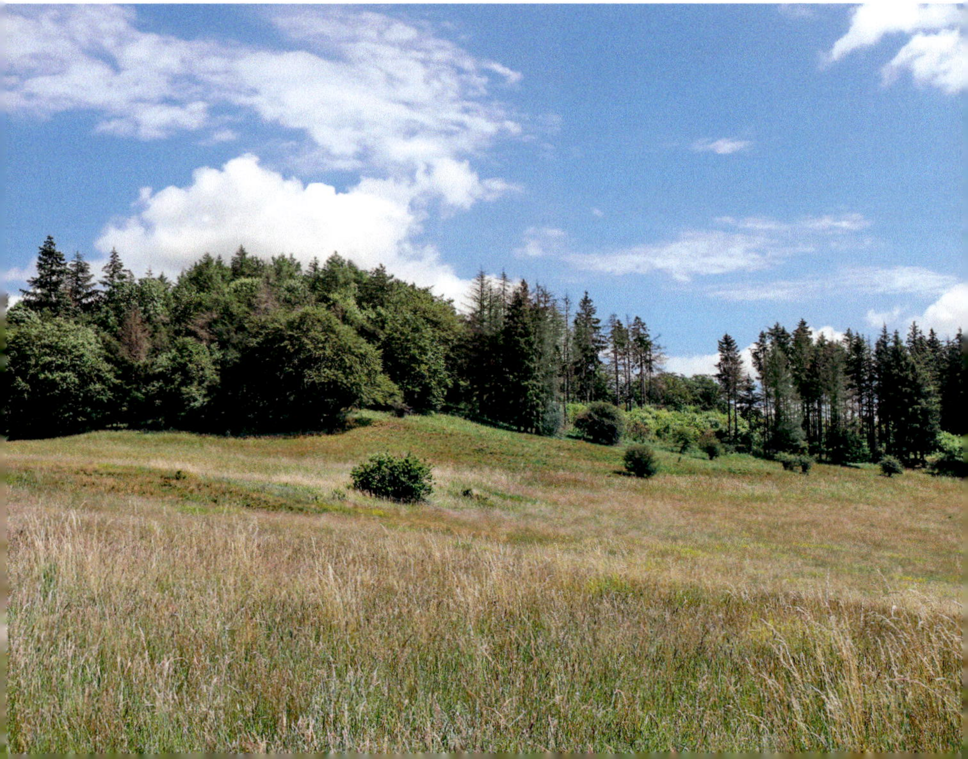

erzählt die Geschichte des Goldbergbaus, den wohl niemand so recht in dieser Region vermuten würde. Tatsächlich aber wurden einst Goldvorkommen hier entdeckt und in mühseliger Handarbeit abgebaut. Das »Haus im Ohl« war dabei der Verwaltungssitz des Goldbergbaus. Heute dient es als Infozentrum des GEOPARKS GRENZWELTEN 3. Das liebevoll verzierte Fachwerkhaus mit seinem lauschigen Außenbereich beherbergt in seinem Herzen ein kleines Museum mit allerhand Exponaten, anhand derer neben der Entstehung der Region auch viel über die Geschichte der Menschen, die schon vor Jahrtausenden hier lebten, dargestellt wird. Die GeoPark-Führerin Renate Hill, die auch geführte Wanderungen über den Vulkanpfad anbietet, weiß eine Menge zu berichten, und wer sich ausgiebig mit der Thematik auseinandersetzt, wird den restlichen Verlauf des Vulkanpfads mit ganz anderen Augen sehen.

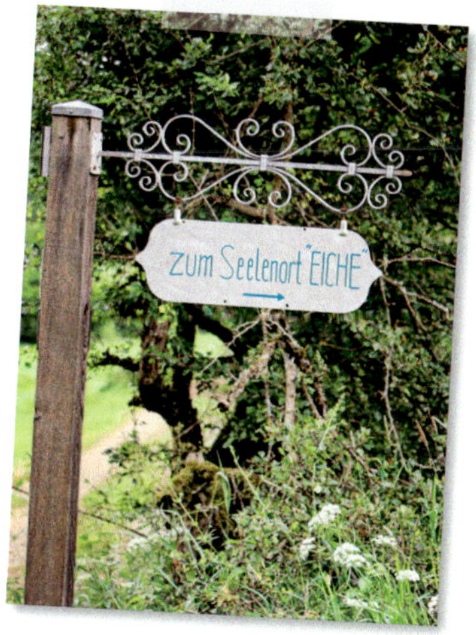

Nur wenige Meter oberhalb des »Hauses im Ohl« befindet sich einer der 43 Sauerländer Seelenorte, Orte, die für die Menschen in ihrer Umgebung eine ganz besondere Bedeutung haben – wie hier die »Eiche im Ohl«. Der kurze Aufstieg ist das krönende Highlight. Prachtvoll gedeiht der Baum am Rande eines Feldes. An seinen ausladenden Ästen hängen gemütliche Schaukeln, die zu einer Pause einladen. Darunter befinden sich urige Sitzplätze, auf denen es sich ebenso lohnt zu verweilen, ins Tal zu schauen und Kraft für das letzte Stück des Weges zu sammeln. Mit etwas Glück kreisen eindrucksvolle Rotmilane über das Himmelszelt.

Zurück am Abzweig zum Infopunkt geht es anschließend noch einmal bergauf in Richtung des Kuhtenbergs, einem Ausläufer des Grotenbergvulkans. In diesem ehemaligen Steinbruch wurde früher

Diabas abgebaut und für den Straßenbau verwendet. Durch die nahe gelegenen eingezäunten Weiden ist der Steinbruch allerdings nicht jederzeit zu besichtigen. Stattdessen bietet sich vom Kuhtenberg ein herrliches Panorama über die Landschaft und zur Wüstung Wieferinghausen, die in der Ferne sichtbar ist.

DIE WÜSTUNG WIEFERINGHAUSEN WAR IM MITTELALTER EIN SÄCHSISCHES DORF, DAS DIREKT AN EINER WEGKREUZUNG DER HEIDENSTRASSE, EINEM WICHTIGEN HANDELS- UND HEERWEG, LAG. HEUTE ERINNERN NUR NOCH EINIGE WENIGE BAULICH ERKENNBARE STRUKTUREN UND FLURNAMEN AN DAS EHEMALIGE DORF.

Über den sonnenbeschienenen Hang und durch herrliche Wiesenwege geht es dann dem letzten charakteristischen Merkmal des Vulkanpfads entgegen. Noch einmal heißt es aufpassen an der Landstraße, bevor zur Rechten ein unscheinbarer Weg in ein dunkles Tal – den Springenwald – abzweigt. Der holprige und steinige Pfad führt durch die steilen Hänge, in denen sogar eine Quelle entspringt, und erneut vorbei an einem Diabas-Steinbruch, in dem einst Steine für den Bau von Häusern abgebaut wurden.

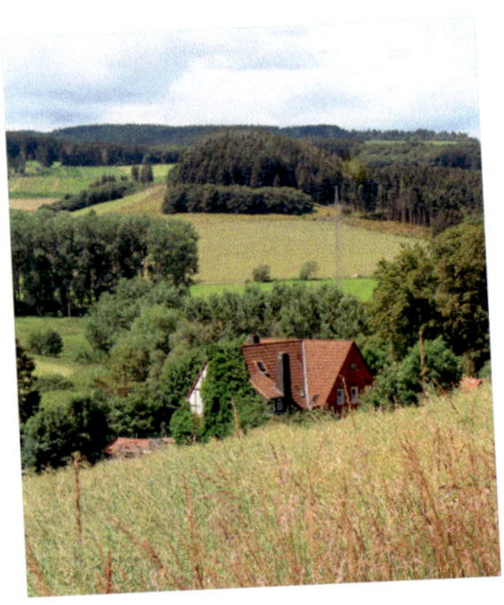

POSTKARTENIDYLLE AM GROTENBERG

Dann ist der Ausgangspunkt der Wanderung fast erreicht. Dabei habt ihr die Gelegenheit, noch einen Blick auf und in die ABRAHAMSKIRCHE 4 zu werfen. Und so endet die Reise in die Vergangenheit, im Gepäck habt ihr eine Menge interessanter Andenken, die noch lange in Erinnerung bleiben.

Alles, was ihr wissen müsst

Rundtour: Themenweg für Familien mit Kindern und für geologisch interessierte Wanderer, die sich mit der Entstehung der Erde befassen möchten // **nicht kinderwagentauglich**

Markierung: Vulkansymbol

Entfernung von: Dortmund: 120 km // Paderborn: 75 km // Siegen: 90 km
ÖPNV: nicht empfehlenswert
Auto: Wanderparkplatz an der Freiwilligen Feuerwehr Welleringhausen, Zur Grafschaft 2, 34508 Willingen

Einkehr: **Café Das kleine Landhaus,** Korbacher Str. 13, 34508 Willingen-Usseln, cafe-das-kleine-landhaus.de // **Kupferkanne Usseln,** Hochsauerlandstr. 1, 34508 Willingen-Usseln, kupferkanne-usseln.de

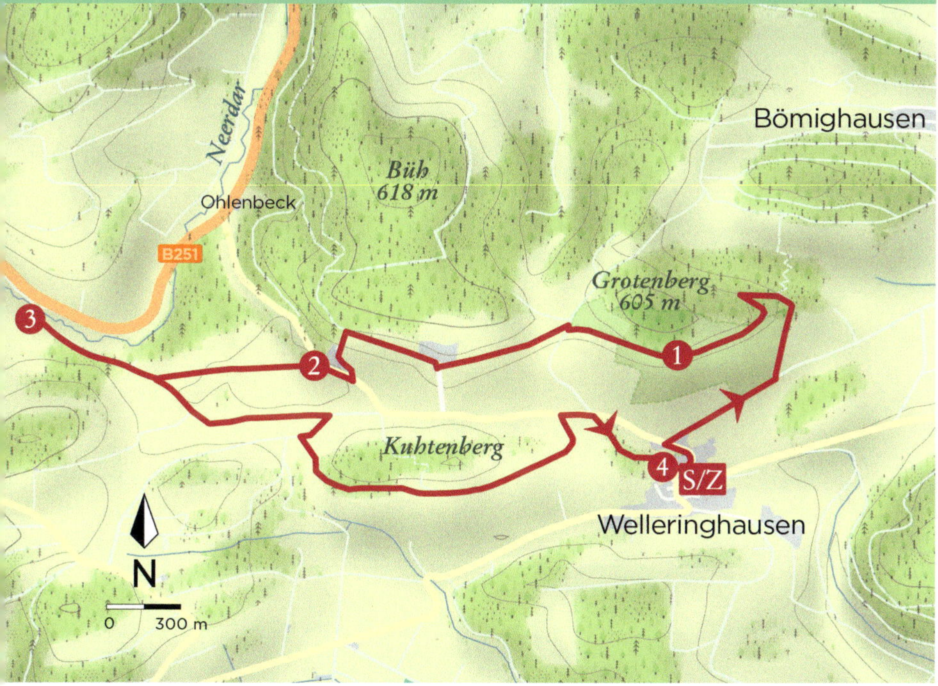

Golddorf-Route in Bödefeld

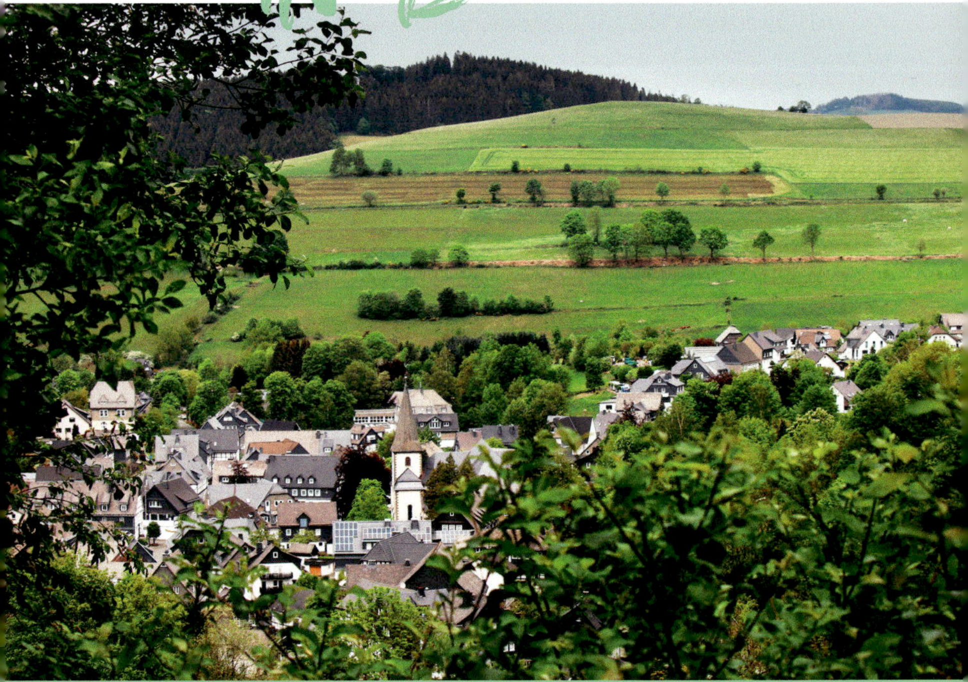

Schwierigkeit: mittel // 9,8 Kilometer // 315 Höhenmeter
Für Familien mit Kindern geeignet

SAGENHAFT WANDERN IM REICH DER HOLLEN. DABEI SOLLTET IHR DIE AUGEN STETS OFFENHALTEN

Einst, so wird berichtet, lebten in den felsigen Berghängen von Bödefeld die Hollen. Sie waren gute Waldwesen, den Menschen freundlich gesinnt und halfen ihnen aus unverschuldeter Not. Aber die Gier der Menschen wuchs, und so machten sich einige auf, um den Schatz der Hollen zu rauben. Wie es ihnen ergangen ist? Das erfahrt ihr auf dieser sagenumwobenen Wanderung rund um Bödefeld. Am Wegesrand gibt es vieles zu bestaunen und zu entdecken. Ein Naturerlebnis-Spielplatz sorgt für ausgelassene Stimmung bei Groß und Klein. Die Palme oder das Kneipp-Tretbecken laden zum Abkühlen der Füße ein. Am Wildgehege sind imposante Tiere zu beobachten, und am Gipfel des Kehlenbergs wacht ein Bär. Bezaubernde Rastplätze bieten wunderbare Möglichkeiten für ein Picknick mit herrlichen Ausblicken über die Berge und Täler und Zeit zum Entschleunigen.

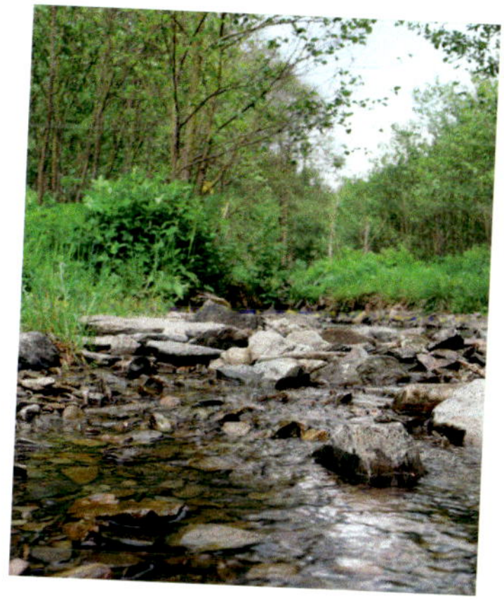

Die Palme: Lebensraum Wasser

DER STARTPUNKT DES HOLLENPFADES BEFINDET SICH IM HERZEN VON BÖDEFELD AN DER KIRCHE ST. COSMAS UND DAMIAN, DIE EBENFALLS MIT EINER GEHEIMNISVOLLEN LEGENDE AUFWARTEN KANN. SO WURDE IM JAHRE 1722 IM RAHMEN DES NEUBAUS DER PFARRKIRCHE EINE ABGESCHNITTENE UNVERWESTE RECHTE HAND IN EINEM SARG GEFUNDEN. BIS HEUTE RANKEN SICH DIE VERSCHIEDENSTEN ERZÄHLUNGEN UM DIE SOGENANNTE SCHWARZE HAND, DIE IHR ZU DEN ÖFFNUNGSZEITEN DER KIRCHE IN DEREN INNEREN BESTAUNEN KÖNNT.

Dann aber solltet ihr loswandern, denn es wird noch so viel zu erleben geben. Seien es die urtümlichen Hochlandrinder, die die Sauerländer Wiesen bereichern oder die interessanten Holztafeln, die den Wegesrand säumen und Geschichtliches über Bödefeld erzählen. Langweilig wird es hier nicht, versprochen.
Stadtauswärts führt euch der Hollenpfad im Uhrzeigersinn. Zunächst muss der Ort etwas oberhalb umrundet werden, ehe ihr die Hauptstraße überquert und in die eigentliche Schönheit der Umgebung eintauchen könnt. Das erste und zügig erreichte Highlight am Wegesrand ist der NATURERLEBNIS-SPIELPLATZ 1. Ob ihr mit Kindern oder ohne auf dem Hollenpfad wandert, dieser vielseitig angelegte Ort bietet Spaß für Groß und Klein und die Möglichkeit zu einer ersten Pause. Hier könnt ihr eure Füße in dem kristallklaren Wasser der plätschernden Palme erfrischen und dabei etwas über die

Die Zeit der Ginsterblüte ist perfekt für diese Wanderung

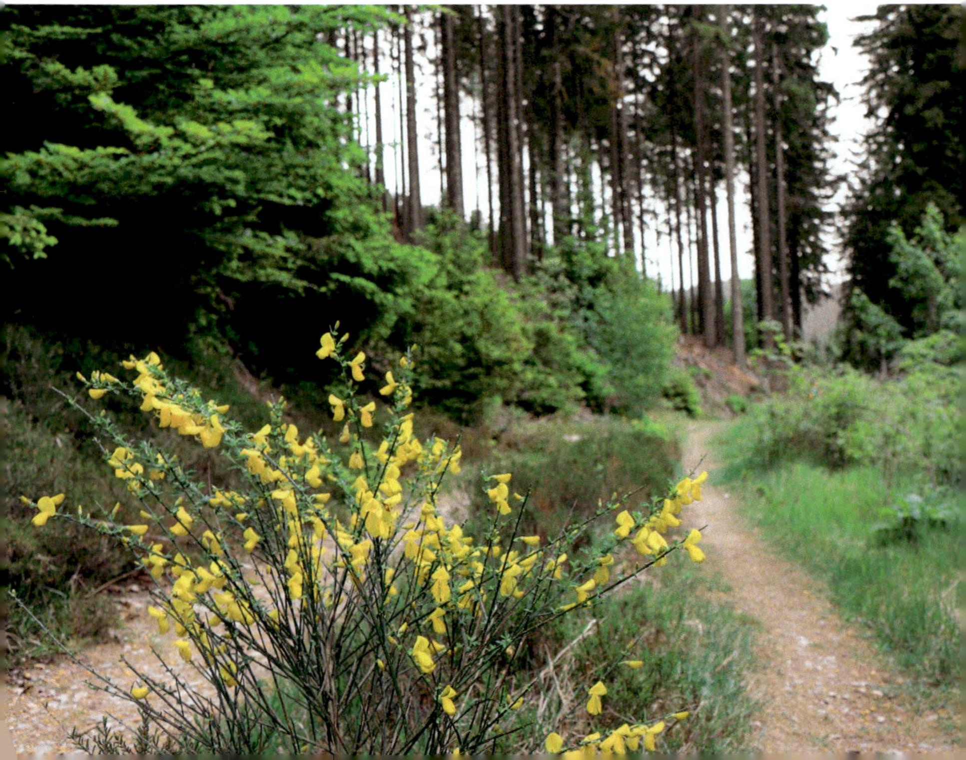

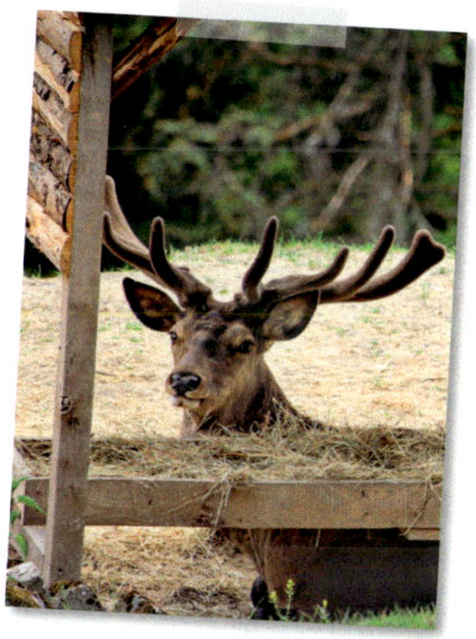

Lebewesen im Wasser lernen, euer Gleichgewicht auf der Slackline testen, den Kindern beim Toben auf den Holzspielgeräten zusehen oder einfach picknicken.
Anschließend geht es nun richtig ins Reich der Hollen. Entlang des verwunschenen Baches führt der naturbelassene Pfad in den Wald hinein. Zwischen den undurchdringlichen Pflanzen, die am Ufer gedeihen und die sich dschungelartig bis zum Wegesrand ausbreiten, recken muntere Zwerge ihre Köpfe in die Höhe. Eine Holzbrücke geleitet euch auf die gegenüberliegende Bachseite. Am folgenden Abzweig bietet sich ein Abstecher nach links zum Kneippbecken an, um sich vor dem Aufstieg zum HOLLENHAUS 2 noch kurz die Beine und Füße zu kühlen. Wer direkt weiterwandert, biegt nach rechts ab und wandert bergauf. Ein Schild, welches euch die Legende der Hollen erzählt, kennzeichnet schließlich den mystischen Ort. Der mächtige Felsen, der aus dem Berghang hervorsticht, ist umgeben von verwunschenem Grün, das ihn nahezu versteckt. Dennoch ist seine markante Erscheinung nicht zu übersehen. Das übereinandergeschichtete Gestein, das von gelben und hellgrünen Flechten und Moosen eingehüllt ist, wird mit etwas Phantasie tatsächlich zu einem Haus, das die Hollen mühselig Stein auf Stein erbaut haben. Schaut und hört doch mal genau hin, vielleicht entdeckt ihr ja einige der Sagenwesen in den steinernen Fenstern oder sogar die Eingangstür zu ihrem geheimnisvollen Domizil hier am Fuße des mysteriösen Felsgebildes. Ist es wohl von Natur oder den Hollen geschaffen?
Über den Wanderweg umrundet ihr im weiteren Verlauf das Hollenhaus und gelangt somit aufs Dach desselbigen. Auf der Dachterrasse findet ihr eine Vesperinsel, von der aus ihr den Blick ins Tal

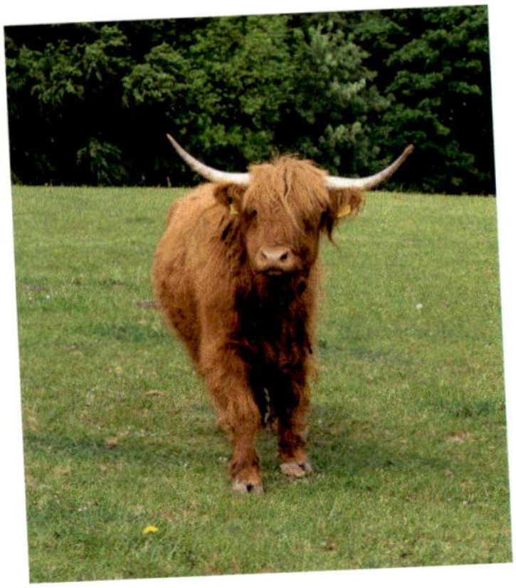

SCHÖN ABSTAND HALTEN!

Richtung Bödefeld genießen könnt. Auf naturbelassenen Pfaden wandert ihr am Hang weiter durch die traumhafte Vegetation, die besonders im späten Frühjahr durch den leuchtend gelben Ginster besticht, ehe ein kleiner Abstieg zum Wildtiergehege ansteht. Friedlich grasen die Tiere dort auf ihrer Lichtung und lassen sich von den vorbeiziehenden Wanderern nicht stören. Bis zu einer Schutzhütte, von der ihr abermals hübsch auf Bödefeld sowie ins Tal schauen und zudem noch einen aus Holz geschnitzten Adler bestaunen könnt, geht es bergab. Doch ihr seid hier im Sauerland, dem Land der 1000 Berge, und dementsprechend steht nun der Gipfel des Kehlenbergs auf dem Programm. Auf verschlungenen Naturpfaden steigt ihr bergauf. Wurzeln schlängeln sich über den Weg, und es ist ratsam zu schauen, wohin ihr eure Füße setzt. Am Boden hüllt euch eine enorme Vielfalt an Pflanzen ein, und gen Himmel ragen im Gleichtakt die Fichten empor. Auf der KUPPE DES KEHLENBERGS 3 liegen Felsbrocken im trockenen Laub des Vorjahres, die aussehen, als hätte sie jemand absichtlich dorthin geworfen. Grünes Moos zieht sich urtümlich über das Gestein und über die skurrilen Wurzeln der Buchen. Es scheint, als hätte dieser Ort, über den ein holzgeschnitzter Bär wacht, etwas Magisches. Das einfache, mehr provisorische Gipfelkreuz mit Namensschild und Höhenangabe 621 Meter steckt auf einem Felsen zwischen aufgestapelten Steinen und wird sicher als eins der seltsamsten Gipfelkreuze des Sauerlands in eurer Erinnerung bleiben. Auf einem ebenso urigen Weg wie bergauf geht es von der Bergkuppe wieder hinunter. In einer Kurve erreicht ihr die kleine REHMECKE 4, die etwas oberhalb am Hang entspringt. Am dort befindlichen Rastplatz »Waldesruh« klappern kleine Wasserräder in dem sauberen Bächlein. Der charmante Ort ist ideal für eine Pause und ein besonders bezaubernder Entdeckerplatz für Kinder. Also nehmt euch Zeit zum Waldbaden, atmet die klare Luft, taucht eure Füße ins Wasser und beobachtet die Vögel in den Bäumen.

Über den Berghang geht es dann weiter durch die unberührte Natur, und langsam kommt Bödefeld wieder in Sichtweite. Inmitten des grünen Tals schlummern die weißen Häuser und bilden einen herrlichen Kontrast. Weihnachtsbäume in verschiedenen Größen wachsen ober- und unterhalb des Weges, und ein Aussichtsplatz bittet zum Verweilen und zum Entspannen.

Auf einer Weide steht eine Herde Hochlandrinder. Ihre gewaltigen Hörner machen ordentlich Eindruck, und ihr orangebraunes Fell

Der Naturerlebnis-Spielplatz ist auch mit dem Auto zu erreichen

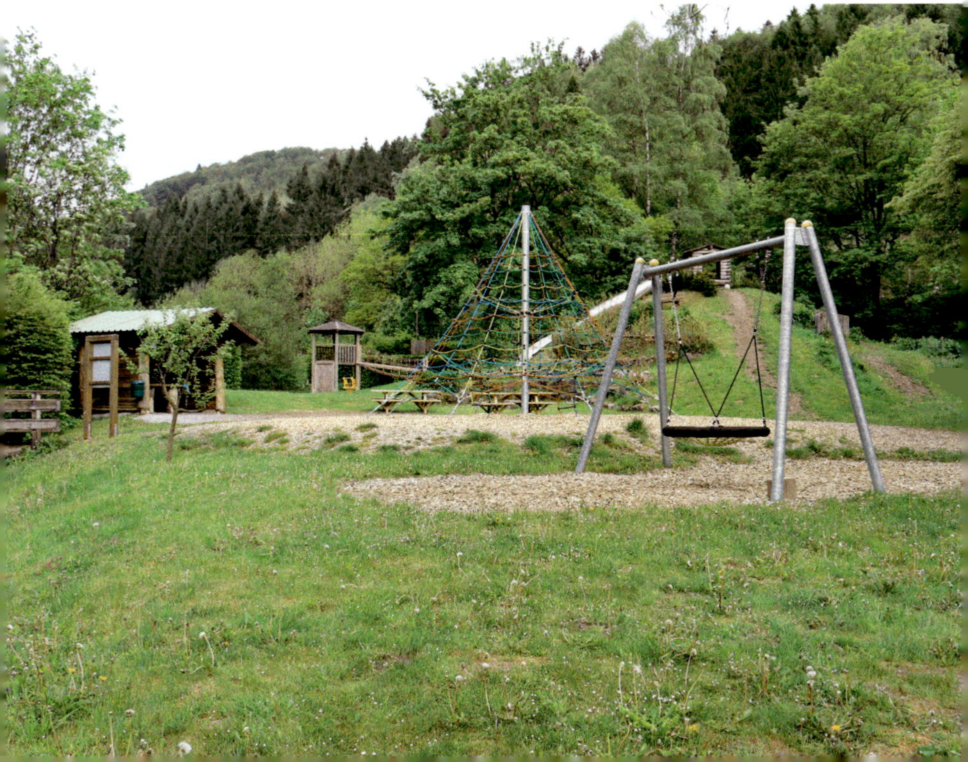

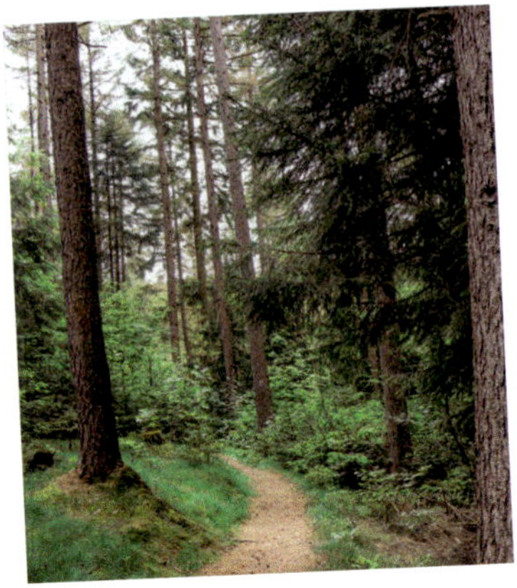

Märchenhafter Fichtenwald

leuchtet im Sonnenschein. Bödefeld immer im Blick macht ihr noch einen kleinen Schlenker, um den Hang hinabzuwandern, und so erreicht ihr bald den Ortsrand. Vorbei an den schnuckeligen Fachwerkhäusern, der lustig dahin plätschernden Palme und einem alten Wasserrad erreicht ihr den Ortskern an der Bödefelder Freiheit. Diesen Platz ziert ein markanter Brunnen, auf den ebendieser Name zurückzuführen ist. Aus drei Hähnen fließt Wasser der Palme in ein Steinbecken; trinken solltet ihr es aber nicht. Darauf weist auch ein kleines Schild an der Brunnenmauer hin. Dafür findet ihr direkt nebenan eine Möglichkeit zur Einkehr.

Bis zum Start- und Endpunkt der Tour sind es jetzt nur noch wenige Meter, und wem die Wanderung und die Region hier gefallen haben, dem sei folgender Wandertipp mitgegeben: Einmal im Jahr findet in Bödefeld der sogenannte Hollenmarsch statt, bei dem sich Wanderer und Läufer auf unterschiedlich langen Strecken ihrer Kondition stellen können. Von einfachen 14 Kilometern bis hin zu ambitionierten 101 Kilometern für die ganz Hartgesottenen ist für jeden Geschmack etwas dabei. Somit gibt es sowohl kurze Strecken für Familien im Angebot als auch Langstrecken für die Profis. Reichlich Verpflegungspunkte entlang der Strecke sorgen für die notwendige Kraft, um den Weg zu bewältigen. Auch Hunde dürfen mitwandern beziehungsweise mitlaufen. Somit ist der Hollenmarsch ein Vergnügen für nahezu alle Altersklassen.

Wer also an einer top organisierten Erlebnis-Wanderung durch das wunderschöne Sauerland teilnehmen möchte, sollte sich den Monat Mai merken und sich auf www.hollenmarsch.de informieren.

Alles, was ihr wissen müsst

Rundtour: sagenhafte Geschichten über die Hollen // es gibt Hochlandrinder und Wildtiere zu sehen // ein Naturerlebnis-Spielplatz und ein Barfußpfad befinden sich ebenso an der Strecke // **nicht kinderwagentauglich**

Markierung: B5 // oder goldenes G auf rotem Grund

Entfernung von: Dortmund: 85 km // Paderborn: 75 km // Siegen: 70 km
ÖPNV: nicht empfehlenswert
Auto: Parkplatz gegenüber des Wanderportals an der Kirche St. Cosmas und Damian, 57392 Schmallenberg

Einkehr: **Landhotel Gasthof Albers,** Graf-Gottfried-Str. 2, 57392 Schmallenberg-Bödefeld, albers-landhotel.de // **Schneiderstübchen,** Graf-Gottfried-Str. 29, 57392 Schmallenberg-Bödefeld

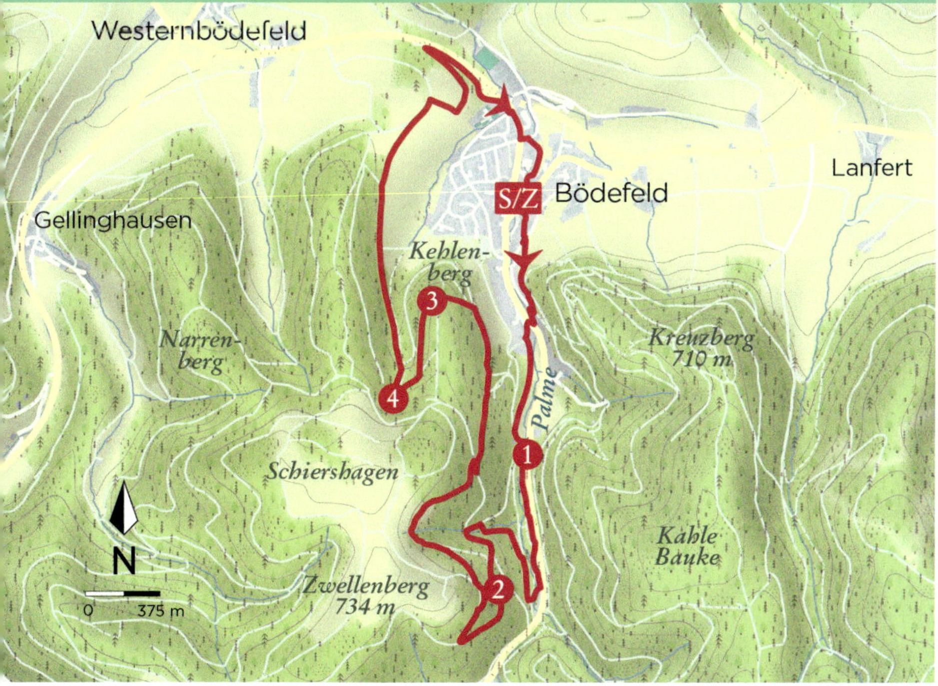

In der Niedersfelder Hochheide

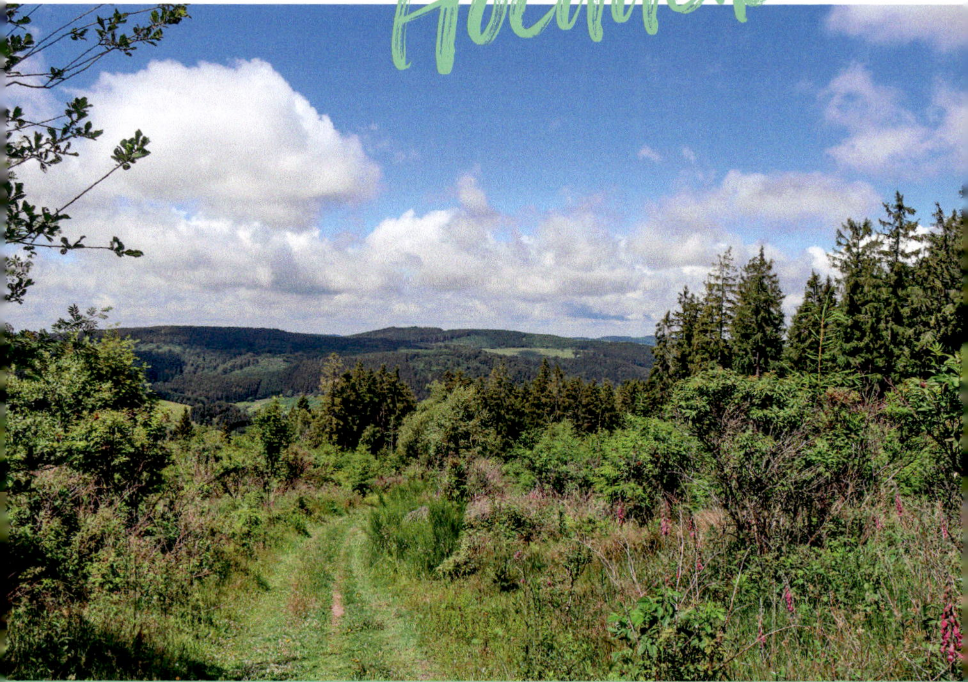

Schwierigkeit: leicht // 5,4 Kilometer // 73 Höhenmeter
Für Familien mit Kindern geeignet

SPIRITUELLE AUSZEIT
AUF DEM »GOLDENEN PFAD«.
EINE WANDERUNG FÜR DIE SINNE

Eine Wanderung der ganz besonderen Art verspricht der Landschaftstherapiepfad rund um die Niedersfelder Hochheide und den Clemensberg. Zehn Stationen laden ruhesuchende Wanderer dazu ein, mit der Natur zu verschmelzen, unnützes Gedankengut auszusortieren, zu meditieren und den Zauber des Waldes und der darin lebenden Geschöpfe zu spüren. Unweit der Hochheidehütte stellt ihr euer Fahrzeug ab und wandert in Richtung des sogenannten EINSTIMMUNGSPLATZES 1 des Goldenen Pfades. Vor euch erstreckt sich das weitläufige Areal der Niedersfelder Hochheide.

DIE ALS NIEDERSFELDER HOCHHEIDE BEKANNTE FLÄCHE ZÄHLT ZUM NATURSCHUTZ- UND FLORA-FAUNA-HABITAT (FFH-GEBIET) »NEUER HAGEN«. SIE BEFINDET SICH AUF ÜBER 800 METERN HÖHE UND GEHÖRT DAMIT ZU DEN SEHR SELTEN GEWORDENEN BERGHEIDEN EUROPAS.

Besonders im Spätsommer zur Heideblüte versprüht die violett erstrahlende Hochheide ihren unverwechselbaren Charme. Aber auch so betört diese Hochebene den Besucher im Sommer mit ihren prall gefüllten Heidel- und Preiselbeersträuchern und zu allen anderen Jahreszeiten mit ihren Krüppelkiefern und deren charakteristischen Wuchs, den bizarren Totholzbäumen, die geisterhaft aus der Erde ragen, einem Wacholder, der, statt säulenartig nach oben zu wachsen, bedingt durch das raue Wetter über den Boden kriecht.
Nun stimmt euch ein auf die fünf Kilometer, die vor euch

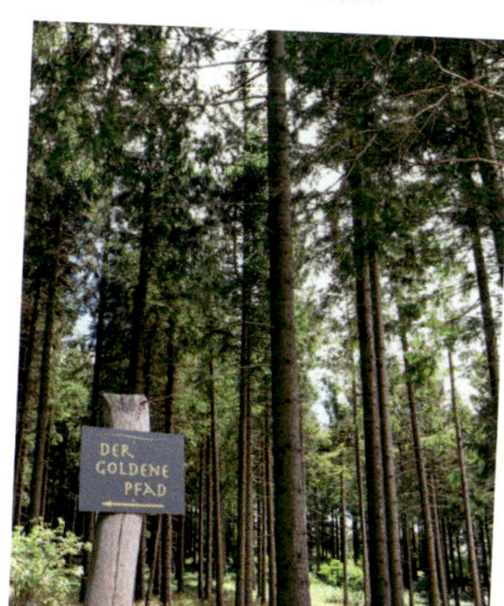

AUF ZUM GOLDENEN PFAD

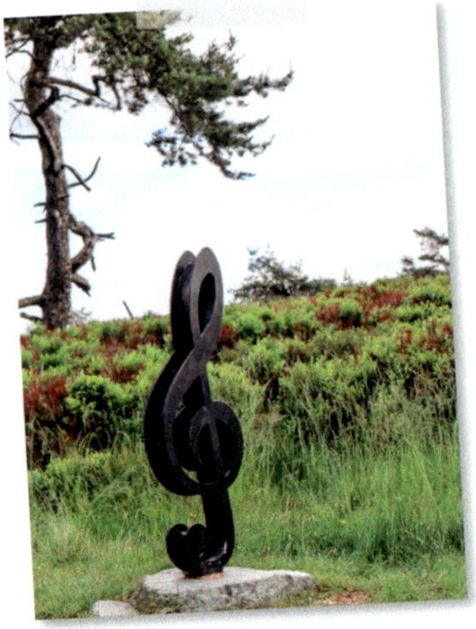

liegen. Nehmt euch Zeit, um dem Goldenen Pfad die Gelegenheit zu geben, seine Wirkung zu entfalten. Aufmerksamkeit ist jetzt gefragt, denn die bekannten Wanderwegweiser helfen unterwegs nicht viel. Große Findlinge sind es, die den Pfad markieren und aus der Heide hervorragen. Schaut genau hin, sonst biegt ihr falsch ab. An jeder der nun folgenden zehn Stationen erhaltet ihr genaue Anweisungen auf den sogenannten Achtsamkeitstafeln. Sie erklären euch wie ihr eure Sinne schärft, eure Gedanken sortiert, zur Ruhe kommt.

Ein romantisch anmutender Balkon wie aus dem Märchen erwartet euch gleich zu Beginn. Der Blick reicht von hier weit über die Hochheide und über die sanft geschwungenen Hügel des Sauerlands. Begleitet von dem faszinierenden Duft des trockenen Heidekrautes, gemischt mit dem der Nadelbäume, zieht ihr über die naturbelassenen Pfade von Ort zu Ort in dieser bezaubernden Landschaft.

Zwei Notenschlüssel tragen den klangvollen Namen »Musica natura«. Sie markieren einen der Achtsamkeitssorte, der euch dazu anregen möchte, den Klängen der Natur zu lauschen – dem Rauschen des Windes in den Bäumen, den Stimmen der Vögel und dem Summen der kleinsten Lebewesen, die es hier zu entdecken gibt.

Schließlich erreicht ihr den »Ort der Besinnung«. Ihr wandelt vorbei an mehreren Holzstelen. Auf ihnen sind Zitate bekannter Persönlichkeiten angebracht, die euch zum Nachdenken anregen sollen. Worin erkennt ihr euch oder andere wieder? Was nehmt ihr von euren Gedanken mit? Ermutigt von Franz Kafkas »Es gibt ein Ziel, aber keinen Weg. Was wir Weg nennen, ist Zögern«, wandert ihr vorbei an den zahlreichen inspirierenden Versen. Auf dem Goldenen Pfad gelangt ihr von Station zu Station, lasst euren Geist führen, spürt die Natur und das Leben.

EIN LANDSCHAFTSTHERAPEUTISCHER WEG WIRD NACH SPEZIELLEN KRITERIEN ANGELEGT UND FÖRDERT DIE PSYCHOPHYSISCHE GESUNDHEIT UND DAS EIGENE WOHLBEFINDEN.

Am Meditationsplatz laden euch bequem geschwungene Holzliegen zur Pause ein. Sie sind so geformt, dass der Blick unweigerlich in Richtung der hohen Baumwipfel wandert. Die Sonne blitzt zwischen den Zweigen hervor, die sich im Wind biegen. Über den blauen Himmel, den ihr wie durch ein Fenster zwischen den Baumkronen seht, ziehen weiße Wolkenformationen.

Je länger ihr auf dem Goldenen Pfad wandert und euren Fokus auf die Dinge legt, die vor euch liegen, umso mehr werdet ihr Stück für Stück den Alltag hinter euch lassen. Die Natur auf der Niedersfelder

Vielleicht der perfekte Ort für einen Heiratsantrag?

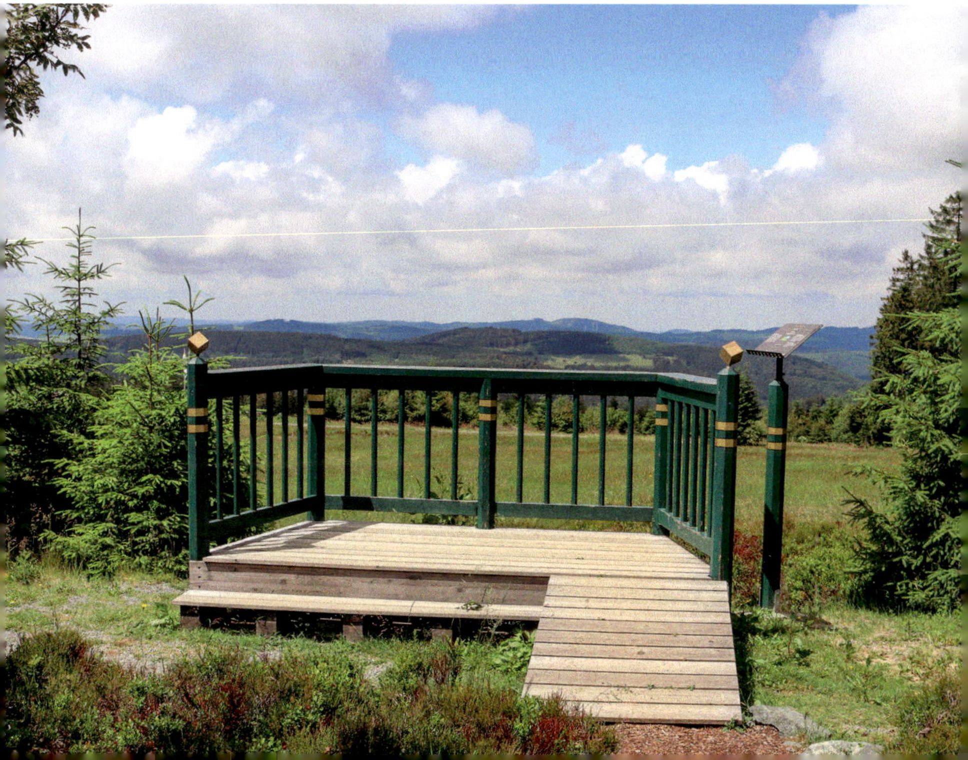

Hochheide mit ihren unverwechselbaren Düften und Klängen nimmt euch mit auf eine Reise weit weg von allen Sorgen.
Eine weitere Besonderheit auf diesem Hochplateau ist die lauschige HOPPECKE-QUELLE 2. Sie befindet sich am Rande der Heidefläche, ihr werdet über einen kleinen Schlenker zu diesem beschaulichen Ort geleitet. An einem kleinen Hang entspringt dieses Rinnsal, erweitert sich schon bald darauf zu einem etwas breiteren und kristallklaren Bach, der sich an dieser Stelle durch die blühenden Blumenwiesen schlängelt. Wie wäre es, an dieser Stelle einmal die Schuhe auszuziehen, sich auf die hübsche Holzbrücke zu setzen und die Füße in dem klaren Wasser zu erfrischen? Probiert es einfach aus.

DIE HOPPECKE WIRD ZU EINEM 34,7 KILOMETER LANGEN FLUSS, DER IN DIE DIEMEL MÜNDET.

Im Sommer leuchtet es rund um die Niedersfelder Hochheide in den kräftigsten Farben

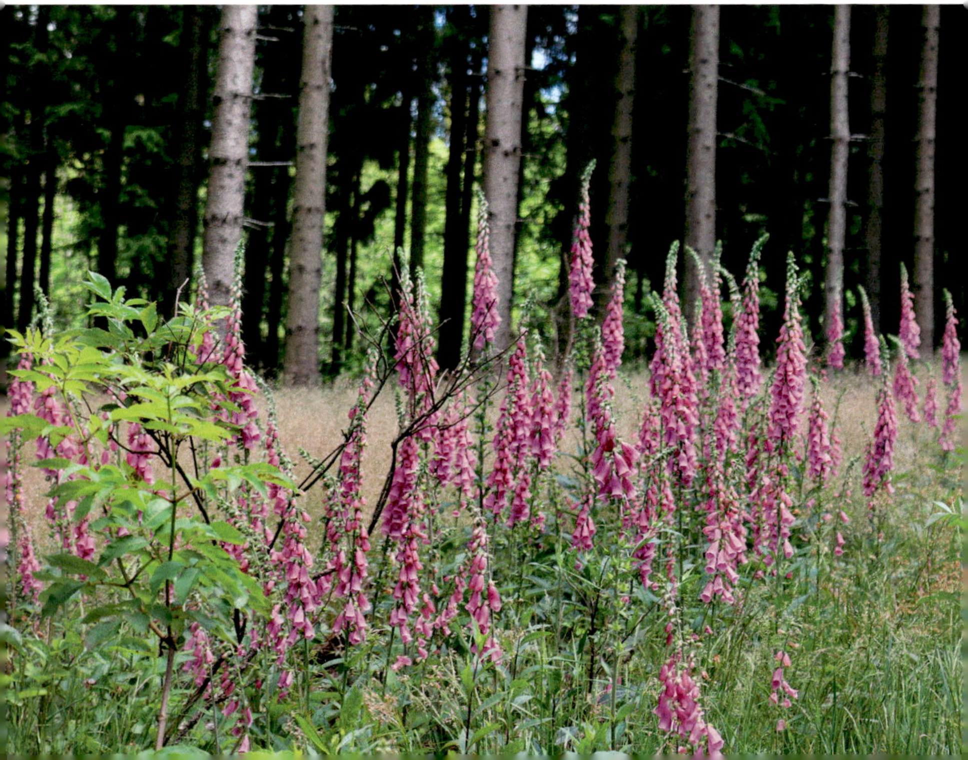

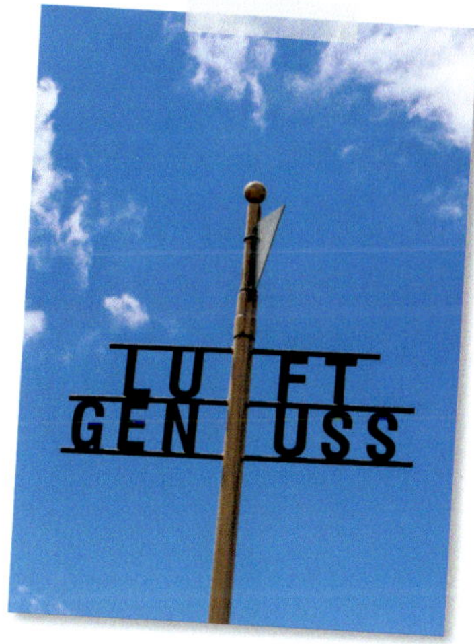

Diese Tour aktiviert all eure Sinne. Hört die Stimmen der Tiere, riecht die Düfte der Natur, seht die kleinen Dinge am Wegesrand, fühlt die angenehme Kühle des frischen Quellwassers und schmeckt das Leben bei einer Jause.
Wenn ihr euch anschließend dazu entscheidet, dem Finale entgegenzuwandern, steht euch noch ein Gipfelaufstieg auf den CLEMENSBERG (3) und damit die letzte Station des Landschaftstherapiepfades bevor. Wie es sich gehört, geht es dabei über einen Steig zum Ziel. Kurz tief durchatmen und dann heißt es hinauf. Oben angekommen, werdet ihr mit einem wunderschönen Ausblick belohnt, der die Krönung des Tages ist. Unter dem Gipfelkreuz, dass im Übrigen sogar über ein Gipfelbuch verfügt, in das ihr euch unbedingt eintragen solltet, befindet sich der nahe gelegene Diabas-Steinbruch, dessen steile Felswände in die Tiefe ragen. Hier wird derzeit noch eifrig gearbeitet.

DER GIPFEL DES CLEMENSBERGES BEFINDET SICH AUF EINER HÖHE VON 825 METERN. DER URSPRÜNGLICHE GIPFEL LAG ABER EINST 450 METER WEITER ÖSTLICH UND AUF 839,2 METERN. ER FIEL DEM ABBAU DES DIABASES ZUM OPFER. DAS GESTEIN DIABAS IST VERSTEINERTE LAVA UND WIRD HEUTE NOCH ZUM BEISPIEL ZU SPLITT ODER SCHOTTER VERARBEITET.

Unweit des Gipfelkreuzes befindet sich am Guckloch zum Steinbruch auch ein Stempelkasten. Mit dem darin befindlichen Stempel könnt ihr euer Tourenbuch oder euren Wanderpass bestücken.
An dem unglaublichen Ausblick auf den bizarren Steinbruch und die dahinterliegende friedlich schlummernde Landschaft könnt ihr

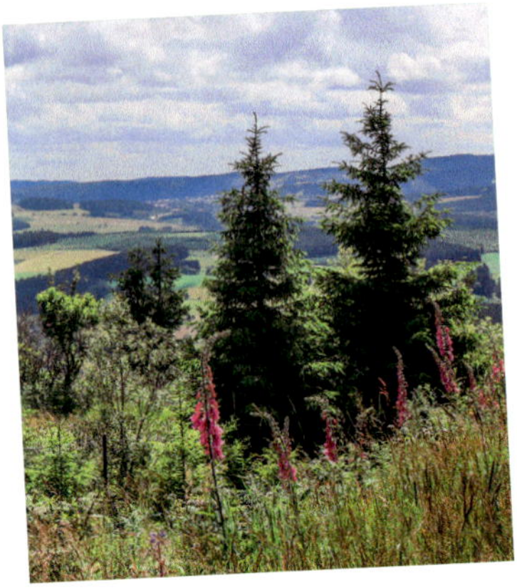

Weiter Blick übers Land

euch nicht sattsehen. Doch mittlerweile plagt euch vielleicht schon eine Last des Alltags, der Hunger. Also steht euch nun der Abstieg vom Clemensberg bevor. Wie bereits beim Aufstieg wandert ihr den Hang des Berges zunächst auf einem Steig hinunter, ehe ihr wieder auf den breiteren Heidepfaden ankommt.

Noch einmal passiert ihr den Einstimmungsplatz und lauft nun am besten in Richtung HOCHHEIDEHÜTTE 4. Die bunten Fahnen wehen im Wind und begrüßen euch schon von Weitem. Die Hütte lädt mit verschiedenen Speisen und Getränken zur Einkehr. Mit etwas Glück könnt ihr ein windgeschütztes Plätzchen auf der Terrasse ergattern, aber auch im Inneren der Hütte ist es gemütlich.

Bis zum Ausgangspunkt der Wanderung ist es im Anschluss nicht mehr weit. Am Fahrzeug angekommen, blickt ihr auf eine Tour zurück, die euch hoffentlich die Sorgen des Alltags hat etwas vergessen lassen und die euch auf andere Gedanken gebracht hat. Wenn dem nicht so ist, dann müsst ihr den Weg ein zweites Mal beschreiten und die einzelnen Stationen noch einmal genau verinnerlichen. Wer den Tag darüber hinaus noch etwas verlängern möchte, dem bieten sich rund um die Niedersfelder Hochheide etliche ergänzende Wegstrecken an, um die Region ausgiebiger kennenzulernen.

»MISCHE EIN BISSCHEN TORHEIT IN DEIN ERNSTHAFTES TUN UND TRACHTEN. ALBERNHEITEN IM RECHTEN MOMENT SIND ETWAS KÖSTLICHES.« ZITAT VON HORAZ (STATION 4 AM »ORT DER BESINNUNG«)

ALLES, WAS IHR WISSEN MÜSST

Rundtour: eine Wanderung für Ruhe- und Sinnsuchende // Waldbaden in poetischer Form // **nicht kinderwagentauglich**

Markierung: »Der Goldene Pfad« // Stein mit goldenem Punkt

Entfernung von: Dortmund: 100 km // Paderborn: 75 km // Siegen: 75 km
ÖPNV: keine Möglichkeiten
Auto: Parkplatz Hochheide Hütte, 59955 Winterberg

Einkehr: Hochheidehütte,
59955 Winterberg,
hochheidehuette.com

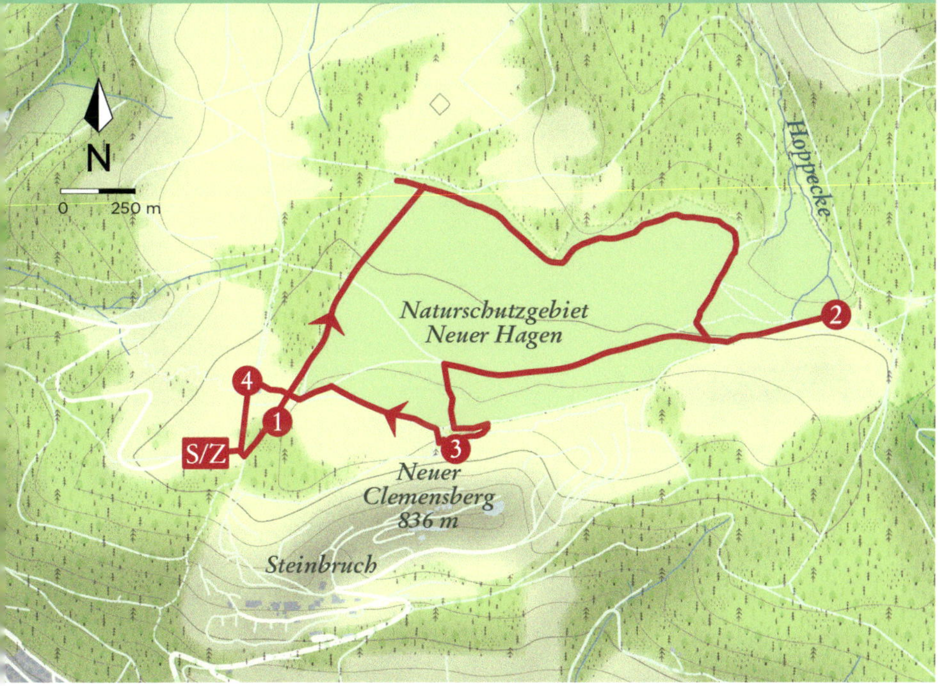

Winter- und Sommertraum auf dem Kahlen Asten

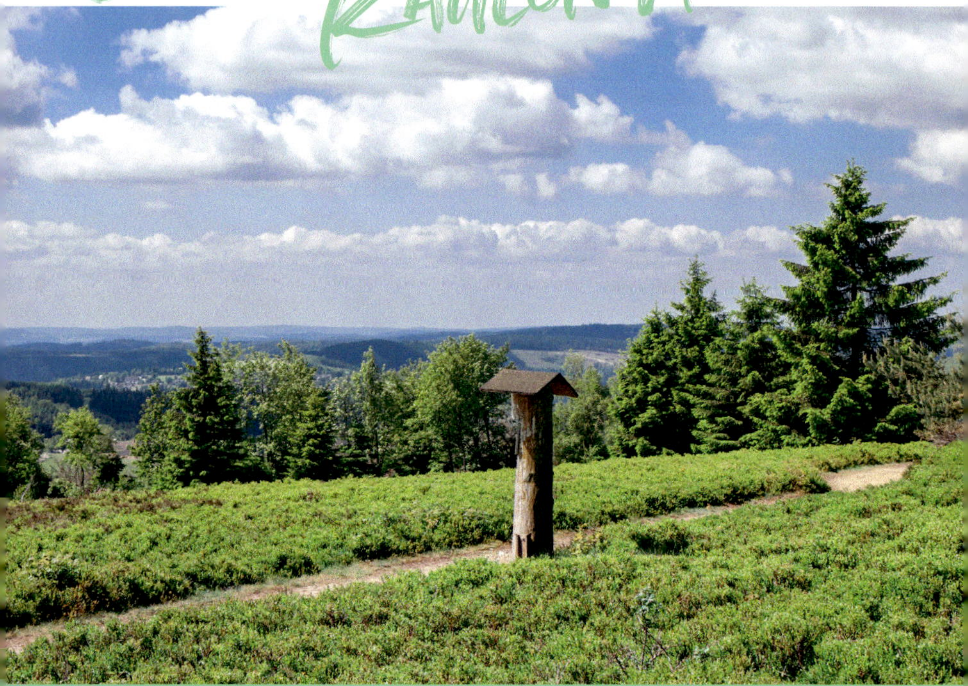

Schwierigkeit: leicht // 7 Kilometer // 261 Höhenmeter
Für Familien mit Kindern geeignet

RUNDWANDERUNG ÜBER JAGDHÜTTEN UND LENNEPLÄTZE

Der Kahle Asten ist zu jeder Jahreszeit ein beliebtes Ausflugsziel. Während der Gipfel im Jahresmittel an über 100 Tagen mit mindestens einem Zentimeter Schnee bedeckt ist, gedeihen im Sommer üppige Blaubeersträucher auf dem Hochplateau mit seiner Hochheide. Abseits der Hauptwege herrschen Ruhe und Idylle, und so werden die Wanderwege rund um den Kahlen Asten, auf denen es mitunter sogar etwas abenteuerlich zugeht, zu einem idealen Gebiet für Naturverbundene. Entlang des Weges gibt es gleich mehrere Möglichkeiten zur Einkehr, sodass auf dieser Wanderung auch für das leibliche Wohl gesorgt ist.

Wer den Gipfel des Kahlen Astens zu Fuß erklimmen möchte, der beginnt die Tour vorzugsweise am kostenlosen Parkplatz bei der Nordhangjause und hat zudem den Vorteil, sich gleich vor dem Aufstieg noch etwas stärken zu können. Alternativ könnt ihr natürlich auch mit dem Auto bis fast zum Gipfel fahren, an dem sich gleich die nächste Einkehrmöglichkeit befindet. Für diesen Luxus wird jedoch – je nach Jahreszeit – eine Parkgebühr fällig.

Hinter der Nordhangjause startet der Weg für die etwas sportlich Ambitionierteren. Der hinaufführende Steig gestaltet sich naturbelassen und idyllisch. Über teilweise wurzelbedeckte Pfade und für die Region typische schieferbedeckte Wege geht es bergan, und bereits nach wenigen Schritten trefft ihr auf den sogenannten Blutstein. Der unscheinbare Findling liegt rechts vom Weg zwischen den hohen Fichten und diente einst als Grenzstein.

DER FRÜHERE GRENZSTEIN ZWISCHEN DEM DORF ALTASTENBERG UND DER STADT WINTERBERG BEFAND SICH GLEICHZEITIG AUCH AN DER GRENZE DER BEIDEN GERICHTSBEZIRKE VON WINTERBERG UND DER WALDECK'SCHEN VOGTEI NORDENAU. STEINE AN GERICHTSBEZIRKSGRENZEN WURDEN BLUTSTEINE GENANNT, WEIL IN FRÜHEREN ZEITEN DIESE GERICHTE NOCH ÜBER LEBEN UND TOD ENTSCHIEDEN.

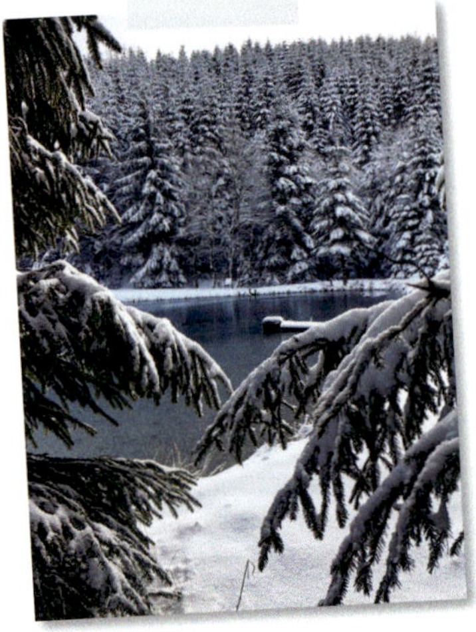

Zwischen den aufstrebenden Laub- und Nadelbäumen wachsen bereits die ersten Blaubeersträucher, von denen es zum Gipfel hin immer mehr werden. Der Weg ist durch den herabfließenden Niederschlag geprägt und an manchen Punkten so ausgewaschen, dass er an die Form einer Bobbahn erinnert. Zum Gipfel hin lichtet sich der schattige Wald. Über und über ist das Hochplateau jetzt bedeckt mit den Blaubeersträuchern, die im Sommer eine gesunde und vitaminreiche Erfrischung bieten. Diesen Genuss solltet ihr auf keinen Fall versäumen, erst recht nicht, wenn ihr mit Kindern unterwegs seid. Blau gefärbte Finger, Lippen und Zungen lassen jedes Kinderherz höherschlagen. Und auch Hunde lieben diesen köstlichen Snack. Schon probiert?

Vereinzelt strecken Krüppelkiefern in den urtümlichsten Auswüchsen ihre Köpfe aus der Landschaft empor. Informationstafeln am Wegesrand liefern interessante Details über das Klima auf dem Kahlen Asten und dessen Vegetation.

Das zentrale Element thront mitten auf dem Berg – der ASTENTURM 1. Das Bauwerk beherbergt ein Hotel mit Restaurant, eine der bekanntesten Wetterwarten sowie eine naturkundliche Ausstellung. Gegen ein kleines Eintrittsgeld darf der Turm erklommen werden. Oben wird der ohnehin schon traumhaften Aussicht vom Gipfel noch die Krone aufgesetzt, schließlich seid ihr dann auf dem höchsten Aussichtspunkt Westfalens angekommen.

DER KAHLE ASTEN IST MIT EINER HÖHE VON 841,9 METERN DER DRITTHÖCHSTE BERG IM ROTHAARGEBIRGE. MITTEN IN SEINER HOCHHEIDE ENTSPRINGT DIE LENNE, DIE, OBWOHL NICHT WEIT ENTFERNT VON DER RUHRQUELLE, GANZE 129 KILOMETER BENÖTIGT, UM IN SIE ZU MÜNDEN.

Als nächsten Streckenpunkt erreicht ihr die QUELLE DER LENNE 2. Die hübsch angelegte Quellfassung lädt zu einer Pause ein; daneben befinden sich praktischerweise auch eine Vesperinsel sowie Bänke zum Ausruhen. Hier könnt ihr eure Trinkflaschen mit dem frischen Quellwasser füllen oder die im Sommer gesammelten Blaubeeren abwaschen, wenn ihr sie nicht direkt vom Strauch verzehrt habt. Alternativ tut auch ein kaltes Fußbad gut.

Auf dem Hochplateau wandelt ihr durch die Hochheide und könnt die traumhafte Fernsicht in alle Himmelsrichtungen genießen. Dann geht es vorbei an einer weitläufigen Tannenbaumschonung und zwischen duftenden Fichten auf dem Forstweg den Berg auf der anderen Seite hinunter. Alsbald erwartet euch ein echter Geheimtipp auf diesem Weg – die sogenannte BÄRENSCHLUCHT 3. Im Winter und bei Schnee verbirgt sie sich gut vor den Wanderern, zu anderen

Romantisches Sauerländer-Flair in Jagdhütten

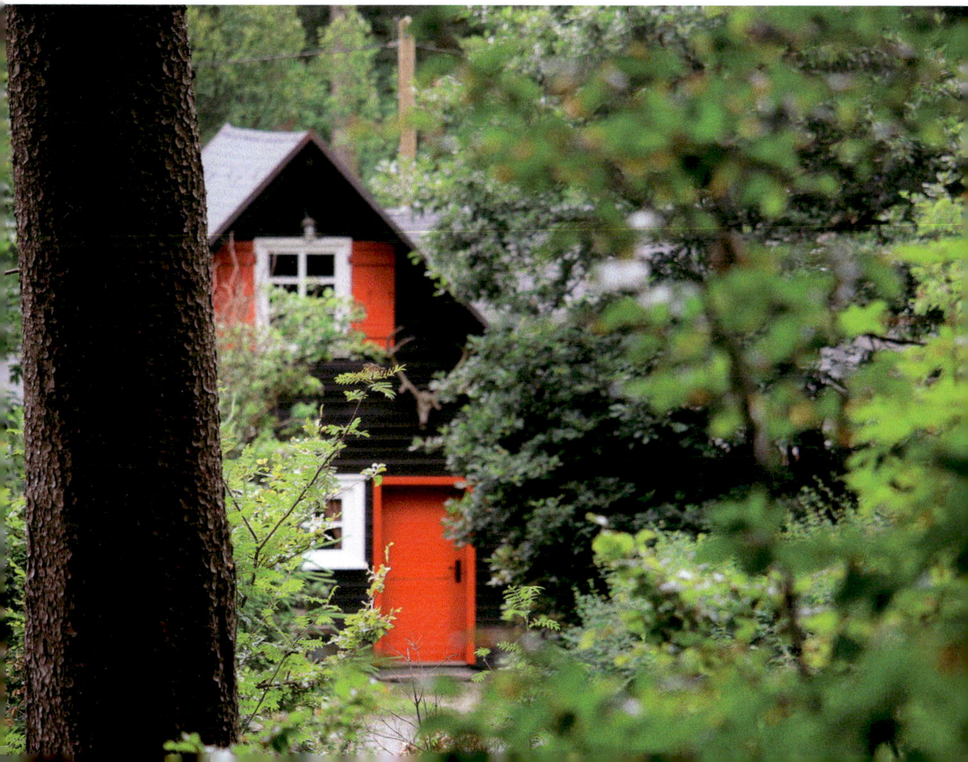

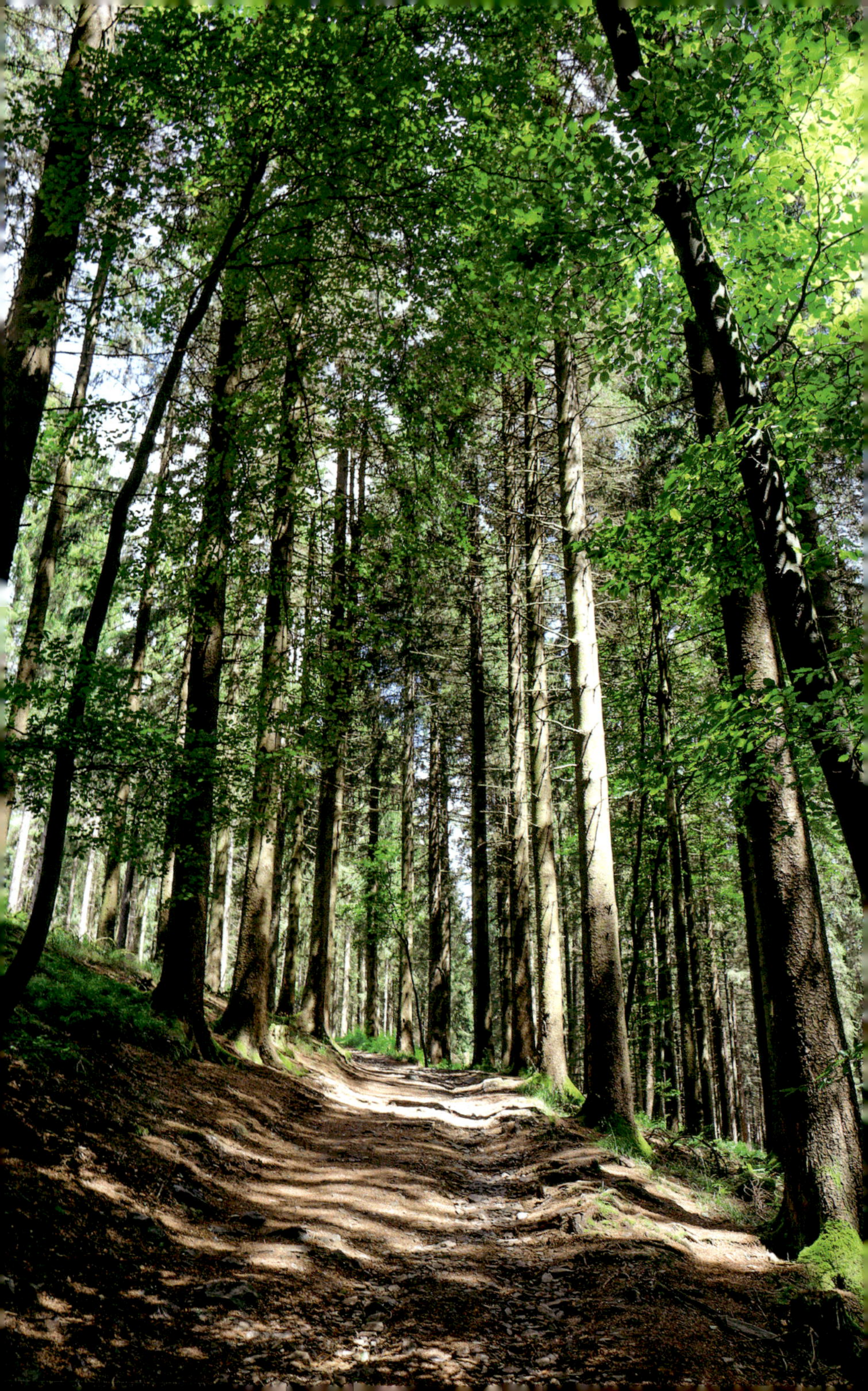

Zeiten aber lohnt sich der kleine abenteuerliche Abstecher durch die zerklüfteten Felsen. Ein zunächst unscheinbarer Trampelpfad verlässt den Forstweg und führt hinab in den bizarren Canyon. Urwaldartig wächst der Farn auf den Hängen, liegt verrottendes Totholz verstreut auf dem Boden. Flauschiges Moos klettert über die kahlen Gesteinsbrocken, und in der wenigen Erde, die die Felsen bedeckt, schaffen es immer noch tollkühne Bäume sich festzuhalten. Die aufeinandergeschichteten Felsplatten ragen spitz aus dem Hang und bilden einen geheimnisvollen Gang. Aufmerksame Wanderer hören den Bären schnarchen.

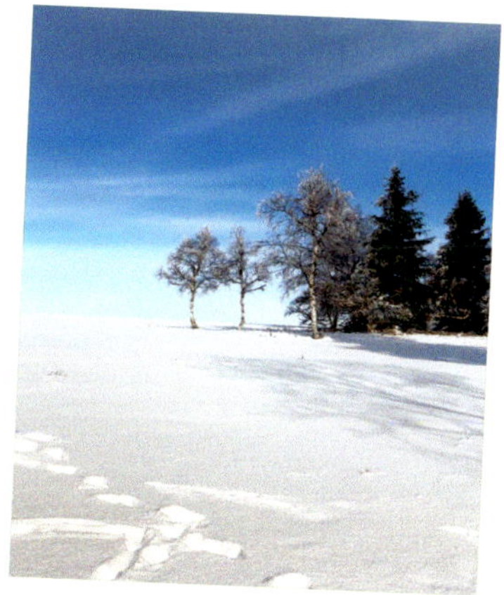

WINTERTRAUM AM KAHLEN ASTEN

Kurz darauf erreicht ihr einen breiteren Weg, der euch in Richtung JAGDHÜTTEN 4 leitet. Der Fichtenwald duftet, die Stimmen der Vögel sind allgegenwärtig, und in dieser heimeligen Idylle wandert ihr ins Tal. Dort schlummert in einer Kulisse, die romantischer nicht sein könnte, ein bezauberndes Holzblockhaus mit leuchtend roten Fensterläden. Ein Pausenplatz mit Tisch und Bank lädt zur Verschnaufpause ein, ehe es anschließend wieder bergauf geht. Parallel zum Forstweg könnt ihr stellenweise einen urigen Trampelpfad nutzen, der etwas unterhalb verläuft. Malerisch eingebettet ins Tal breitet sich eine weitläufige Wiese aus. Vielleicht habt ihr Glück und könnt in dieser naturbelassenen Umgebung ein paar Tiere beobachten. Die vom Kahlen Asten kommende Lenne begleitet euch plätschernd des Weges. Für müde Füße bietet sich in dem erquickenden Wasser ein hervorragendes Erfrischungsprogramm. Also nichts wie Schuhe aus und rein ins Vergnügen.

Etwas weiter schimmern Fischteiche durch dichtes Baum- und Strauchwerk, auch im Winter ein wunderschöner Anblick. Immer bergan wandert ihr bis Lenneplätze. Das beschauliche Dorf liegt auf einer Anhöhe und wartet mit einer herrlichen Fernsicht auf. Im Winter ist Lenneplätze besonders bei Langläufern beliebt, im Sommer blühen die ausgedehnten Felder in den schönsten Farben. Das Blau der Kornblumen mischt sich mit dem leuchtend roten Mohn und dem zarten Grün der sich wiegenden Gräser vor dem Hintergrund tiefgrüner Fichten.

IN LENNEPLÄTZE GIBT ES GLEICH MEHRERE EINKEHRMÖGLICHKEITEN, BEVOR IHR EUCH ERNEUT AUF DEN ANSTIEG DES KAHLEN ASTENS BEGEBT.

Im Ort befindet sich unter anderem das Berggasthaus Zur Glocke, ein Geheimtipp sind die Pfannkuchen. Ein Stück weiter und direkt am Rothaarsteig liegt das DAV-Haus Astenrose im traumhaft toskanisch anmutenden Landhausstil, mit einem verträumt angelegten Außenbereich, hübscher Terrasse und köstlichem Essen.
Zurück auf den Gipfel ist es von hier aus nicht mehr weit, allerdings geht es noch einmal kräftig bergauf, vorbei am Wittgenstein, einem alten Grenzstein sowie einer kleinen Schutzhütte. Je nachdem, wo ihr gestartet seid, erreicht ihr den Parkplatz am Kahlen Asten oder wandert noch das kurze Stück bergab zur Nordhangjause. Unterwegs habt ihr im Sommer die perfekte Möglichkeit, die Taschen noch einmal mit Blaubeeren vollzustopfen. Und wenn ihr im Winter mit Schlitten wandert, geht es das letzte Stück noch schneller hinab.
Die Rundwanderung um den Kahlen Asten kann je nach Kondition und Ausdauer beliebig verlängert werden. Einkehrmöglichkeiten gibt es reichlich, und somit ist diese Wanderung ideal für alle Altersklassen. Bei Schnee empfiehlt es sich, einen Schlitten mitzunehmen, so habt ihr auch gleich einen trockenen Sitzplatz für die Pause.
Auf dem Hochplateau des Kahlen Astens gibt es übrigens auch alternative barrierefreie Rundwege, die sich für Familien mit Kinderwagen oder weniger wanderfreudigen Kindern eignen.

Alles, was ihr wissen müsst

Rundtour: kurzweilige und mitunter abenteuerliche Tour (Bärenschlucht) // kann individuell auch für sportliche Wanderer verlängert werden // **nicht kinderwagentauglich**

Markierung: rotes Rothaarsteiglogo ab Nordhangjause // schwarzes Rothaarsteiglogo bis Lenneplätze // Kahler Asten bis Ausgangspunkt

Entfernung von: Dortmund: 110 km // Paderborn: 85 km // Siegen: 70 km
ÖPNV: nicht empfehlenswert
Auto: Parkplatz Am Astenturm, 59955 Winterberg, alternativ an der Nordhangjause

Einkehr: **Nordhangjause,** In der Renau 11, 59955 Winterberg, nordhangjause.de // **Astenturm,** Astenturm 1, 59955 Winterberg // **Zur Glocke,** Lenneplätze 5, 59955 Winterberg, gasthof-zur-glocke.de

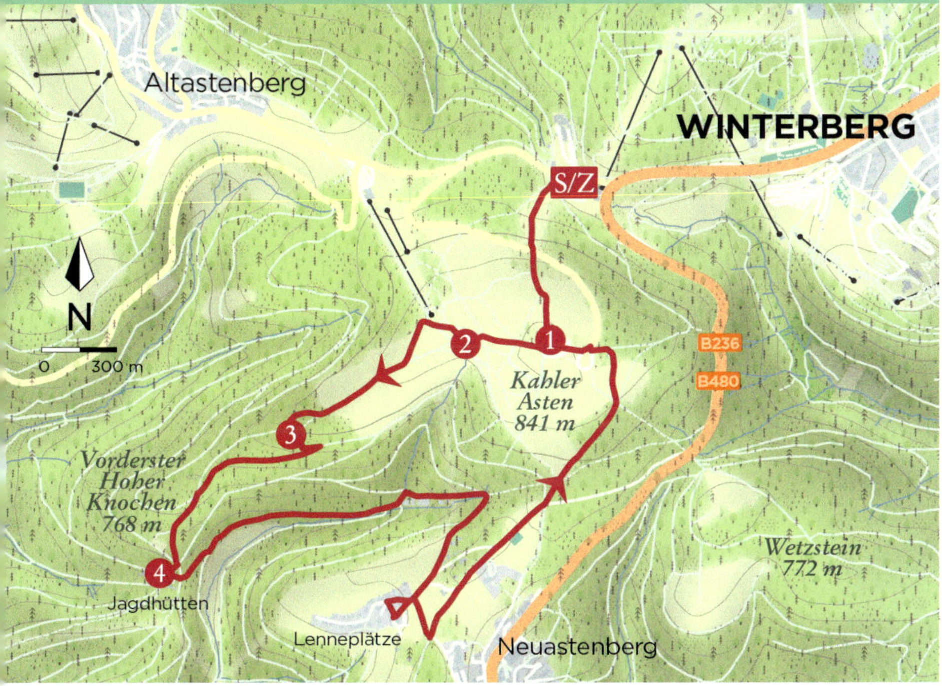

Rundweg Schwedensteig

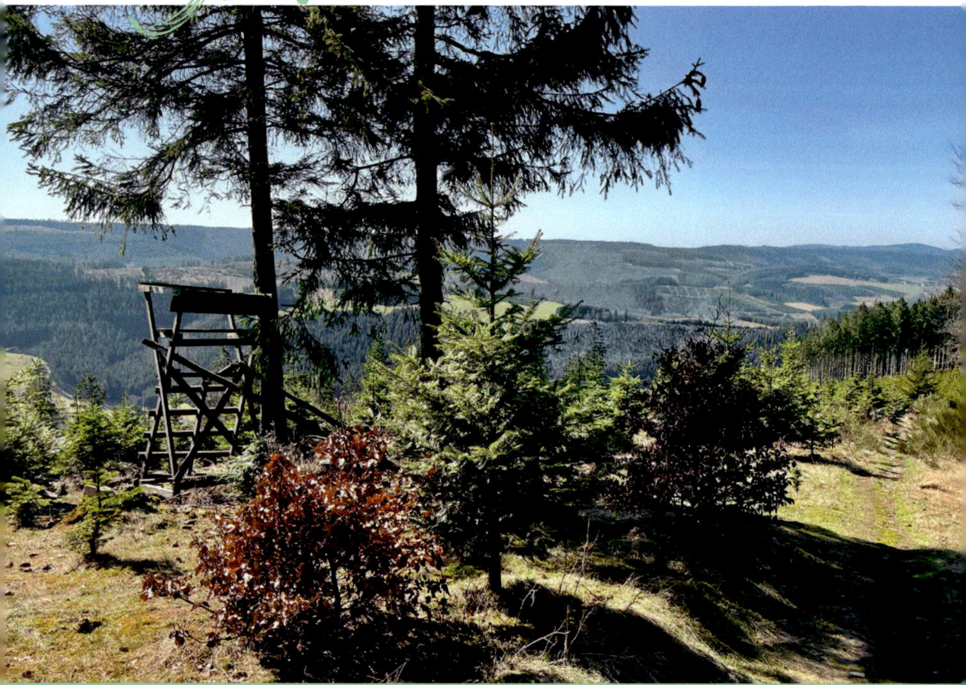

Schwierigkeit: schwer // 15,2 Kilometer // 476 Höhenmeter
Für Familien mit Kindern bedingt geeignet

ES GIBT WOHL KAUM
EINE WANDERUNG IM SAUERLAND,
AUF DER ES SO VIELE BÄNKE GIBT

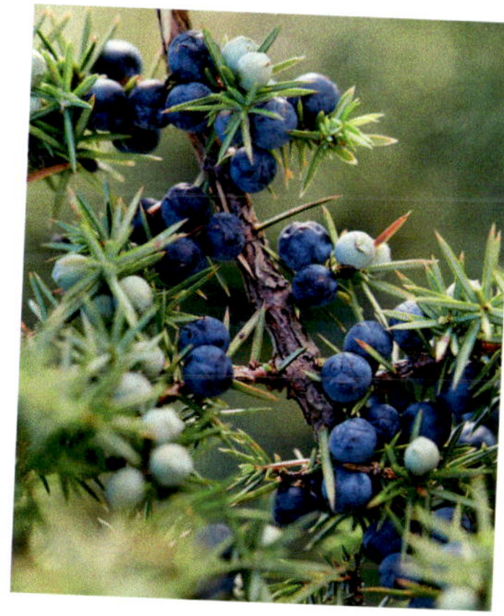

Die Wacholderheide Rehhecke

Unzählige Rastplätze mit herrlichen Ausblicken über die weite Landschaft bis hin zum Kahlen Asten und Hohen Knochen laden auf der Strecke zur Pause ein. Es lockt Natur pur. Im Frühjahr leuchtet der gelbe Ginster, im Spätsommer blüht die Heide. Wenn im Herbst der Nebel aus den Tälern steigt und die kahlen Buchen mit ihren verästelten Zweigen in ein mystisches Licht taucht oder im Winter der Schnee unter den Füßen knirscht, dann ist der Schwedensteig eine Wanderung, die jedes Mal einen völlig anderen Charakter hat. Dazu verläuft der Wanderweg auf historischen Spuren, denn schon vor Jahrhunderten nutzten die Menschen die Strecke als Heer-, Handels- und Pilgerweg von Leipzig nach Köln. Zahlreiche Einkehrmöglichkeiten sorgen heute dafür, dass das Gepäck auf dieser Tour leicht gehalten werden kann.

Nachdem ihr am Wanderportal in Westfeld gestartet seid, verläuft der Weg noch wenige Meter vorbei an den Häusern in der Ortsmitte. Doch schon bald darauf zeigt euch eine große Hinweistafel den Abzweig in die Natur an. »Schwedensteig« steht unverkennbar auf einer Holztafel am Berghang, den es nun steil und in einigen Zick-Zack-Kehren bergauf geht. So sind die ersten Höhenmeter einigermaßen schnell überwunden, und ihr seht die hübschen Häuser von Westfeld klein im Tal schlummern. Zur Erholung darf auf dem folgenden Forstweg nun ein Stück gemütlich dahingeschlendert und der Ausblick genossen werden. Große Holzstämme zieren den Wegesrand, denn oberhalb macht sich der Kahlschlag des Waldes – bedingt durch die heißen Sommermonate und die Borkenkäferplage – bemerkbar. Ein scharfer Rechtsknick fordert schließlich wieder Kon-

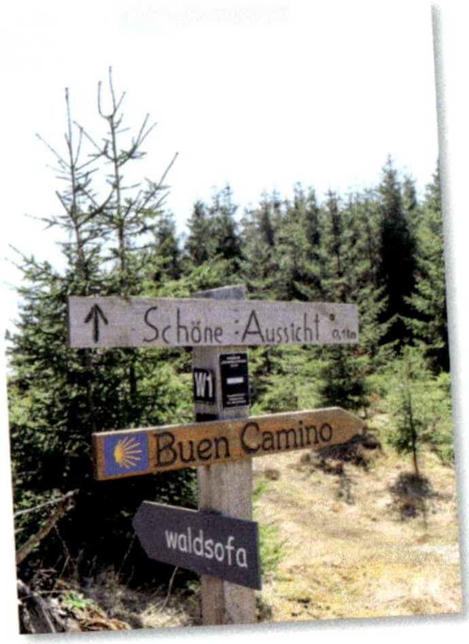

dition. Nicht verpassen solltet ihr den kleinen Abstecher, der euch kurz darauf zur Linken auf einem naturbelassenen Trampelpfad durch den Wald führt. Urtümliche und mit dichtem Moos bedeckte Felsblöcke ragen hier spitz aus dem Erdreich und zeigen eindrucksvoll die Geologie der Region.

Bald macht es sich deutlich bemerkbar, dass es auf einen Gipfel hinaufgeht. Hoch und höher nimmt euch der idyllische Steig mit aufwärts. Informative Schaupulte erzählen zwischendurch Wissenswertes über die Natur der Umgebung. Der Wald drängt sich dicht um euch herum. Über Stock und Stein wandert ihr vorbei an hohen Fichten und ihrem beschaulichen Nachwuchs, überquert Wurzeln und weiche Teppichwege, immer wieder begleitet von traumhaften Ausblicken. Über 200 Höhenmeter bergauf habt ihr bis zum höchsten Punkt des Wesenbergs zurückgelegt, und deshalb geht es nach dem Aufstieg direkt wieder bergab.

An der nächsten Weggabelung könnt ihr euch überlegen, ob ihr einen kurzen Abstecher zur Köhlerhütte einbauen möchtet. Diese liegt etwa 100 Meter vom Schwedensteig entfernt und ist ausgeschildert. Anschließend wandert ihr weiter zur mit Sicherheit schönsten Besonderheit dieses Rundweges – der WACHOLDERHEIDE REHHECKE (1) mit ihren lauschigen Pfaden.

DAS LANDSCHAFTSBILD DER WACHOLDERHEIDE REHHECKE IST GEPRÄGT VON EIGENWILLIGEN HUDEBUCHEN UND ÜPPIGEM WACHOLDER. DIE EIGENART DER HUDEBUCHEN FÄLLT BESONDERS IM HERBST INS AUGE, DA SIE ENORM VIELTRIEBIG SIND. DIE TIEFE VERZWEIGUNG UND NIEDRIGE WUCHSFORM LASSEN SIE REGELRECHT BIZARR WIRKEN.

Das Naturschutzgebiet erstreckt sich über einen weiten Teil des Berghanges. Etwas Orientierung ist hier nötig, denn vom Hauptweg könnt ihr zweimal rechts abbiegen und über kleine Trampelpfade die Landschaft erkunden. Zu Beginn der Wacholderheide säumen die urtümlichen Gestalten der Hudebuchen den Weg. Sie bestehen meist aus mehreren dicken Stämmen, von denen sich gefühlt Abertausende Zweige in alle Himmelsrichtungen erstrecken. Anschließend verläuft der genüssliche Steig quer durch den Wacholder, der euch zu allen Seiten einzuhüllen scheint. Ein breites Waldsofa, dass der ganzen Familie Platz gewährt, steht am Rande der Heide und lädt zum Verweilen ein. Auf der gegenüberliegenden Talseite stehen die Sauerländer Weihnachtsbäume in geordneter Formation am Hang. Dahinter zieht Höhenzug um Höhenzug an eurem Auge vorbei. Knapp oberhalb des Waldsofas liegt die Schutzhütte des Sauer-

Einer der bequemsten Rastplätze am Schwedensteig: das Waldsofa in der Wacholderheide

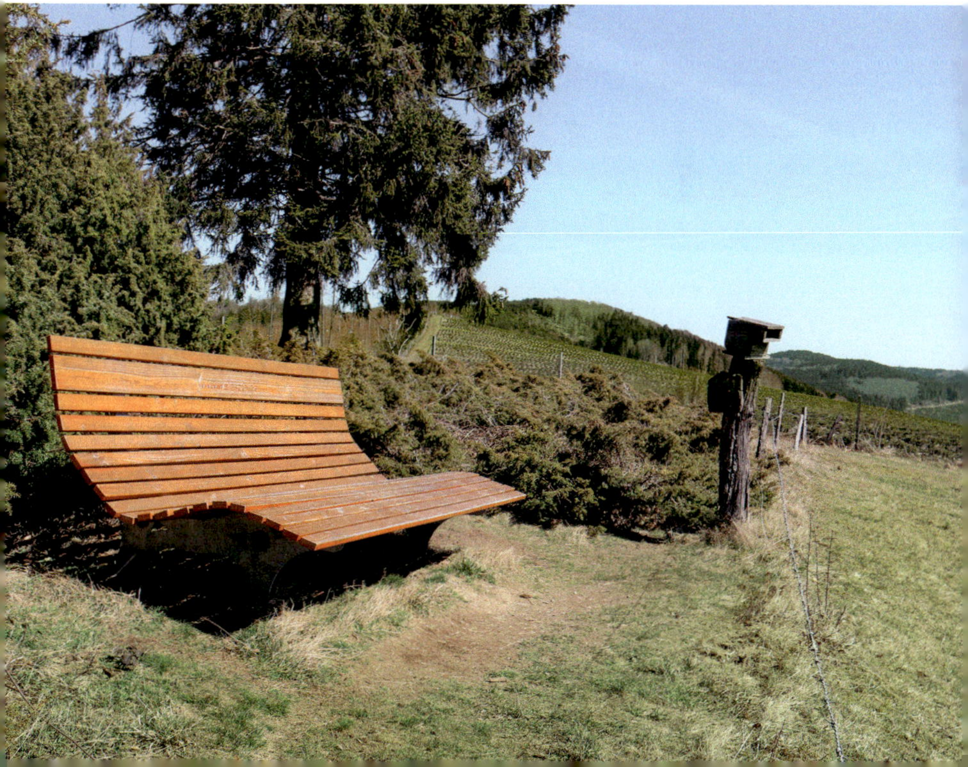

länder Gebirgsvereins Westfeld-Ohlenbach auf einer Wiese. Bunte Fensterläden zieren das hübsche Bauwerk, und eine überdachte Veranda bietet Unterschlupf bei feuchtem Wetter. Der daneben liegende Rastplatz mit Tisch und Bank ist der ideale Ort für ein Picknick. In dieser traumhaften Umgebung, in der es nach einem Gemisch aus Nadelholz und Heide duftet, könnt ihr entschleunigen, den Alltag hinter euch lassen und die Reinheit der Natur genießen. Auch eure Kinder werden von den idyllischen Pfaden durch die Heide, die wie ein Labyrinth erscheinen, begeistert sein.
Ihr solltet gut Kraft tanken an diesem Ort, denn das folgende Wegstück wird euch wieder einiges abverlangen. Über die Anhöhe der Rehhecke führt der Weg bis zum Hubertusstein auf 664 Metern noch recht angenehm. Dann allerdings geht es steil bergauf und gut 100 Höhenmeter sind auf den nächsten 700 Metern zu überwinden.

Rund um die Schutzhütte des SGV Westfeld-Ohlenbach laden gemütliche Rastplätze zum Picknick ein

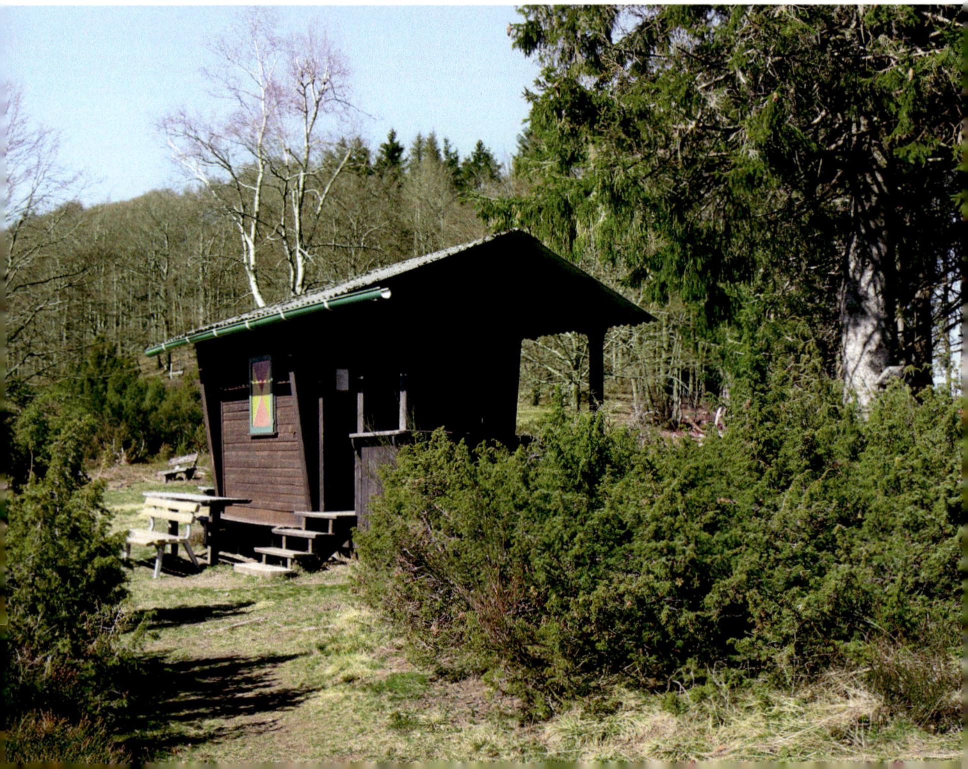

Wer zwischendurch einen Blick ins Tal werfen möchte, folgt dem kleinen Abstecher zur »Schönen Aussicht«. Umhüllt von schattigem Wald ist der Weg bald wieder gemächlicher zu gehen. Am sogenannten Knick könnt ihr die Strecke auf 12,5 Kilometer verkürzen, dann verpasst ihr allerdings die Schwedenschanzen, eine ehemalige Grenzwallanlage, sowie die SCHWEDENHÜTTE 2. Aus einem Stall neben der Hütte schauen zwei vorwitzige Ziegen heraus.

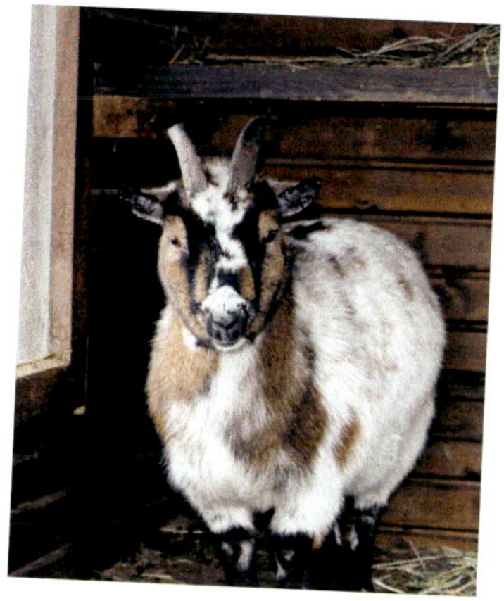

Rund um die Schwedenhütte

DIE SCHWEDENHÜTTE BEFINDET SICH MITTEN IM SKIKARUSSELL ALTASTENBERG. IM KANADISCHEN BLOCKHAUSSTIL AUS HEIMISCHEN FICHTEN ERBAUT, THRONT SIE AM BERGHANG UND BIETET EIN UNVERGESSLICHES AUSSICHTSPANORAMA. DIE HÜTTE IST ZU JEDER JAHRESZEIT EIN BELIEBTES EINKEHRZIEL.

Kurz nach der Hütte habt ihr den Wendepunkt der Tour erreicht und schon einige Höhenmeter hinter euch gebracht. Auf einem breiten Forstweg, später wieder auf einem idyllischen Steig, geht es deshalb nun durch den Buchenwald und vorbei an kleinen Bachläufen erstmal bergab. Am Waldhaus Ohlenbach befindet sich erneut eine Einkehrmöglichkeit, von denen es auf dieser Rundwanderung so einige gibt. Besonders einkehrfreudige Wanderer sollten genügend Zeit für die Tour einplanen, denn der nächste Wegweiser Richtung Bauernschänke lässt nicht lange auf sich warten. Guten Appetit! Mitten im Wald haben auch ein paar Ponys ihr Zuhause. Eine eher

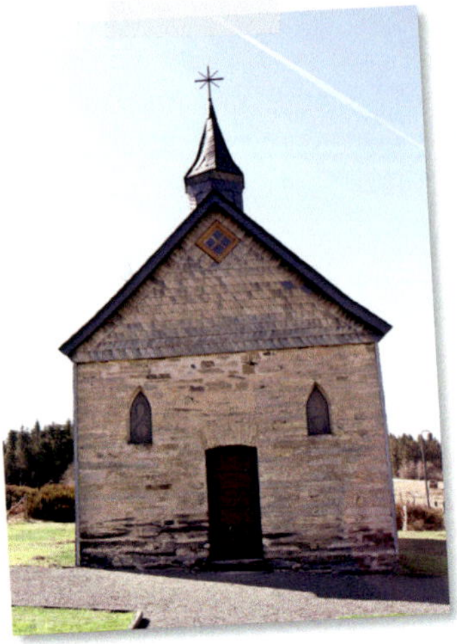

ungewöhnlich violettfarbene Behausung bietet ihnen Unterschlupf, und während sie gemütlich vor sich hin grasen, bleiben sie von den vorbeiziehenden Wanderern eher unbeeindruckt. An der Bauernschänke setzt sich der Pfad etwas versteckt fort. Folgt einfach mutig dem Wegweiser. Schritt für Schritt geht es steil bergab. Eine rutschige Holzbrücke leitet euch über einen glasklaren Bach, und kurz darauf gelangt ihr zum TRETBECKEN 3. Wenn ihr mit Kindern unterwegs seid, werdet ihr hier sicher nicht schnell weiterkommen, denn direkt nebenan auf der Wiese lockt ein Spielplatz. Sammelt ruhig noch einmal Kraft für die letzten Höhenmeter. Zur Siedlung Ohlenbach mit dem Gasthof Braun »Zum Hohen Knochen« sowie zur KAPELLE OHLENBACH 4 leitet ein uriger Steig zunächst bergab, um euch anschließend wieder hinauf zu führen.

DIE KAPELLE WURDE IM JAHR 1948 DURCH HEINRICH BRAUN ZUM DANK FÜR SEINE GESUNDE HEIMKEHR AUS DEM KRIEG ERBAUT. SIE WIRD AUCH HEUTE NOCH FÜR HEILIGE MESSEN SOWIE FÜR TRAUUNGEN, GEBURTSTAGE ODER JUBILÄEN GENUTZT.

Nach dem Aufstieg von Ohlenbach erwartet euch eine der zahlreichen Bänke des Schwedensteigs, sodass ihr verschnaufen könnt, bevor es auf dem sogenannten Teppichweg dem Ende der Wanderung entgegengeht. Der Weg hat seinen Namen nicht ohne Grund, denn auf der weichen Wiese läuft es sich tatsächlich wie auf einem Teppich. Er fädelt sich durch eine Baumallee oberhalb von Westfeld über den Hang, und bei freier Sicht könnt ihr das Finale des Schwedensteigs noch so richtig auskosten.

Alles, was ihr wissen müsst

Rundtour: für Familien mit ausdauerfreudigen Kindern und Naturliebhaber, die knackige Anstiege und tolle Aussichten lieben // die Strecke kann unterwegs auf 6, 9 oder 12,5 Kilometer verkürzt werden // **nicht kinderwagentauglich**

Markierung: Wanderzeichen W1

Entfernung von: Dortmund: 110 km // Paderborn: 90 km // Siegen: 60 km
ÖPNV: Bus S40 ab Winterberg nach Westfeld Kirche
Auto: Wanderparkplatz in Westfeld, Winterberger Straße/ Dorfstraße, 57392 Schmallenberg

Einkehr: **Schwedenhütte,** Historischer Pfad 5, 59955 Winterberg, schwedenhuette.de // **Waldhaus Ohlenbach,** Ohlenbach 8, 57392 Schmallenberg, bauernschaenke.com // **Gasthof Braun,** Ohlenbach 6, 57392 Schmallenberg, gasthof-braun.de

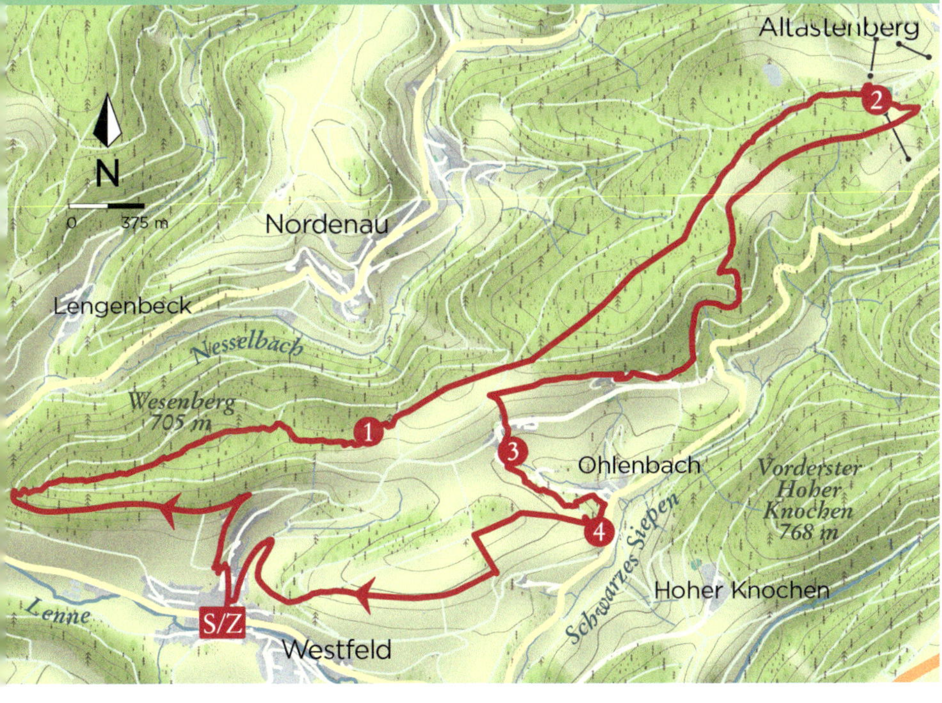

Rothaarsteig-Spur Sorper Panoramapfad

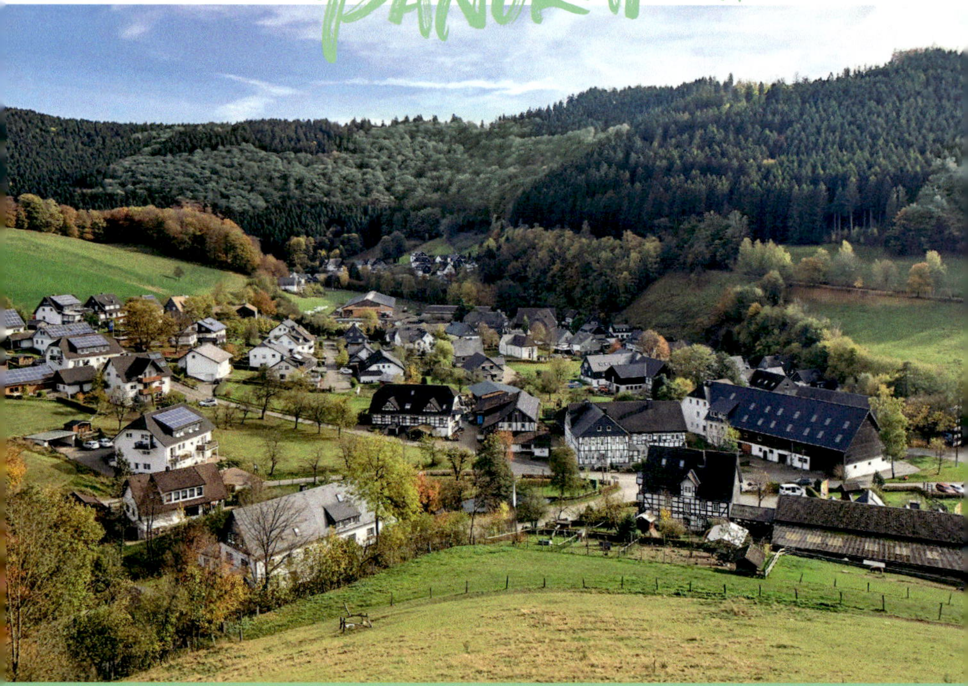

Schwierigkeit: mittel // 12,6 Kilometer // 234 Höhenmeter

Für Familien mit Kindern geeignet

NATUR UND KULTUR IM PERFEKTEN EINKLANG. EINER DER EINDRUCKSVOLLSTEN WANDERWEGE IM SORPETAL

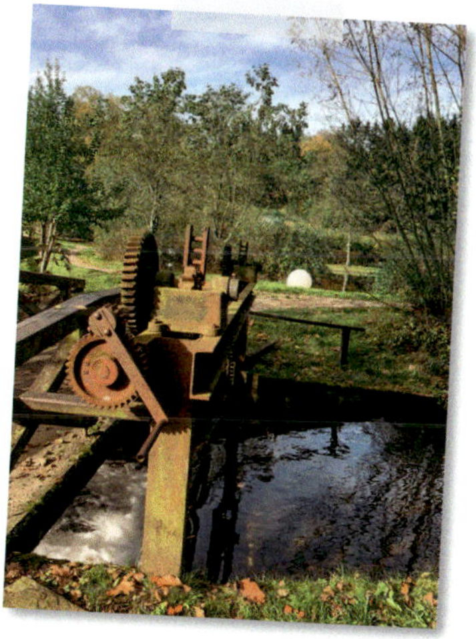

Das Sorpetal ist der Geheimtipp unter den Sauerländer Tälern und gilt als eines der schönsten im Hochsauerlandkreis. Malerisch eingebettet liegen die kleinen Dörfer im Talboden, während sich zu den Seiten die Hänge mit ihren dichten Wäldern hochziehen. Die Route hält, was ihr Name verspricht: Auf dieser Wanderung trifft unberührte Natur auf erstaunliche Kunst und alte Kultur. Dazu beeindrucken die herrlichen Aussichten über die traumhaften Höhenzüge. Eines der absoluten Highlights ist der ehemalige Steinbruch Knollen, durch den sich ein verschlungener und mystisch wirkender Pfad windet und der besonders schön veranschaulicht, wie sich die Natur die Hinterlassenschaften der Zivilisation zurückerobert.

Diese vielseitige Wanderung beginnt inmitten des charmanten Örtchens Niedersorpe am Wanderportal der Rothaarsteig-Spur. Nur wenige Meter trennen euch von dem ersten Höhepunkt der Tour, denn bereits nach kurzer, dafür aber umso steilerer Strecke liegt euch der Ort in seinem bezaubernden Talkessel zu Füßen. Perfekt, dass genau an dieser Stelle eine Hängeschaukel, die Platz für die ganze Familie bietet, zu einer Pause einlädt. Setzt euch hin und lasst schaukelnd den Blick auf die verträumten Fachwerkhäuser und über Berg und Tal schweifen, bevor ihr den Weg fortsetzt.

Oben angekommen, wandert ihr nun ohne merkliche Steigungen über einen Höhenzug vorbei am Schmallenberger Golfclub, dem einzigen Golfclub im ganzen Sauerland mit sage und schreibe 27 Loch. Dazu kommt der 6-Loch-Kurzplatz, den ihr sogar ohne Platzerlaubnis spielen könnt, sollte euch im Vorbeiwandern das Golffieber packen. Bei Interesse fragt im Clubhaus nach. Auch eine Einkehr ist an dieser Stelle möglich. Die weitläufige Hügellandschaft schenkt euch immer wieder andere Panoramen. Umgeben von Feldern und den perfekt gemähten, in der Sonne leuchtenden Greens der Anlage könnt ihr die vorbeiziehenden Golfer beobachten, hört das »Ping« der Abschläge, seht friedliche Teiche im Sonnenlicht schimmern, und um das ganze Ensemble so richtig zu genießen, lädt eine Liege zur Rast ein. Anschließend lasst ihr den Golfplatz hinter euch und zieht weiter in Richtung Winkhausen. Ein romantischer und mit Wurzeln übersäter Pfad führt steil den Hang hinab, und ihr trefft auf die kleine Sorpe.

DIE SORPE GAB DEM TAL IHREN NAMEN UND ENTSPRINGT UNWEIT BEI REHSIEPEN. VON DA AN WINDET SIE SICH DURCH DAS TAL UND PLÄTSCHERT GERADE EINMAL ÜBER 10,3 KILOMETER, EHE SIE BEI WINKHAUSEN IN DIE LENNE MÜNDET UND MIT IHR SPÄTER IN DIE RUHR.

»In der Ruhe liegt die Kraft« –
Zeit zum Verweilen

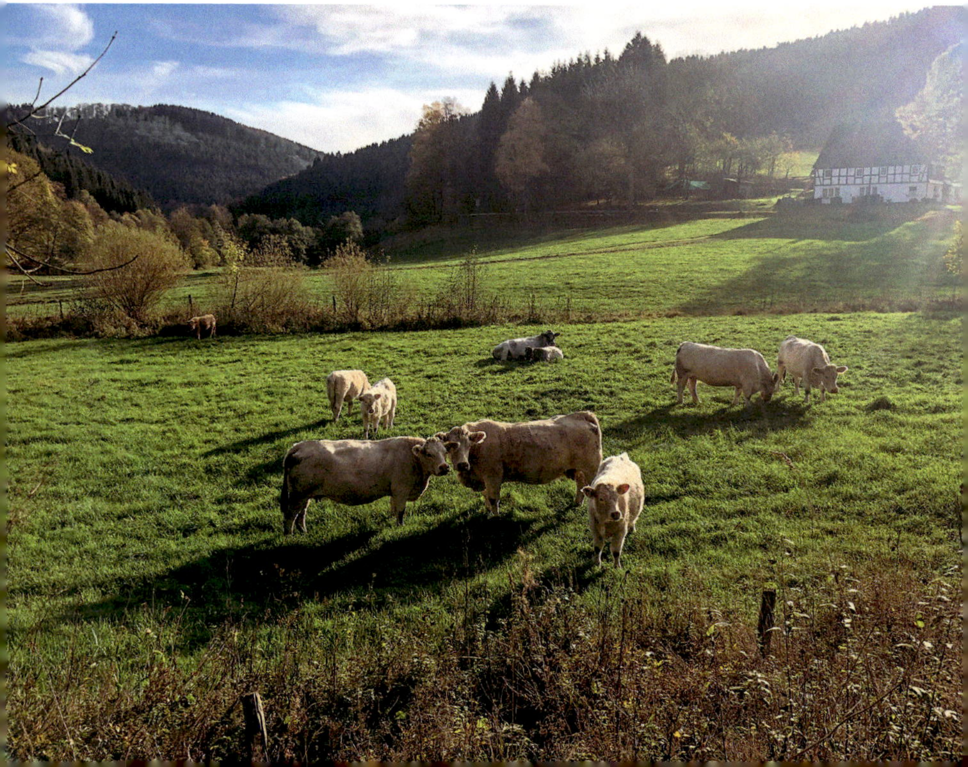

Wer sich die Füße schon heiß gelaufen hat, kann sich in dem kristallklaren Wasser die selbigen abkühlen und eine Runde Wassertreten. Kinder können im Bach planschen und mit etwas Glück und Ausdauer vielleicht auch die eine oder andere Bachforelle beobachten. Der hübsche Kurpark in Winkhausen lädt zum Verweilen ein. Ein See, auf dem die Enten seelenruhig ihre Bahnen ziehen, liegt inmitten der grünen Wiese,

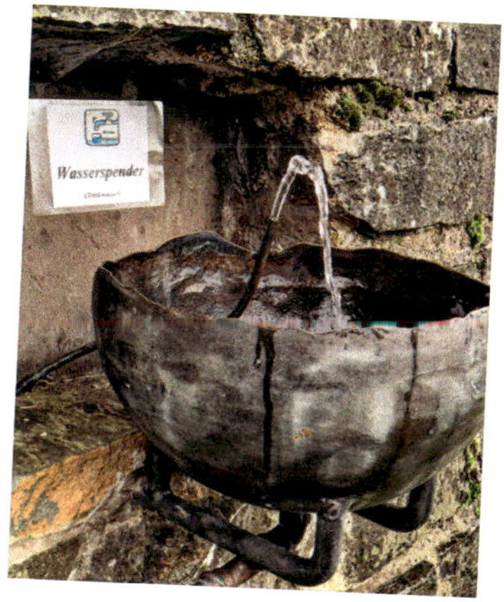

QUELLWASSER FÜR UNTERWEGS

und eventuell bietet sich sogar die Gelegenheit für ein Schachspiel auf dem überdimensionalen Schachfeld am Wegesrand. Wer bereits etwas Hunger verspürt, kann ein paar Schritte in Richtung Ort bis zum Romantikhotel Deimann gehen.

Dann heißt es, tief Luft holen, denn das nächste Wegstück führt euch um einiges bergauf in Richtung KNOLLENHÜTTE (1). Diese gemütliche und rustikale Hütte liegt am Hang des Berges unter dem schützenden Blätterdach alter Buchen. Von ihrer großen Außenterrasse habt ihr abermals einen weiten Blick übers Tal. Abseits des Ortes und inmitten der Natur liegt sie an einem wahrhaft paradiesischen Fleck oberhalb von Winkhausen.

DIE KNOLLENHÜTTE HAT NUR AN WOCHENENDEN UND FEIERTAGEN GEÖFFNET. AUF DEN BÄNKEN UND AN DEN TISCHEN LOHNT ES SICH ABER AUCH, AUSSERHALB DER ÖFFNUNGSZEITEN PLATZ ZU NEHMEN UND ETWAS ZU ENTSCHLEUNIGEN, BEVOR ES DEM NÄCHSTEN ABENTEUER ENTGEGENGEHT, WELCHES NICHT LANGE AUF SICH WARTEN LÄSST.

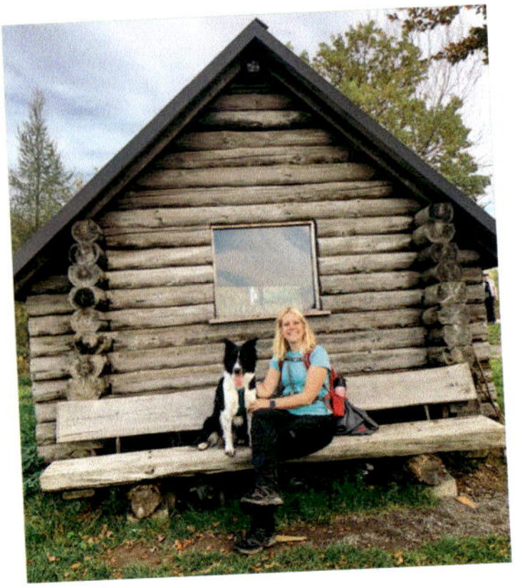

Verdiente Pause am Wegesrand

Gönnt euch eine feine Auszeit, während sich eure Kinder rund um die Hütte austoben. Nun steht euch eine weitere Besonderheit auf dieser Wanderung bevor – der wild-romantische STEINBRUCH KNOLLEN ②, genau das Richtige für Abenteuerlustige. Diesen Teil des Weges solltet ihr euch nicht entgehen lassen. Der Eingang liegt etwas versteckt, was das Ganze besonders geheimnisvoll gestaltet. Ein Hinweisschild macht den Einstieg kenntlich und warnt davor, die Wege zu verlassen. Der Steinbruch ist als solcher kaum noch zu erkennen. Die Natur hat sich das Areal am Hang des Berges bereits zurückerobert. Moos bedeckt den Boden, ein Mix aus alten Fichten und hohen Buchen reckt sich vor euch in die Höhe. Der Waldboden ist bedeckt mit unzähligen Fichtennadeln, die im warmen Sonnenschein ihren betörenden Duft verströmen, dem wohl kaum ein naturliebender Wanderer widerstehen kann.
Ein unscheinbarer Trampelpfad leitet durch das holprige Gelände und windet sich im Zick-Zack, mal links, mal rechts und wieder geradeaus den urtümlichen Hang hinauf. Mit offenen Augen könnt ihr die Überreste des ehemaligen Steinbruchs ausmachen. Lustige Steinmännchen zieren den Weg – setzt doch eins dazu! Die Felsen und Geländeeinschnitte lassen kaum vermuten, dass hier tatsächlich einmal gearbeitet wurde.

WENN EUCH DER WEG DURCH DEN STEINBRUCH ZU UNBEQUEM ERSCHEINT, KÖNNT IHR DIESEN AUF DEM FORSTWEG UMGEHEN. DIE ALTERNATIV-ROUTE IST AUSGESCHILDERT.

Habt ihr den Steinbruch erklommen, blickt ihr über sanft geschwungene Hügel. Von Weitem erkennt ihr eine gemütliche Blockhütte. Auf der Bank davor könnt ihr im Sonnenschein die nächste Verschnaufpause einlegen. Vorbei an den weitreichenden Weiden wandert ihr danach zurück in Richtung Niedersorpe. Doch die Tour ist noch nicht zu Ende, auch wenn ihr euch dem Ziel schon nahe seht. Wenn euch die Puste allerdings bereits ausgegangen ist, könnt ihr die Tour auch beenden und in wenigen Minuten zum Ausgangspunkt gelangen. Für alle anderen geht es weiter. Zur Motivation könnt ihr euch am Rande von Niedersorpe die Wasservorräte mit frischem Quellwasser auffüllen. Haltet die Augen auf und verpasst nicht die gusseiserne Schale an der Steinmauer, in die das erfrischende Nass plätschert. Frischeres und bekömmlicheres Wasser werdet ihr bis zum Ziel nicht mehr bekommen.

Der Sorper Panoramapfad begeistert immer wieder mit herrlichen Ausblicken

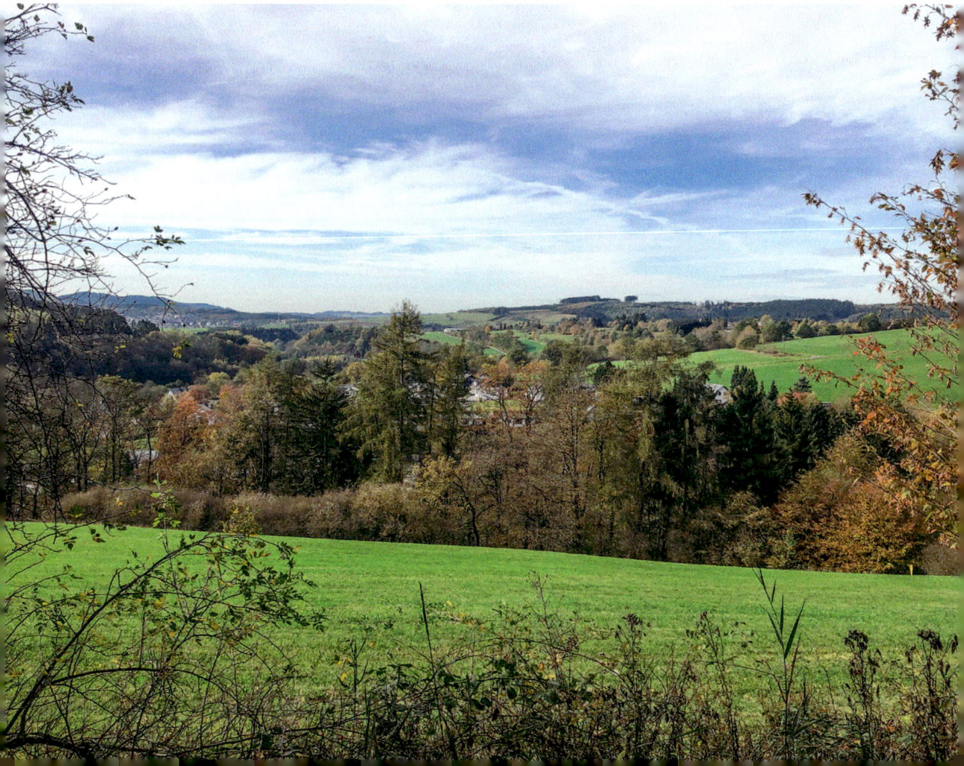

Bewaldete, schattige Hänge des Sorpetals begleiten euch später des Weges. Dann trifft Natur auf Kultur und Kunst, denn der Wanderweg führt hinein in den Skulpturenpark der GALERIE KLUTE IN DER WALDEMAI 3. Die Sorpe schlängelt sich durch die grüne Wiese, unzählige ausdrucksstarke Skulpturen säumen den Weg. Ein einsamer Golfer übt seinen Abschlag, der Froschkönig spuckt Wasser, niedliche Vöglein spielen am Brunnen, der Sensenmann wartet die Zeit ab, der Nachdenkliche sitzt auf einem Stein. Und was könnt ihr entdecken? Hier gibt es wahrlich genug zum Bestaunen.

GEGEN ENTGELT KANN DIE AUSSTELLUNG IM INNEREN DER SCHMIEDE BESUCHT WERDEN, ANSONSTEN IST DAS BETRETEN DES AUSSENGELÄNDES FÜR WANDERER KOSTENFREI.

Der Weg führt euch anschließend mühelos weiter bis Rellmecke. Die Region ist geprägt von wunderschöner Schmiedekunst, und so lassen sich in der SCHMIEDEWELT DÜNNEBACKE 4 erneut bemerkenswerte Skulpturen und andere künstlerische Arbeiten bestaunen. Durch ein Schmiedefenster blickt ihr in die Natur und könnt euch dabei noch eine letzte Pause an diesem beschaulichen Rastplatz gönnen. Am gegenüberliegenden Hang steigt ihr dann ein Stück empor. Eine für das Sauerland typische Weihnachtsbaumschule begleitet euch, und zwischen den vielen Setzlingen mäht eine Schafherde und sorgt für Ordnung. Geruhsam geht es zurück in Richtung Niedersorpe bis zum Ausgangspunkt der Tour.
Zum Abschluss der Wanderung bietet sich am Zielpunkt eine letzte Einkehrmöglichkeit im Gasthof Wulbeck an. Wer es bis hierhin geschafft hat, blickt auf einen erlebnisreichen Tag zurück. Die vielfältige Landschaft im Sorpetal, zahlreiche Details am Wegesrand, die entlang der Strecke vorhandenen Möglichkeiten für eine Verschnaufpause und die eindrucksvollen Fotospots sorgen dafür, dass diese unterhaltsame Wanderung lange in Erinnerung bleibt.

Alles, was ihr wissen müsst

Rundtour: sehr hoher Abenteuer- und Erlebniswert // eine urige Hütte, traumhafte Aussichten, ein alter Steinbruch und Kunst am Wegesrand // **nicht kinderwagentauglich**

Markierung: schwarzes Rothaarsteiglogo

Entfernung von: Dortmund: 100 km // Paderborn: 90 km // Siegen: 60 km
ÖPNV: Wander- und Sightseeingbus von Schmallenberg nach Niedersorpe
Auto: Wanderportal Niedersorpe mit kleinem Parkplatz, weitere Parkplätze an St. Sebastian, 57392 Schmallenberg

Einkehr: **Gasthof Wulbeck,** Niedersorpe 8, 57392 Schmallenberg, gasthof-wulbeck.de // **Knollenhütte,** Zur Knollenhütte 1, 57392 Schmallenberg, deimann.de/kulinarik/knollenhuette // **Golf-Café-Restaurant Deimann**, Über dem Ohle 25, 57392 Schmallenberg, golf-cafe-restaurant.de

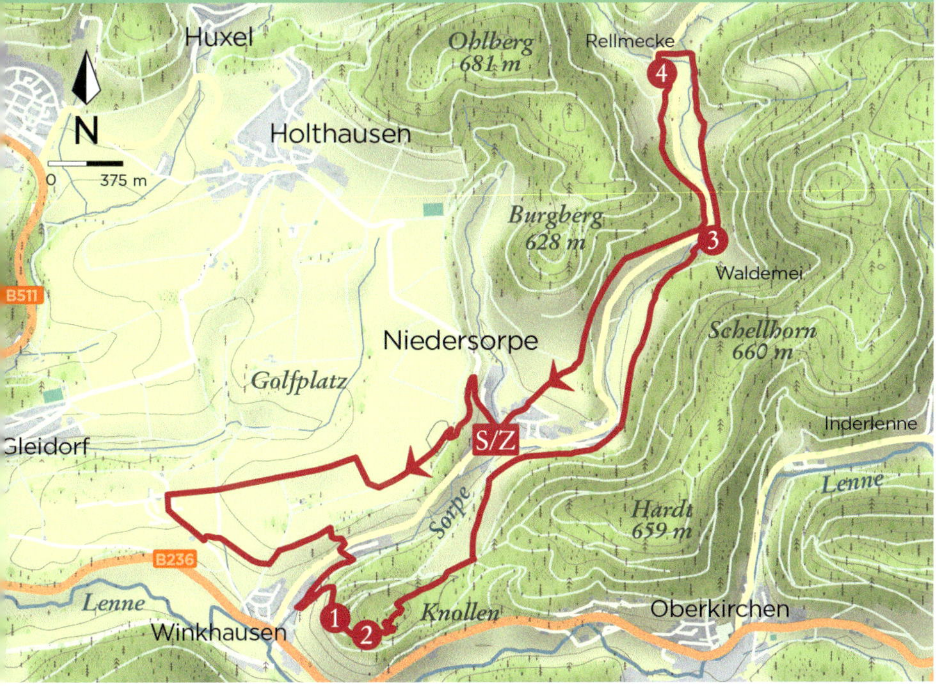

Wanderung rund um die Hunau

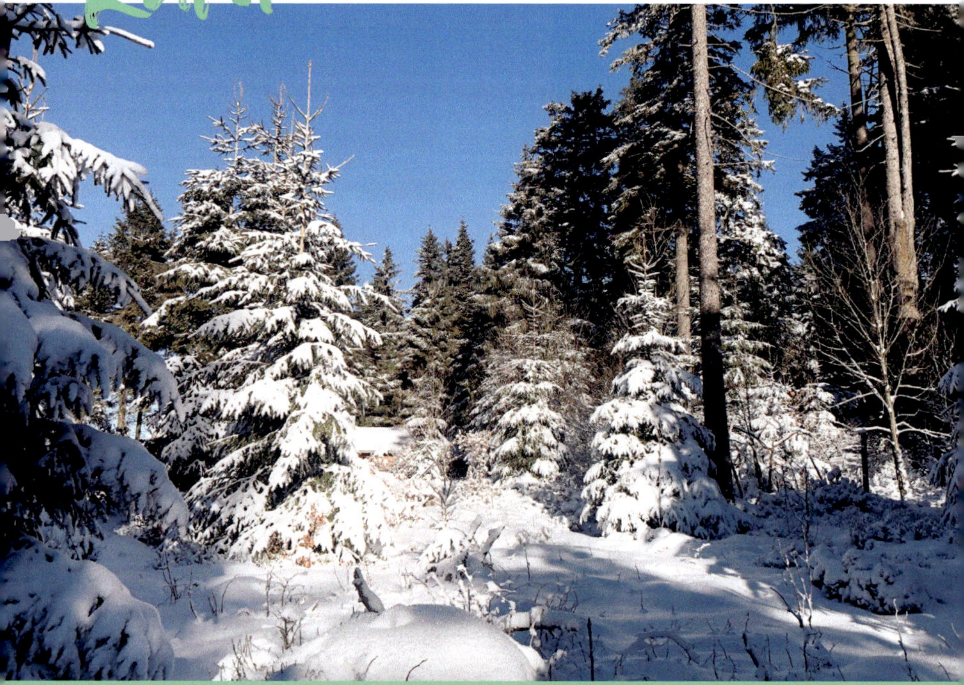

Schwierigkeit: leicht // 7,6 Kilometer // 288 Höhenmeter
Für Familien mit Kindern geeignet

ZWISCHEN SCHNEE- UND HÜTTENZAUBER. EINE MÄRCHENHAFTE TOUR

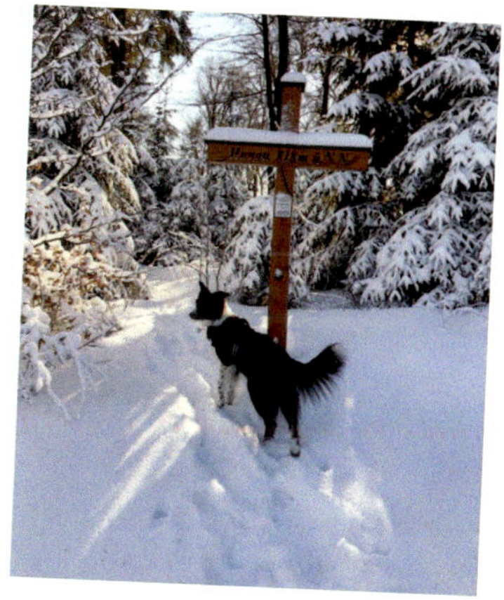

Am Gipfelkreuz der Hunau

Die Wege sind tief verschneit, die kleinen Bächlein, die aus den Berghängen in Richtung Hunausiepen plätschern, bilden Eiskristalle. Die hohen Fichten stemmen sich gegen die Schneelast auf ihren Zweigen, hier und da rieseln leise Schneeflöckchen von den Ästen. Rund um die Hunau und den Höhenzug zwischen Obersorpe – im malerischen Sorpetal – und Bödefeld auf der anderen Seite des Berges verwandelt sich die Landschaft im Winter in den schönsten Winterwunderwald. Diese idyllische und von Ruhe geprägte Kulisse fordert besonders zu dieser Jahreszeit zu einer Wanderung durch den Pulverschnee auf. Dann seid ihr hier allein mit der Natur, stapft genüsslich durch den tiefen Schnee und folgt den Tieren, deren Spuren ihr im Schnee suchen könnt. Auf halber Strecke öffnen sich mit etwas Glück die Türen der Wachshütte und laden zu einer behaglichen Einkehr ein. Eine Tour, die natürlich auch im Frühling, Sommer oder Herbst ihren Reiz hat und aufgrund der geringen Streckenlänge auch einfach mit Kindern zu bewältigen ist.

Vom Parkplatz in dem verschlafenen Dörfchen Obersorpe führt euch ein breit angelegter Forstweg in das einsame Tal hinein. Nachdem ihr den Gasthof Zur Hohen Hunau und die letzten Häuser des Ortes hinter euch gelassen habt, marschiert ihr durch den weichen Schnee bergauf. Zu eurer Rechten begleitet euch der Hunausiepen. Das kalte Wasser bahnt sich munter seinen Weg durch den Winterwald, und das kühle Sonnenlicht bricht sich zwischen den Zweigen der Bäume. So schön kann der Winter sein.

Hohe Fichten, deren ausladende Zweige durch den schweren Schnee weit nach unten hängen, säumen den Hang auf der einen Seite, während zur anderen die dünnen Äste der Laubbäume nur mit weißen

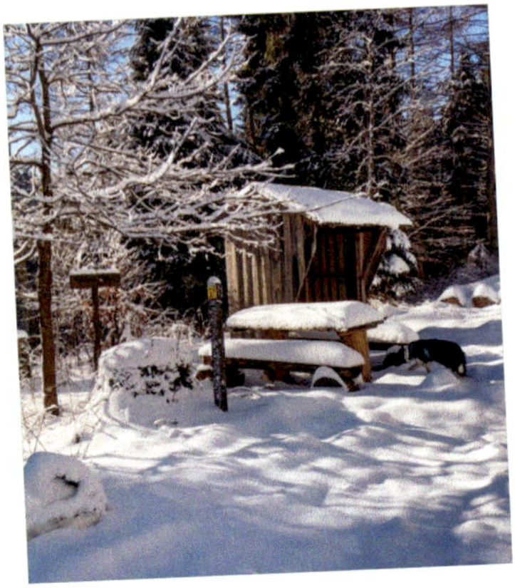

Zeit für eine Pause im Schnee

Flöckchen bedeckt sind. Zwischendurch erklingt ein leises Rascheln, wenn sich wieder eine winzige Schneelawine von den Pflanzen löst, zu Boden fällt und euch dabei einpudert.
Hier und da rinnt Wasser aus dem Berghang und gefriert zu erstaunlichen Gebilden. Wo es an den Zweigen der Sträucher hängen bleibt, formt es bezaubernde Eiskristalle, sodass es sich lohnt, die feinen Strukturen einmal genauer zu betrachten. Am Ende des Tals gelangt ihr schließlich an eine T-Kreuzung, an der ihr den Weg nach links fortsetzt. Wenn ihr vom Stiefeln durch den Schnee eine kurze Pause benötigt, dann bietet sich kurz hinter der Abbiegung ein wunderbarer RASTPLATZ 1 an. Eine kleine Überdachung sorgt für etwas Schutz, aber wer es richtig winterlich mag, der setzt sich auf das eingeschneite Mobiliar. Hoffentlich habt ihr an eine Thermoskanne mit heißem Tee oder Kaffee und an ein paar Kekse gedacht, um das Winterpicknick zur Vollendung zu bringen und euch ein wenig von innen zu wärmen.
Je höher ihr anschließend wandert, desto schöner wird es. Um zum Gipfelkreuz der Hunau zu gelangen, folgt ihr einem Wegweiser nach rechts und marschiert durch den immer tiefer werdenden Schnee. Dicht stehen die verschneiten Fichten bis an den still vor euch liegenden Pfad, und ihr hört nur das Knirschen eurer Schritte im Schnee. Winzige Pfotenabdrücke führen zwischen den Bäumen in den Wald. Kennt ihr euch aus? Wer war wohl vor euch in diesem Wintertraumland unterwegs? Waren es ein Fuchs, ein Hase oder ein Reh? Vielleicht macht ihr euch ein Foto von den Tierspuren und recherchiert beim gemütlichen Abendessen in der warmen Stube,

wer es war. Dabei könnt ihr euch noch einmal an die schöne Wanderung erinnern. Ein ganz besonderer Spaß, auch wenn ihr mit Kindern unterwegs seid, und zugleich noch lehrreich. Probiert es aus. Oben angekommen, erreicht ihr eine gespurte Loipe und biegt links ab. Das GIPFELKREUZ DER HUNAU 2 ist jetzt nicht mehr weit entfernt, und gemütlich schlendert ihr voran, bis ihr das Kreuz links am Wegesrand entdeckt. Die Bergkuppe ist komplett bewaldet, sodass ihr hier zwar keine Aussicht genießen könnt, dafür aber Natur pur.

DER GIPFEL DER HUNAU BEFINDET SICH AUF EINER HÖHE VON 818 METERN.

Für Wanderer, die nicht im Schnee unterwegs sind, sei gesagt, dass sich hier oben im Naturschutzgebiet Hunau die beiden Hochmoore

Einsame Spuren im Winterwald um die Hunau

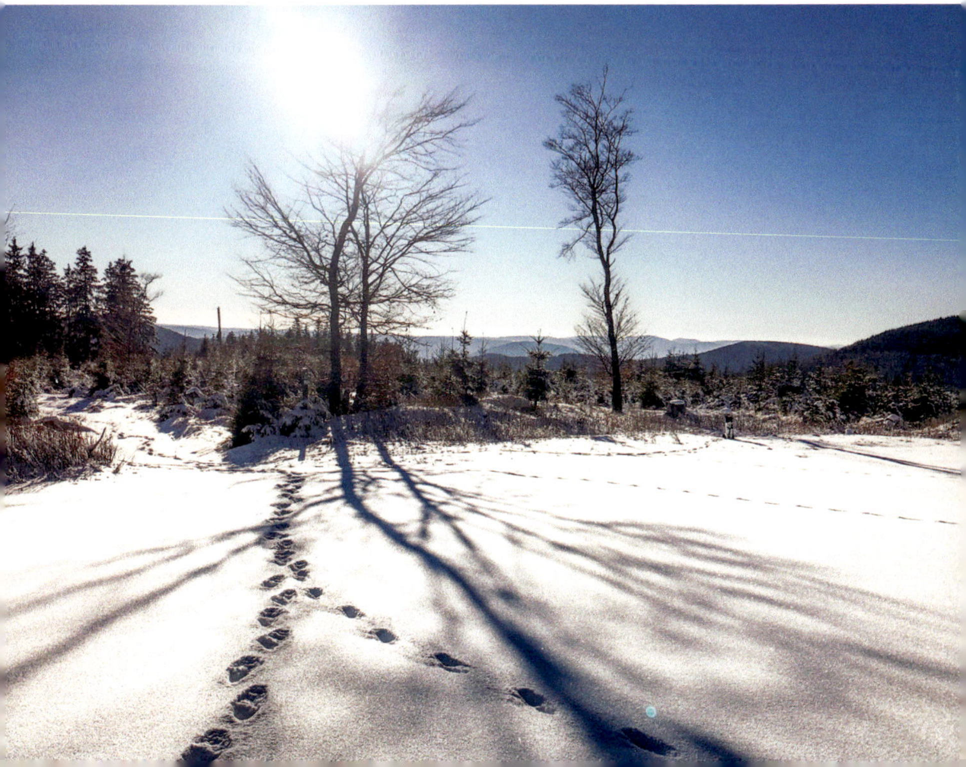

»Nasse Wiese« und »Rauhes Bruch« befinden, die über 8000 Jahre alt sind und eine über ein Meter dicke Torfschicht gebildet haben. Somit sind diese eindrucksvollen Moore auch zu anderen Jahreszeiten ein schönes Wanderziel, da sie sich im Schnee sonst verstecken. Einen knappen Kilometer weiter gelangt ihr zu der winzigen WACHSHÜTTE 3 am oberen Ende der Skipiste, die von Bödefelder Seite aus mit dem Skilift erreichbar ist. War es bis kurz zuvor noch ruhig und einsam im Wald, wird es nun deutlich lebendiger. Dennoch bleibt das Gefühl des Winterwunderlands bestehen, denn ihr steht hier nicht an einer riesigen Skihütte mit großer Außenterrasse und lauter Apres-Ski-Musik, sondern an einem einzigartigen und nahezu winzig erscheinenden Blockhaus. Sofern die Hütte geöffnet hat, erwarten euch im Inneren eine warme Stube und ein paar einfache Speisen und Getränke. Schaut mal rein und lasst euch von

Auf den Wegen des Sauerland Höhenflugs

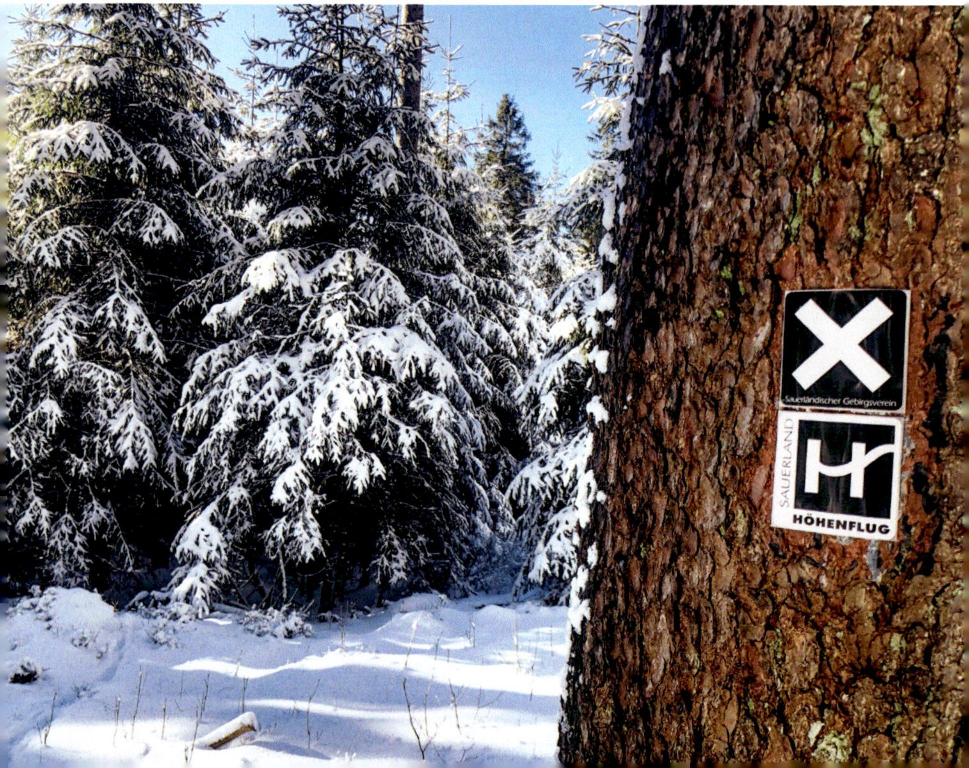

der freundlichen Stimmung einhüllen. Draußen könnt ihr euch bequem in einen der Liegestühle legen und die Sonne auskosten. Nach dem Aufwärmen lässt sich vom oberen Rand der Skipiste eine traumhafte Aussicht über die umliegenden verschneiten Berggipfel genießen. Ein Wintertraum. Dann geht es wenige Schritte weiter bis zum IRREPLATZ 4, der durch ein großes Holzkreuz markiert ist.

AM IRREPLATZ TRIFFT EINE VIELZAHL VON WANDERWEGEN AUFEINANDER, UND ES WIRD BERICHTET, DASS SICH BESONDERS IN SCHNEEREICHEN WINTERN HIER MANCH WANDERER VERIRRT HAT UND UMKAM. PASST ALSO GUT AUF, IN WELCHE RICHTUNG IHR AUF DEN EINSAMEN PFADEN WEITERWANDERT.

Tatsächlich zeigt der Wegweiser an dieser Stelle auch in alle Himmelsrichtungen. Haltet euch zweimal kurz nacheinander links und folgt dem möglicherweise kaum sichtbaren, schmalen und verschneiten Pfad zwischen den Bäumen hindurch. Mit etwas Glück seid ihr die Ersten, die ihre Spuren in dem frischen, weichen Schnee hinterlassen. Idyllischer könnte es kaum sein. Durch den dichten Winterwald stapft ihr nun gemächlich bergab und könnt dabei die friedliche Natur in ihrem winterlichen Gewand bestaunen. Abermals werdet ihr wieder viele bekannte oder unbekannte Abdrücke von kleinen und großen Pfötchen erkennen. Weit unten führt euch der Weg auf eine sonnenbeschienene Lichtung. Die mikroskopischen Eiskristalle der Schneedecke funkeln im Sonnenlicht, und vor dem dunkelblauen Nachmittagshimmel zeichnen sich die Kuppen

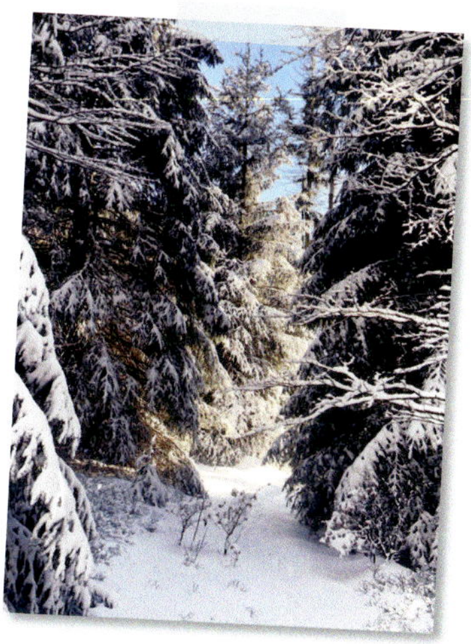

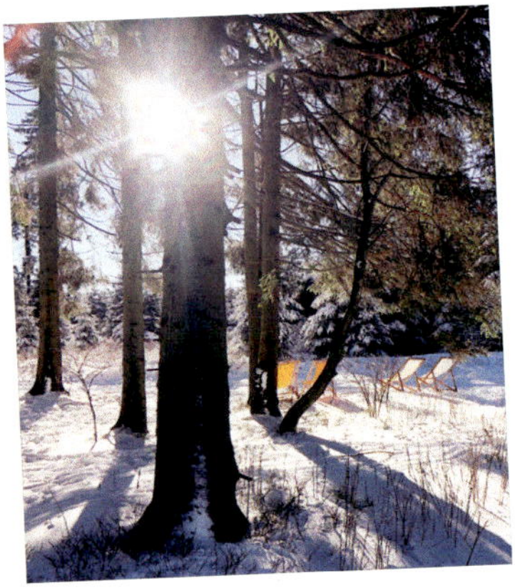

SONNENBADEN AN DER SKIPISTE

der Sauerländer Hügel ab. Haltet kurz inne, atmet die klare, kalte Luft und nehmt die friedvolle Stille des Waldes war. Was für ein Zauber der Natur.

Von der Lichtung führt euch nun wieder ein breiterer Weg in Richtung Hunausiepen zurück, und wenig später gelangt ihr an den Weg, den ihr schon vom Aufstieg her kennt und über den es nun zurück zum Ausgangspunkt der Tour geht. Noch einmal könnt ihr den Winterwald ausgiebig betrachten. Etwas Ausgelassenheit schadet dabei nicht; wie wäre es denn, einen Schneeengel am Wegesrand zu hinterlassen? Wer die Wanderung anstatt im Winter im Sommer unternimmt, kann sich im kristallklaren Wasser des Hunausiepens praktischerweise jetzt die Füße kühlen. Zur Einkehr lockt letztendlich der Gasthof Zur Hohen Hunau, in dem ihr euch vor eurer Heimreise noch aufwärmen und den Tag ausklingen lassen könnt.

Wer die Wanderung gern etwas ausdehnen möchte, für den bieten sich noch viele umliegende Wege an. Dank der Beschilderung im Wald sind alle Ziele gut zu finden. Alternativ lohnt sich bei Schnee ein Ausflug nach Bödefeld zum Rodeln oder Skifahren. Dabei könnt ihr euch bequem ein zweites Mal auf die Hunau hochziehen lassen. Winterfreuden sind hier reichlich zu finden. Und auch wer im Frühjahr, Sommer oder Herbst in der Region wandert, wird mit idyllischen Pfaden durch die beschauliche Natur rund um die Hunau belohnt werden. Ihr müsst nicht bis zum Schneefall warten – das Sorpetal sei euch als Winterwandergeheimtipp aber absolut empfohlen, wenn ihr auf der Suche nach wahren Winterträumen seid.

Alles, was ihr wissen müsst

Rundtour: für Ruhesuchende und Naturliebhaber // gemütliche Wintereinkehr in der Skihütte // **nicht kinderwagentauglich**

Markierung: am besten folgt ihr GPS oder dem Text// Ortsbeschilderung, Wegweiser am Wegesrand X10 bis Hunau

Entfernung von: Dortmund: 110 km // Paderborn: 85 km // Siegen: 65 km
ÖPNV: nicht empfehlenswert
Auto: Parkplatz im Zentrum von Obersorpe, 57392 Schmallenberg

Einkehr: **Zur Hohen Hunau,** Obersorpe Nr. 1, 57392 Schmallenberg, zur-hohen-hunau.de // **Wachshütte** (nur im Winter/Skihütte), direkt am Skilift Bödefeld

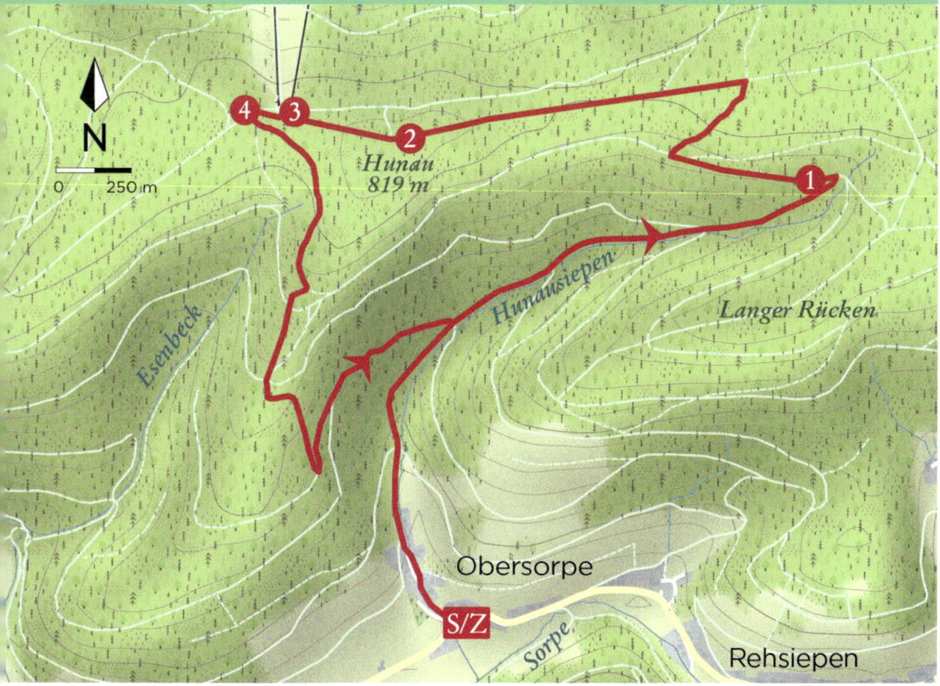

Von Latrop nach Schanze

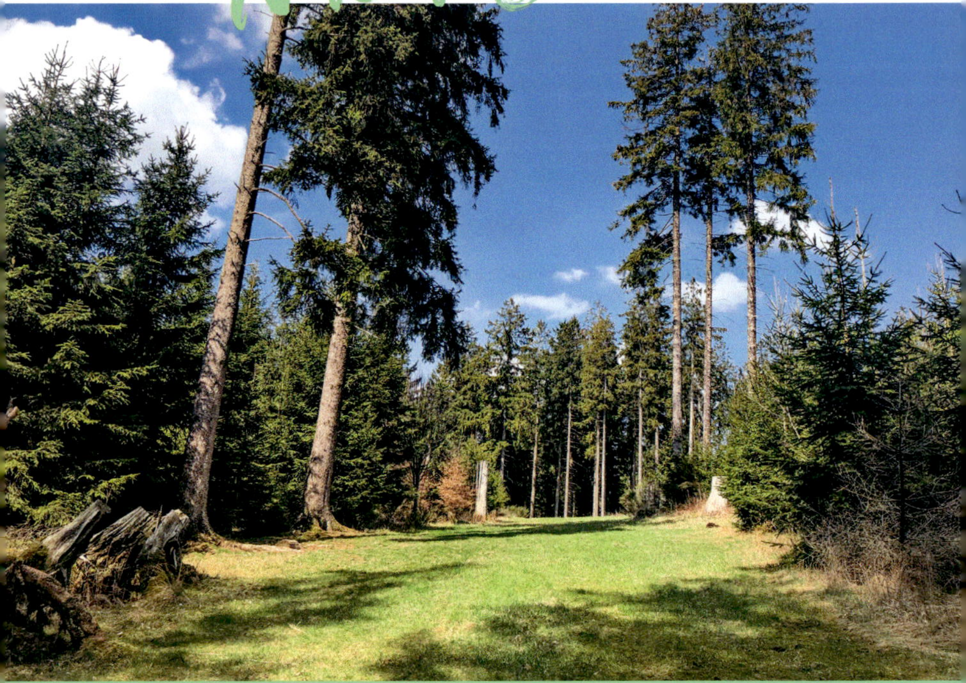

Schwierigkeit: leicht // 11,5 Kilometer // 286 Höhenmeter

Für Familien mit Kindern geeignet

VOM ENDE DER WELT IN DIE WILDNIS.
SCHNÜRT EURE WANDERSCHUHE
UND STÜRZT EUCH INS ABENTEUER

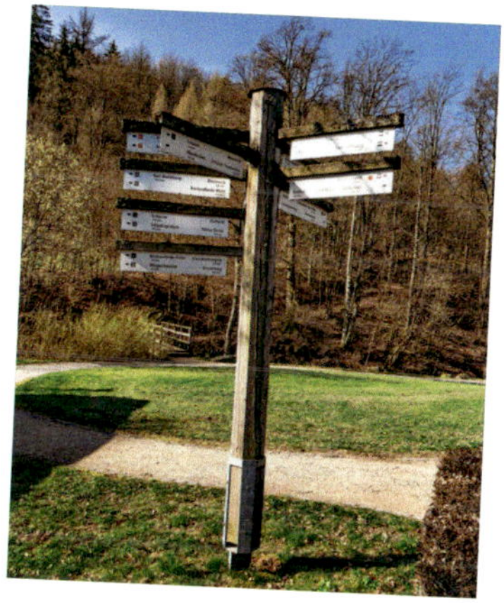

Wandervielfalt in Latrop

Der kleine Ferienort Latrop bezeichnet sich gern selbst als das »Ende der Welt«, welches am »Rande der Wildnis« zu finden sei. Und wer auf der Karte den Weg nach Latrop sucht, wird feststellen, dass es nur einen Weg hinein und wieder hinaus gibt. Eine Durchgangsstraße sucht ihr hier vergeblich. Stattdessen findet ihr am Ortsende einen Wanderparkplatz, von dem aus ihr unmittelbar in die Wälder aufbrechen könnt. Dort habt ihr die Chance, vielleicht einem der wildlebenden Wisente zu begegnen oder dem Maskottchen des Dorfes – genannt »Max der Dachs«. Euer Weg vom Wanderparkplatz führt euch mitten hinein in die Wildnis. Auf geht's.

Bis nach Schanze, dem Zwischen- und Einkehrziel der Tour, wandert ihr auf der Talvariante des Rothaarsteigs. In der Wildnis trefft ihr zunächst auf das beschauliche Grubental, durch das sich fortwährend der Grubensiepen, ein kleiner Bach, schlängelt. Dieser begleitet euch anfangs noch zur Rechten, aber schon nach kurzer Zeit überquert ihr ihn über eine Brücke und tauscht den eben noch breiten Forstweg gegen einen gemütlichen Pfad ein. Am Berghang geht es aufwärts, denn bis Schanze sind einige Höhenmeter zu meistern. Hohe Fichten ragen neben euch empor, und es duftet nach feuchtem Moos und Gras, welches den gesamten Boden bedeckt. Die Sonnenstrahlen bahnen sich ihren Weg durch die Bäume und zaubern Schattenspiele. Etwas weiter taleinwärts durchfließt der Grubensiepen eine malerische Wiese, die ihr in einer Linkskurve umwandert, um zu einem Wahrzeichen von Latrop zu kommen – der »DICKEN EICHE« 1. Unter einem überdachten Sitzplatz könnt ihr rasten und den faszinierenden alten Baum und den Blick auf die Talwiese mit dem Gru-

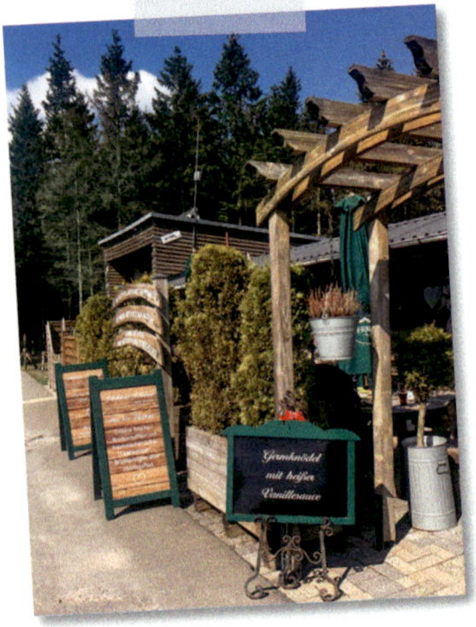

bensiepen auf euch wirken lassen. Auch auf dem folgenden Streckenabschnitt begleitet euch der Bach und leitet immer tiefer in das Grubental hinein. Hier gelangt ihr zu einem wahrlich mystischen Ort, um den sich die Sage zu den ALTARSTEINEN 2 rankt. Ein kleiner aufgestauter und geheimnisvoll schimmernder Weiher sorgt für die passende Atmosphäre, und unwillkürlich werdet ihr euch fragen, ob etwas dran ist an der Legende um diese ehemalige Opferstätte. Es steht geschrieben, dass sich einst heidnische Sachsen in diesem als weltverloren bezeichneten Tal versammelten und auf einem aus schweren Steinen errichteten Altar ein »fehlerloses« Fohlen zu Ehren ihrer Götter opferten. Schaurig klingt die Geschichte und bei Betrachtung dieses magischen Ortes fast glaubwürdig – schließlich hat jede Sage irgendwo einen wahren Kern.

Am Ufer des kleinen Weihers im Grubental steht eine hübsche steinerne Gedenksäule. Einen schöneren Platz für diese charmante Säule hätten sich die Erbauer nicht aussuchen können. Im Frühjahr tummeln sich in dem warmen Wasser am flachen Ufer Tausende von Kaulquappen. Setzt euch doch einen Moment auf die Bank und beobachtet das wuselige Treiben.

DIE ERRICHTUNG DER GEDENKSÄULE WIRD MIT DER NEUGRÜNDUNG VON LATROP IN ZUSAMMENHANG GEBRACHT. GEGEN 1444 WURDE DIE EINSTIGE SIEDLUNG WÄHREND DER SOESTER FEHDE VERLASSEN UND VERFIEL. ERST 1737 WURDEN AUF DEN RUINEN WIEDER NEUE GEBÄUDE ERBAUT. AUS DIESEM ANLASS – SO WIRD ZUMINDEST ANGENOMMEN – ENTSTAND AUCH DIE BAROCKARTIGE SÄULE, DIE HEUTE UNTER DENKMALSCHUTZ STEHT.

In einem weiten Bogen wandert ihr daraufhin weiter an den Ufern des Grubensiepen entlang, bis ihr an eine enge Linkskurve gelangt. Dort mündet der Schlümper Bruchsiepen in den Bach. Das saubere und flache Wasser ist ideal, um sich ein bisschen die Füße zu kühlen, bevor es das letzte Stück bergauf bis Schanze geht. Der bunte Mischwald sorgt für ein abwechslungsreiches Bild, und stellenweise schauen sonderbare Felsen aus dem Erdreich hervor. Kurz bevor ihr Schanze erreicht, öffnet sich der Blick über die Hügel und Täler, und die ersten Häuser kommen in Sichtweite. Im Ortskern verlasst ihr den Rothaarsteig und folgt dem Wegweiser zur ALMHÜTTE 3 und zum Almbeach. Hier erwartet euch nun eine ganz spezielle Art der Einkehr. Urige Hüttenatmosphäre trifft auf Strandclubflair. Wo euch auf der einen Seite alpines Feeling erwartet, begegnet euch gegenüber ein Hauch von Küste am höchst gelegenen Strand des

Die Sonnenstrahlen tauchen den Wald in ein geheimnisvolles Licht

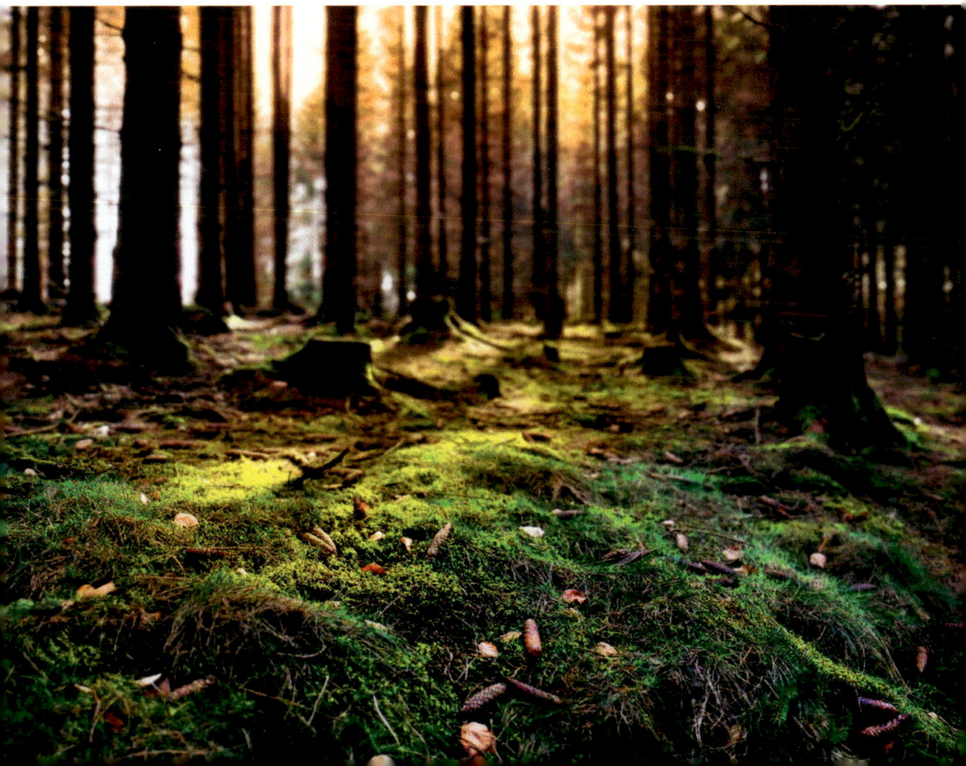

Sauerlands. Ungewöhnlicher könnte es kaum sein, und die passende Jause mit einem Getränk gibt's zum Ambiente noch hinzu. Zudem befindet sich die Hütte auch unmittelbar am Skihang von Schanze, sodass sie zu jeder Jahreszeit und bei jedem Wetter die perfekte Einkehrmöglichkeit ist.

WER NOCH EIN WENIG ZEIT HAT, KANN IN SCHANZE DEM KYRILL-PFAD EINEN BESUCH ABSTATTEN. AUF EINER STRECKE VON 1000 METERN, WOVON 250 METER SOGAR BARRIEREARM GESTALTET SIND, KÖNNT IHR DAS DURCHEINANDER, WELCHES DER STURM KYRILL 2007 ANGERICHTET HAT, HAUTNAH ERLEBEN.

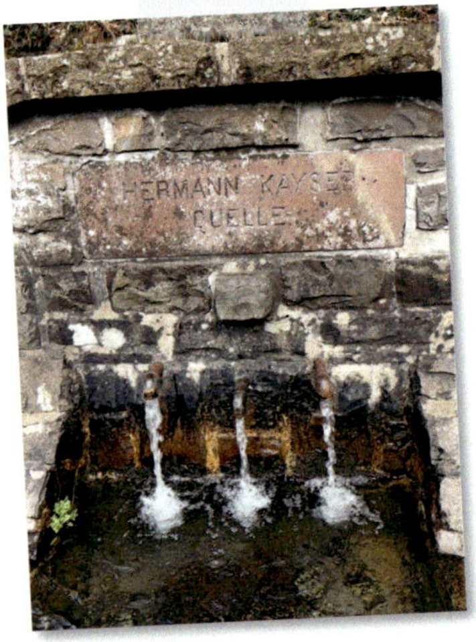

Gut gestärkt könnt ihr euch sodann auf den Rückweg nach Latrop machen. Idealerweise führt euch der Weg mit der Bezeichnung L1 nun bergab, sodass es sich auch mit vollem Bauch gut weiterwandert. Der vor euch liegende Weg erscheint wie ein Bild aus einem Märchenbuch. Wie an einer Allee stehen die Fichten in Reih und Glied im Wald bis zum Wegesrand. Dichtes Moos bedeckt das dazwischenliegende Erdreich, und die Gräser wiegen sich in der leichten Brise. Fichtenzapfen liegen verstreut auf dem Boden, genauso wie vertrocknete Äste und herabgefallene Fichtennadeln. Im warmen Sonnenschein riecht es nach dem Harz der Nadelgehölze. Zwischendurch runden sonnenbeschienene Lichtungen das Gesamtbild ab. Es fehlt nur noch das Rotkäppchen, das zwischen den Bäumen Beeren sammelt. Vielleicht übernehmt ihr ja diese Aufgabe und schaut euch je nach Jahreszeit nach Pilzen, Beeren oder Kräutern um. Oder sammelt ein wenig Bastelmaterial in Form von Fichtenzapfen oder Laub; bestimmt lässt sich zu Hause daraus etwas Kreatives herstellen.

Nach dem Abstieg durch den Märchenwald gelangt ihr an den Robecker Siepen – einen weiteren der unzähligen Bäche dieser Region mit der nächsten Möglichkeit zum Kneippen. Bald darauf erreicht ihr wieder das Latroptal und wandert vorbei an der kleinen Siedlung Störmecke. Bis Latrop begleitet euch dabei der gleichnamige Bach auf der rechten Seite, während sich linkerhand der mit schroffen Felsen bestückte Hang erhebt.

Die Latrop entspringt unweit von Schanze auf einer Höhe von 695 Metern und nimmt auf ihrem elf Kilometer langen Weg die Zuflüsse des Grubensiepen, der Bamicke, der Ettmecke sowie das Wasser der Hermann-Kayser-Quelle auf. Auf 349 Metern mündet sie

Der dichte Fichtenwald sorgt für ganzjährig grüne Wanderabschnitte

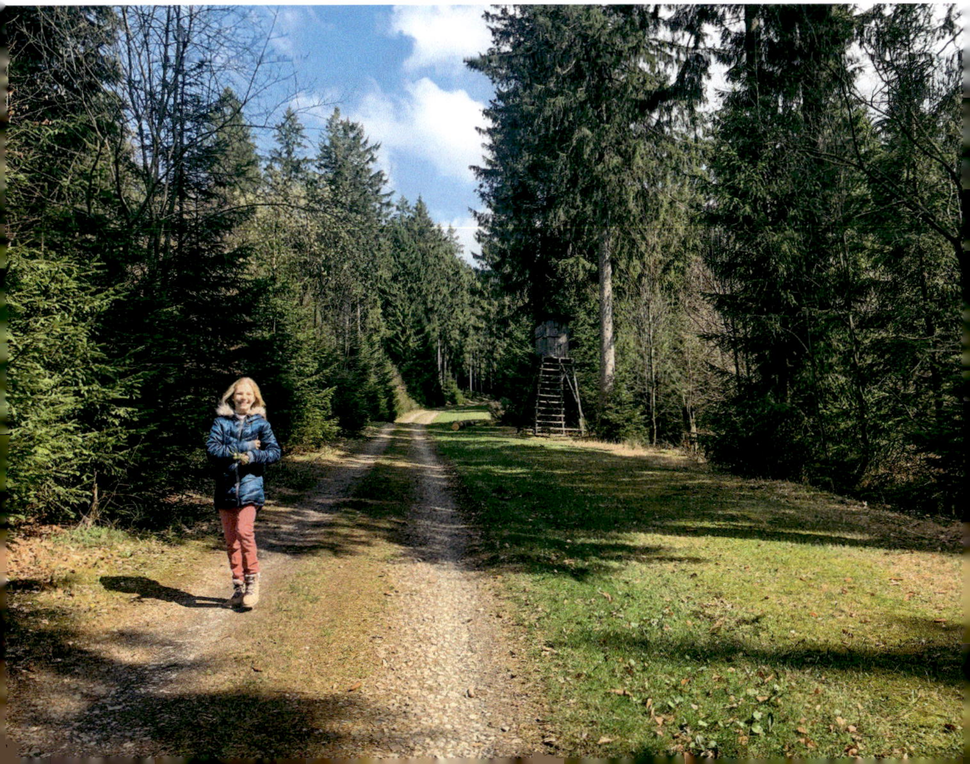

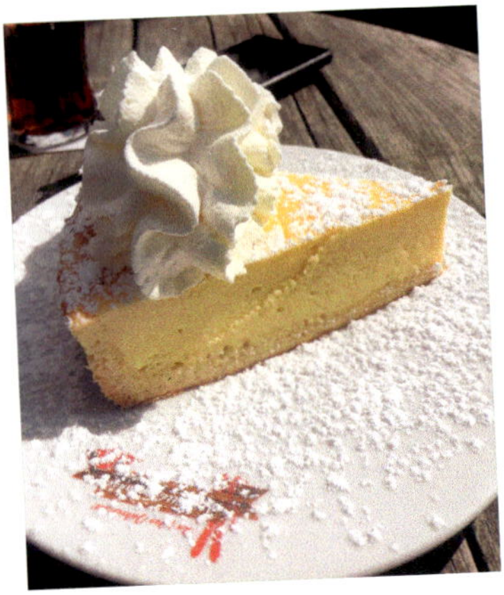

KÖSTLICHKEITEN AUF DER ALM

bei Fleckenberg in die Lenne und mit ihr später in die Ruhr. In LATROP 4 angekommen, lohnt es sich durchaus noch ein wenig zu verweilen, entweder bei einer Einkehr in einem der nahe gelegenen Gasthöfe oder am Fußerlebnis-Tretbecken, das sogar mit einer Fußreflexzonenmassage aufwartet. Direkt nebenan befindet sich ein großer Spielplatz, auf dem eure Kinder noch die restlichen Kräfte loswerden können. Außerdem verfügt Latrop über ein kleines Waldarbeitermuseum, das in der »Alten Mühle« beheimatet ist.

Auf dem Rückweg mit dem Auto solltet ihr unbedingt am Straßenrand auf die Hermann-Kayser-Quelle achten. Aus drei Wasserhähnen sprudelt natürliche Erfrischung, und nicht selten füllen sich die Menschen hier literweise das saubere Wasser für zu Hause ab. Eure leeren Wanderflaschen solltet ihr auf jeden Fall hier auffüllen, das bietet sich im Übrigen auch zu Beginn der Tour an. Dann könnt ihr euch während der Wanderung mit dem regionalen Produkt aus dem Schmallenberger Sauerland erquicken.

RUND UM LATROP GIBT ES AUCH HERRLICHE WINTERWANDERWEGE, DIE BEI SCHNEE EXTRA FÜR DIE WANDERER GERÄUMT WERDEN.

Als besonders kinderfreundliche Ergänzungs- oder Alternativtour sei euch an dieser Stelle noch der 4,3 Kilometer lange Waldarbeiter- und Försterpfad Latrop empfohlen. An 17 Stationen könnt ihr den Wald entdecken und vieles lernen.

Alles, was ihr wissen müsst

Rundtour: wasserreiche Wanderung mit viel Erlebnispotenzial // für Familien und naturbegeisterte Wanderer // etwas Geduld mitbringen bei der Sichtung der wildlebenden Wisente // **nicht kinderwagentauglich**

Markierung: Rothaarsteiglogo bis Schanze // anschließend L1 zurück nach Latrop

Entfernung von: Dortmund: 100 km // Paderborn 100 km // Siegen 55 km
ÖPNV: nicht empfehlenswert
Auto: Parkplatz am Einstieg zum Rothaarsteig, 57392 Schmallenberg

Einkehr: **Hubertushöhe,** Latrop 11-13, 57392 Schmallenberg, hubertushoehe-latrop.de // **Almhütte,** Schanze 24, 57392 Schmallenberg, skihuette-schanze.de // **Zum Grubental,** Latrop 5, 57392 Schmallenberg-Latrop, grubental.de

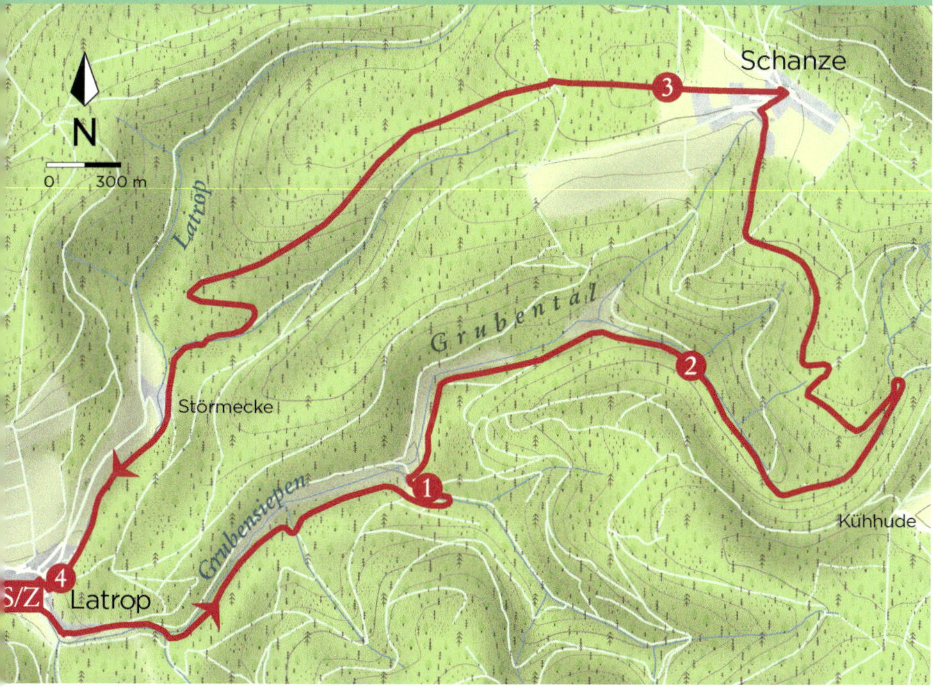

Durch das Krenkeltal zum Goldenen Zapfen

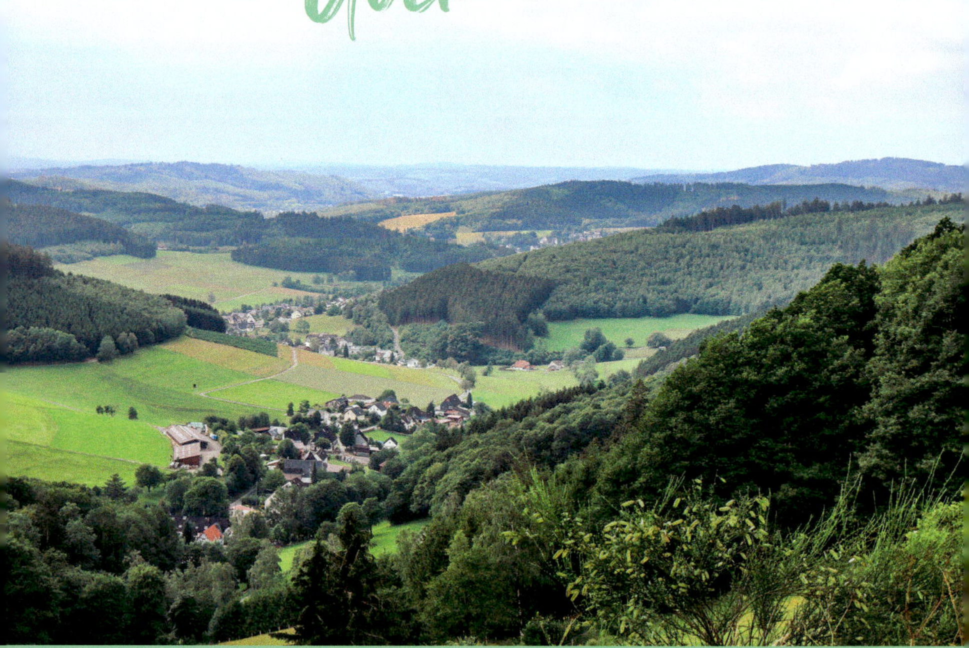

Schwierigkeit: mittel // 11,3 Kilometer // 266 Höhenmeter
Für Familien mit Kindern geeignet

WO BÄCHE IN LUFTIGEN HÖHEN FLIESSEN.
NATURBELASSENE WEGE
UND ANSPRUCHSVOLLE STEIGUNGEN

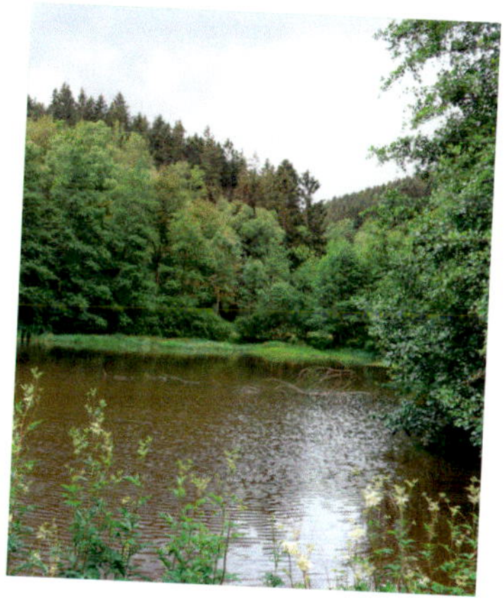
Heinsberger Stauweiher

Kristallklare Bäche, im Sommer Blaubeeren zum Sattessen und ein ganz besonderes Bauwerk sind die Highlights der Qualitätstour Krenkeltal und Goldener Zapfen. Auf einsamen Pfaden zeigt sich die Natur von einer besonders idyllischen Seite. Ein Stück des Weges begleitet der Rothaarsteig die Wanderfreudigen, und immer wieder laden gemütliche Pausenplätze zur Rast und Bäche zum Füßekühlen ein. Die Wanderung verläuft überwiegend im schattigen Wald, umso faszinierender sind die Panoramen, die sich zwischendurch von den Höhenzügen bieten.

Startpunkt der Wanderung ist der HEINSBERGER STAUWEIHER 1. In mystischem Grün schimmert seine Oberfläche. Bis dicht ans Ufer wächst die Vegetation, die zahlreichen Tierarten hier am Wasser ein sicheres Versteck bietet. In unmittelbarer Nähe zum Krenkelsbach verläuft der zunächst breite, aber gemütliche Forstweg und führt hinein ins gleichnamige Krenkeltal. Friedlich grasende Kühe beäugen die vorbeiziehenden Wanderer. Unter der Woche ist es ansonsten äußerst einsam hier, und Ruhesuchende kommen voll auf ihre Kosten. Es geht immer tiefer in den Fichtenwald hinein. Der Waldboden ist bedeckt mit Farnen, und in den Sommermonaten dominiert der knallig pinkfarbene Fingerhut das herrliche satte Grün. Zahlreiche Baumstümpfe mit weichen Mooksköpfen gucken vorwitzig aus dem Hang heraus.

Etwas unterhalb des Weges an einem aufgestauten Fischteich findet sich ein erster romantischer Pausenplatz, der sich bei schönem Wetter für eine gemütliche Verschnaufpause anbietet. Anschließend geht

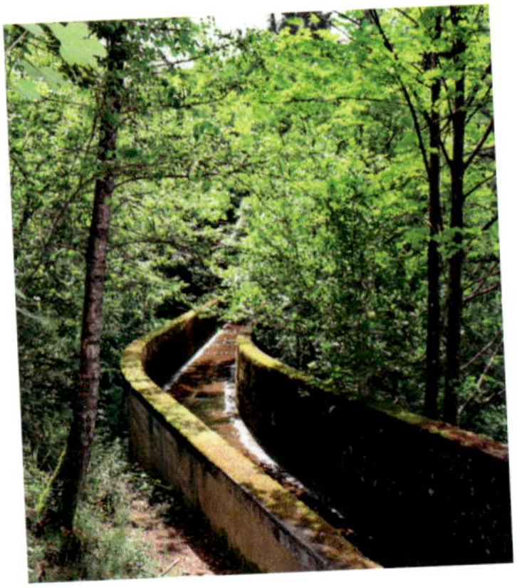

Nicht für Fußgänger!

es dem Aquädukt entgegen. Ein hölzernes Portal zeigt euch den Eingang zum selbigen, und über einen steilen Zick-Zack-Pfad müsst ihr zunächst ein paar Meter bergabsteigen, bevor ihr das seltsam erscheinende Gebilde in Augenschein nehmen könnt. Am Aussichtspunkt auf das AQUÄDUKT 2 befindet sich ein in Metall gebundenes Buch, welches von dem Rothaarsteiglogo geziert wird und in dem ihr allerhand interessantes Wissen zu dem vor euch liegenden Bauwerk nachlesen könnt. In dieser beschaulichen Umgebung, umrahmt von dichtem Wald, lustigem Vogelgezwitscher und Bachgeplätscher, mag die Vorstellung, dass einst Züge durch das Tal ratterten, nahezu absurd klingen.
Das Aquädukt entstand ungefähr im Jahr 1913 im Rahmen des Eisenbahnbaus. Die Strecke sollte die Verbindung zwischen dem heutigen Lennestadt (damals Altenhundem) und Erndtebrück (früher Birkelbach) schließen.

DAS BEMERKENSWERTE DARAN IST, DASS DAS BAUWERK NICHT ETWA DIE BAHNLINIE ÜBER DEN KRENKELBACH FÜHRT, SONDERN UMGEKEHRT, DEN BACH ÜBER DIE EISENBAHNSTRECKE. FÜR DAMALIGE VERHÄLTNISSE WAR DAS AQUÄDUKT EINE ENORM MODERNE BRÜCKENKONSTRUKTION AUS EISENBETON. IN UNMITTELBARER NÄHE IST NOCH EIN ALTES TUNNELPORTAL ERKENNBAR.

Eins steht fest: Aus dem Staunen kommt ihr hier so schnell nicht heraus, steht ihr doch gerade vor einem für Deutschland nahezu einmaligem Bauwerk. Während der Pause an diesem besonderen

Ort, solltet ihr kräftig Energie schöpfen, denn schon bald steht euch der wohl härteste Aufstieg der gesamten Tour bevor.
Noch ein Stück verläuft die Wanderung gemächlich über den Forstweg, dann zweigt der Natursteig links ab und führt quer zum Hang steil hinauf. Zwischen den hohen Fichten wächst der Nachwuchs, und auch hier ist der Waldboden wieder von Blaubeersträuchern bedeckt, von denen es im Laufe der Tour noch so einige zu sehen geben wird. Über den weich gepolsterten Untergrund, der mit Fichtenzapfen und -nadeln übersäht ist, ziehen sich urwüchsige Wurzelgeflechte. Der knackige Anstieg scheint kein Ende zu nehmen und ist eine ordentliche Herausforderung. Habt ihr die Anhöhe des Rothaarkamms jedoch schließlich erreicht, wartet neben einer Bank zum Verschnaufen auch ein herrlicher Ausblick auf euch, der euch für die Mühen entlohnt. Also nehmt doch erst mal Platz.

Das malerische Krenkeltal lockt mit gemütlichen Rastplätzen entlang des Weges

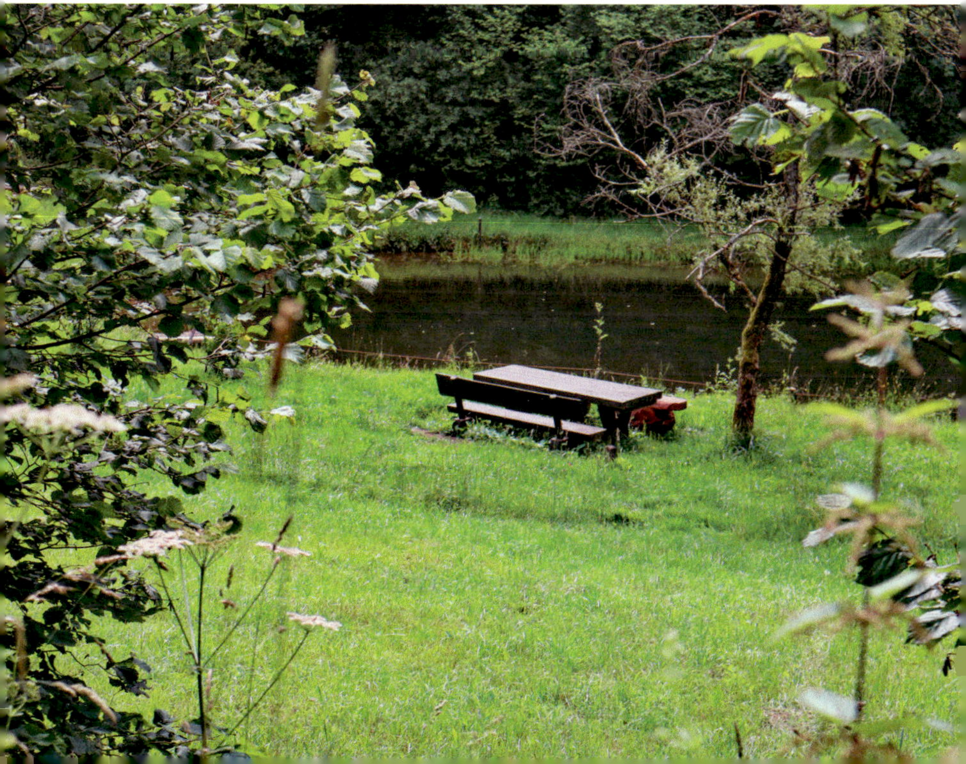

An dieser Stelle trefft ihr auf den Rothaarsteig, der euch nun das nächste Stück begleiten wird. Weit weniger anstrengend geht es genüsslich bis zum DREIHERRNSTEIN 3 auf einer Höhe von 673 Metern inmitten des Waldes.

DER DREIHERRNSTEIN IST EIN IMPOSANTER GRENZSTEIN, DER IN FRÜHEREN ZEITEN DAS »DREILÄNDERECK« DER HERZOGTÜMER WESTFALEN, NASSAU-SIEGEN UND WITTGENSTEIN-HOHENSTEIN KENNZEICHNETE.

In diesem Grenzgebiet fanden teils blutige Kämpfe um Rohstoffe wie Holz und auch Vieh statt. Heute steht der Dreiherrnstein an der Grenze der Kreise Olpe und Siegen-Wittgenstein.

Weich gepolsterte Wege machen das Wandern leichtfüßig

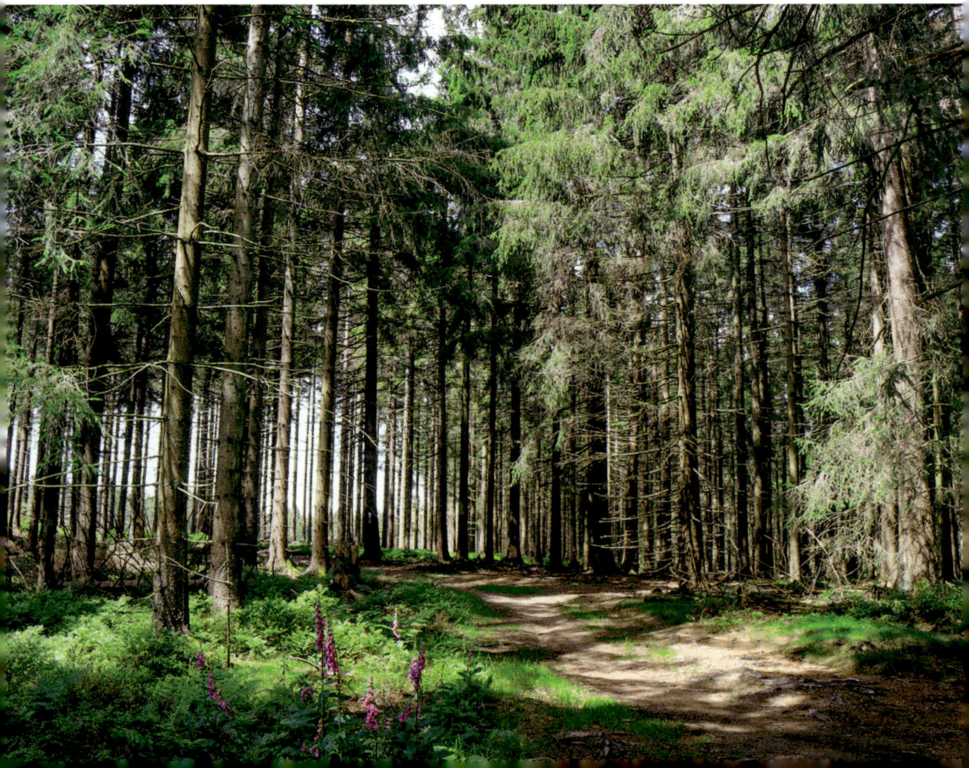

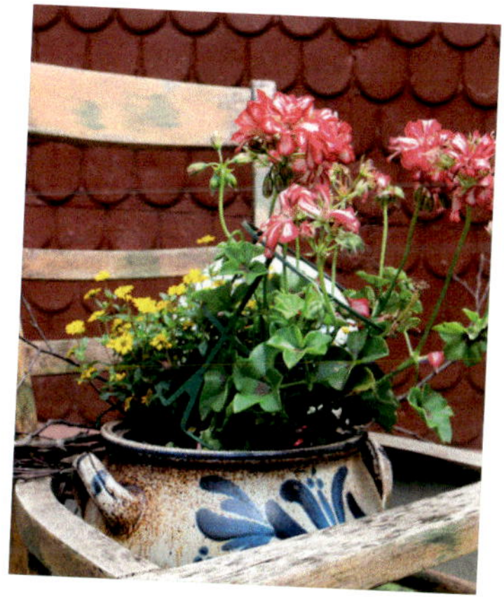

Entdeckungen an Kloses Hütte.

Eine Schutzhütte bietet hier oben Unterschlupf bei schlechtem Wetter. Daneben findet ihr eine Vesperinsel, auf der ihr im Sonnenschein Platz nehmen könnt. Der Bereich rund um den Dreiherrnstein ist vollends bedeckt mit Blaubeersträuchern, die im Sommer pralle Früchte tragen. Seid ihr bisher auf der Tour keinem Menschen begegnet, zur Blaubeerernte trefft ihr hier mit Sicherheit ein paar fleißige Sammler. Kleiner Tipp: Es sind genug Blaubeeren für alle da, also erntet eifrig und nehmt euch reichlich von den gesunden Leckerbissen mit.

Sind die Hände blau genug, dann könnt ihr den Weg fortsetzen. Auf dem natürlichen Pfad wandert ihr nun erst mal eine ganze Weile bergab und erreicht nach einiger Zeit das beschauliche Elberndorfer Bachtal. Der kristallklare Elberndorfer Bach plätschert fröhlich einfach quer über den Wanderweg. So wie er aus der dichten Wildnis auftaucht, so verschwindet er auf der anderen Seite des Weges wieder. Der Bach ist nicht sonderlich tief, trotzdem führt eine hölzerne Brücke über das Gewässer. Die Brücke ist ein idealer Platz, um sich im Sitzen die Füße zu kühlen.

Dann geht's weiter zur JAUSENSTATION ROTHAARHÜTTE (4), die allerdings nur am Wochenende und an Feiertagen geöffnet hat und die die einzige Einkehrmöglichkeit auf diesem Rundweg ist. Also nutzt die Chance, wenn sie sich euch bietet. Vor Erreichen der Rothaarhütte passiert ihr aber die noch viel bemerkenswertere »Kloses Hütte«. Rund um das gepflegte schwedenrote Gebäude mit seinen grünen Fensterläden gibt es viel Kreatives und liebevoll Gestaltetes zu entdecken. Neben einem hochinteressanten Kräuter-

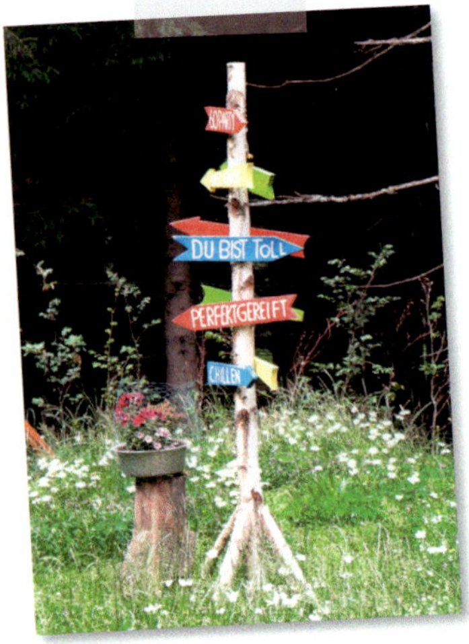

garten findet sich ein außergewöhnlicher Biergarten. Am Zaun hängt ein Zwitscherkasten, werft ruhig mal einen Blick hinein. Mit viel Liebe zum Detail wurde hier ein kleines Kunstparadies geschaffen.
An der Rothaarhütte überquert ihr anschließend eine Hauptstraße und wandert dem Aussichtspunkt »Goldener Zapfen« entgegen. Von links und rechts fallen die Hänge ins Tal, und in den Talboden kuscheln sich die kleinen Dörfer. Der Blick reicht über Oberndorf, Helberhausen bis Hilchenbach und weit darüber hinaus. Von einer Bank lässt sich die herrliche Aussicht in Ruhe betrachten und ein Erinnerungsfoto machen.
Waldwege folgen nun auf dem letzten Streckenteil. Die weißen Flügel der Windräder des Windparks Hilchenbach leuchten vor dem blauen Himmel, und je nach Windrichtung hört ihr das Raunen des Windes durch die sich drehenden Elemente. Zahlreiche Hochstände sind in Wald und Flur zu entdecken, und an einem summt und brummt es laut an einem Bienenhaus.
Wer mit offenen Augen wandert, wird sicher noch viel mehr Wunderwerke der Natur entlang des Weges entdecken. Moos wuchert auf alten Baumstümpfen, an denen bunte Baumpilze wachsen. Zwischen den Fichten liegen winzige Lichtungen, die in der Sonne strahlen. Die Schwingel der verschiedenen Grassorten wiegen in der sanften Brise. Legt euch doch einmal ganz dicht auf den Boden und schaut euch die Natur von unten an. Was für ein imposanter Dschungel liegt hier vor euch?! Versucht den Perspektivwechsel.
Kurz bevor ihr die Ortschaft Heinsberg erreicht, zweigt der Weg nach einem Schützenstand rechts ab, und am Hang entlang ist es jetzt nicht mehr weit bis zurück zum Ausgangspunkt. Hier könnt ihr noch ein Weilchen am Heinsberger Stauweiher verweilen und die Tour vor eurem geistigen Auge Revue passieren lassen.

Alles, was ihr wissen müsst

Rundtour: idyllische Rundwanderung für Naturfreunde // besonders das Aquädukt ist auch für Familien mit Kindern ein interessantes Ziel // **nicht kinderwagentauglich**

Markierung: weißer Kreis auf schwarzem Grund

Entfernung von: Dortmund: 110 km // Paderborn: 110 km // Siegen: 30 km
ÖPNV: nicht empfehlenswert
Auto: Wanderparkplatz am Stauweiher Heinsberg, 57399 Kirchhundem

Einkehr: **Rothaarhütte,** Oberndorfer Straße, 57271 Hilchenbach (nur an Wochenenden und Feiertagen geöffnet) // **Zu den Linden,** Hauptstr. 15, 57399 Kirchhundem-Oberhundem, gasthof-zu-den-linden.de

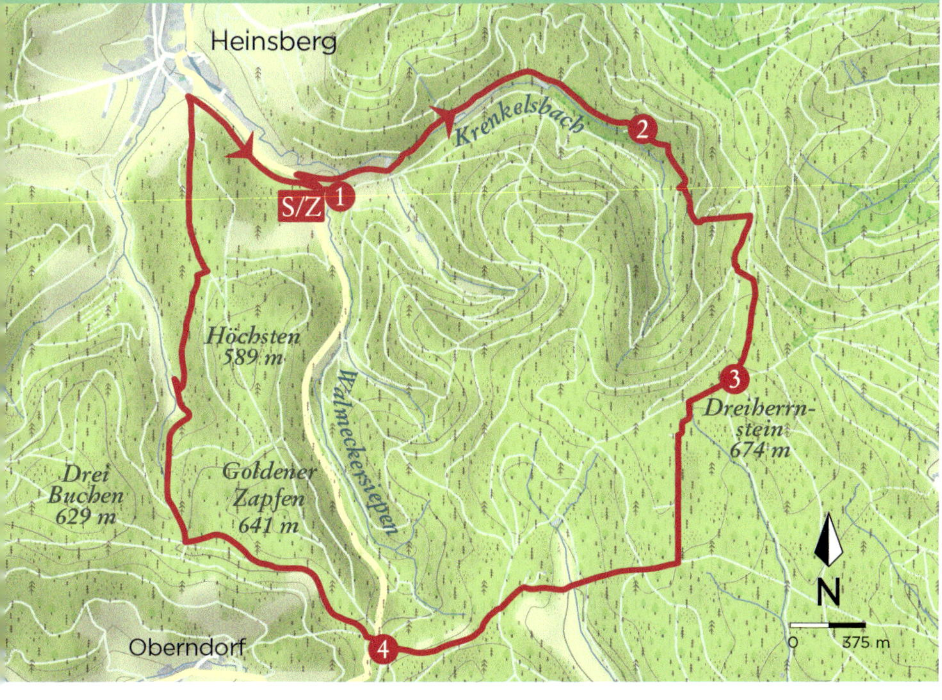

Wasserreiche Rundwanderung bei Meinerzhagen

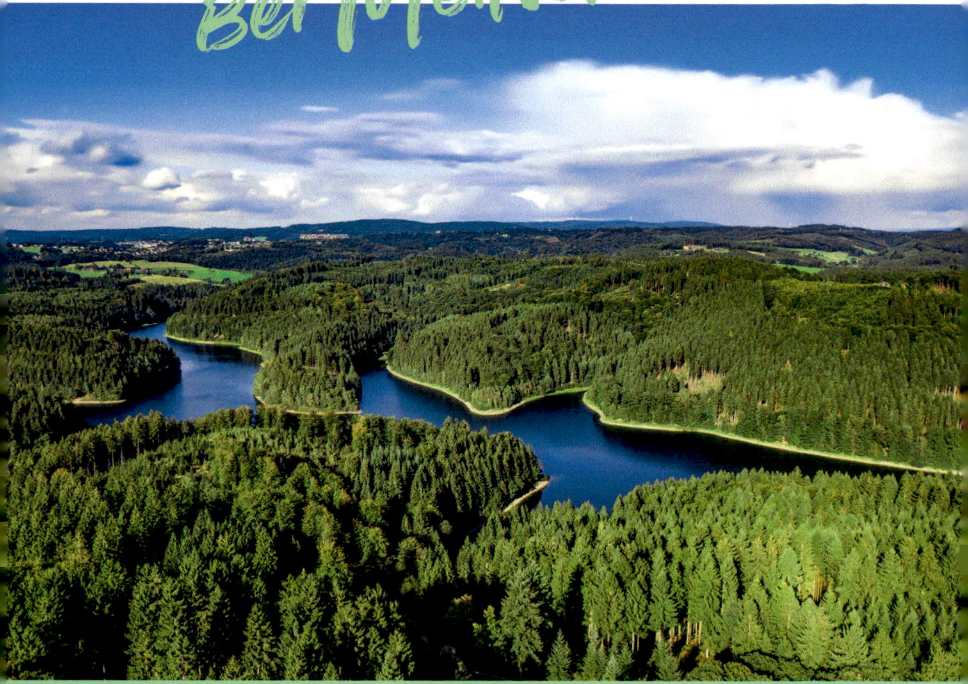

Schwierigkeit: mittel // 12,1 Kilometer // 313 Höhenmeter
Für Familien mit Kindern geeignet

NATUR-SPA IM SAUERLAND.
BEI DIESER WANDERUNG DREHT SICH ALLES UM DAS ELEMENT WASSER

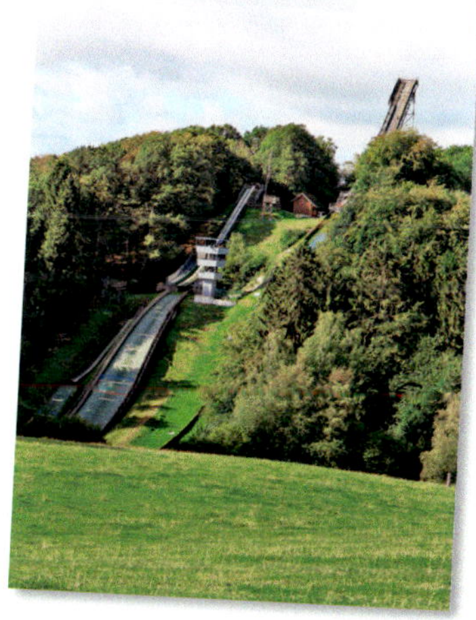

Nicht umsonst lautet die Bezeichnung der Rundwanderung »Vom Wasser haben wir's gelernt«. Abwechslungsreiche Wege, die vielfach von Wasser begleitet werden, lassen nachvollziehen, dass nicht nur die Menschen wandernd unterwegs sind, sondern auch die Natur. Und so begegnet euch das Wasser in seiner ursprünglichsten Form direkt an der Quelle, begleitet euch mit seinem Verlauf durch die lebendige Natur und lädt euch an seiner Mündung zu einer erholsamen Pause ein. Unmittelbar am Startpunkt der Rundwanderung, am Einstiegsportal des Sauerland-Höhenflugs Meinerzhagen-Schallershaus, beeindruckt zunächst allerdings etwas ganz anderes den Betrachter – die MEINHARDUSSCHANZEN 1. Nahezu gigantisch ragt das überdimensional erscheinende Stahlgerüst der höchsten der drei Mattenschanzen aus dem grünen Wald, über die Baumkronen hinaus, gen Himmel empor. Beim Anblick dieser bizarren Erscheinung ist es kaum vorstellbar, dass mutige Skispringer diese waghalsig aussehende Konstruktion hinuntersausen und auf dem kurzen Auslauf zum Stehen kommen.

MEINERZHAGEN VERFÜGT ÜBER EINE LANGE TRADITION ALS SKISPRUNG-ELDORADO. BEREITS 1912 ENTSTAND HIER DER ERSTE SPRUNGHÜGEL. ÜBER DIE FOLGENDEN JAHRZEHNTE WURDEN DANN SPRUNGSCHANZEN ERRICHTET, DIE IMMER WIEDER ERWEITERT UND MODERNISIERT WURDEN.

Bis zum heutigen Tage trainieren auf diesen Schanzen die Skispringer ihr Können. Die Meinhardusschanzen zählen zu den Mattenschanzen. Diese sind mit speziellen Matten belegt, die einen ganzjährigen

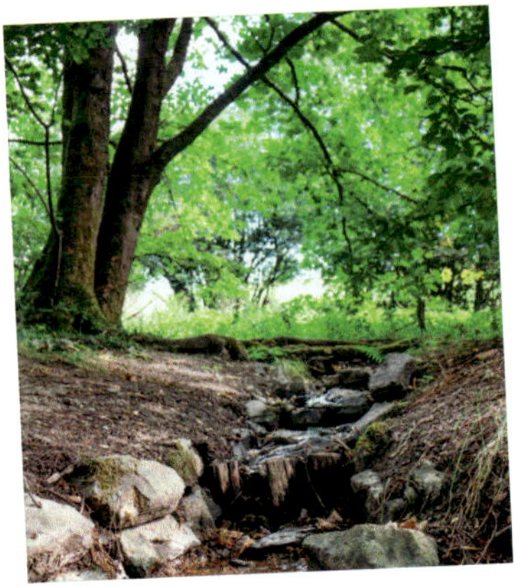

Die Aggerquelle im Talgrund

Betrieb – auch ohne Schnee – ermöglichen. Um ein wenig Skisprungatmosphäre zu spüren, führt der Wanderweg in direkter Nähe an den Meinhardusschanzen vorbei. Über einen holprigen Pfad zweigt ihr vom Hauptweg nach rechts ab und gelangt in das kleine Wäldchen am Fuße der Schanzen. Hier versteckt sich auch der Ursprung des Wassers in Form der AGGERQUELLE 2. Diese liegt eigentlich etwas oberhalb inmitten der Weide, wird hier im Wald aber durch eine gemauerte Quellfassung geleitet. Eine runde Metallplatte mit der Beschriftung »Die junge Agger 1969« markiert diesen besonderen Ort. Die Bezeichnung Agger ist keltischen Ursprungs und bedeutet »fließendes Wasser«. Ganze 69,5 Kilometer fließt die Agger bis zu ihrer Mündung in die Sieg. Dabei nimmt sie etliche Nebenflüsse auf. Letztlich wandert jedes kleine Wassermolekül weiter über die Sieg und den Rhein bis zur Nordsee und hat dann eine lange Reise hinter sich.
Auf dem idyllischen Pfad geht es jetzt ordentlich bergauf bis zum Ski-Klub Meinerzhagen und vorbei am Dorfrand von Schlenke. Dann taucht ihr erneut ab in die Natur. Auf den Wegen lässt es sich gemütlich dahinschlendern. In Heed trefft ihr auf ein letztes Stück Zivilisation, bevor ihr endgültig vom Reich des Waldes umschlungen werdet. Das Naturschutzgebiet Grotmicke mit dem gleichnamigen Bach wirkt wie ein Urwald. Über das kieselige Bachbett, durch das kristallklares Wasser fließt, beugt sich eine üppige Vegetation. Moosbewachsene Baumstämme und Äste ragen aus dem Uferbereich und sorgen für ein verwunschenes Ambiente. Der Waldboden ist weich und übersäht mit Wurzeln. Die unterschiedlichen Baumarten sind ein Potpourri aus frischen Blättern und Nadelholz.

Nahtlos an das Naturschutzgebiet Grotmicke schließt sich das Genkeltal an. Auf dem malerischen Weiher des Pegel Listringhausen zieht eine Schar Enten gackernd ihre Runden, und ab diesem beschaulichen Ort folgt mit der GENKELTALSPERRE 3 ein überaus wasserreicher Teil der Wanderung.

DIE GENKELTALSPERRE IST EINE TRINKWASSER-TALSPERRE, DIE DIE HAUSHALTE DER UMGEBUNG MIT TRINKWASSER VERSORGT. SIE WIRD ÜBERWIEGEND AUS DEN BEIDEN BÄCHEN GENKEL UND GROTMICKE, DIE IN DEN UMLIEGENDEN NATURSCHUTZGEBIETEN ENTSPRINGEN, GESPEIST. DER STAUINHALT DER TALSPERRE UMFASST 8,2 MILLIONEN KUBIKMETER WASSER.

Wasser und Wald wechseln sich ab auf dieser Tour

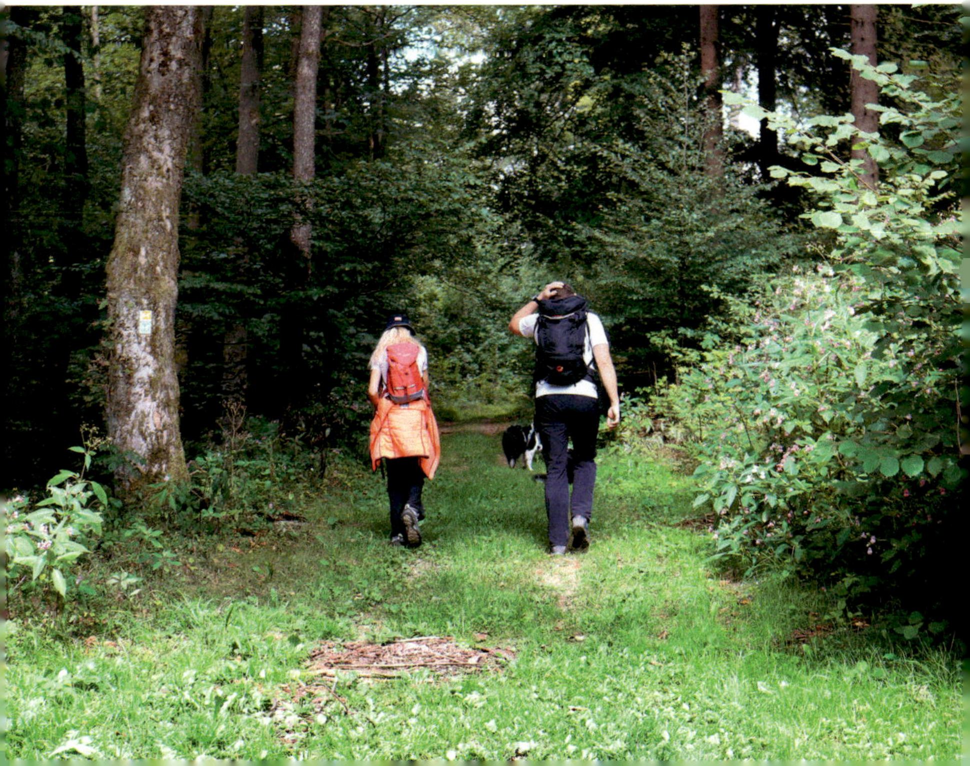

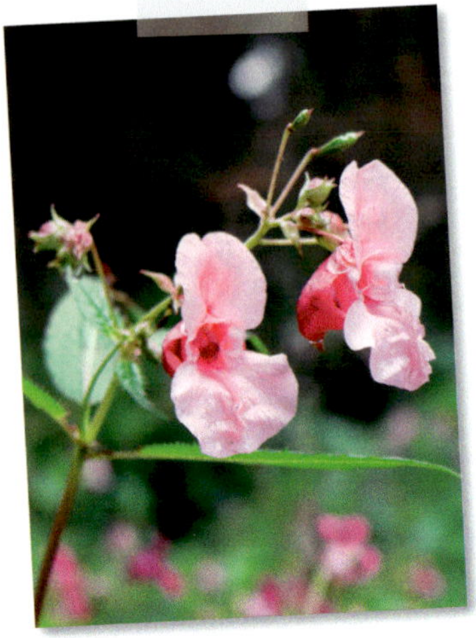

Wie urtümliche Verästelungen ziehen sich die Seitenarme der Talsperre durch die Landschaft. Im Sonnenlicht schimmert das Wasser mystisch grün. Besonders beeindruckend sind die steilen Uferbereiche im Spätsommer, wenn der Wasserspiegel bereits um einige Meter gesunken ist. Dann kommen an den Enden ihrer Arme in den Flachwasserbereichen alte Baumstümpfe gefällter Bäume zum Vorschein, deren eigenwillige Wurzeln sich wie Spinnenbeine am Boden festzukrallen scheinen.
Zu den Talseiten ziehen sich die grünen Berghänge hoch. Dichtes Moos bedeckt die Erde, vereinzelt sind fliederfarbene Heidesträucher auszumachen. Der Duft der Nadelbäume liegt in der Luft, teilweise überdeckt durch den des Drüsigen Springkrauts. Knallig pink leuchten die Blüten, die an Orchideen erinnern, auch noch im Herbst, wenn kaum andere Pflanzen blühen.

DAS DRÜSIGE SPRINGKRAUT IST AUCH ALS BAUERN-ORCHIDEE BEKANNT. ES PRODUZIERT DEUTLICH MEHR NEKTAR ALS ANDERE BLÜTENPFLANZEN UND IST BEI HUMMELN UND BIENEN SEHR BELIEBT. AUSSERDEM WIRD DAS DRÜSIGE SPRINGKRAUT IN DER BACHBLÜTEN-THERAPIE GERN GENUTZT UND IST ZUM BEISPIEL BESTANDTEIL DER SOGENANNTEN RESCUE-TROPFEN.

Von der Talsperre zweigt ihr später nach links ab und wandert durch den dichten Wald bergan. Vorher bietet sich unmittelbar am Abzweig aber noch die Gelegenheit zu einer Pause. Zwei Bänke laden zur Rast ein, und mit Blick durch die Bäume aufs Wasser könnt ihr hier euer mitgebrachtes Picknick verzehren.

Danach habt ihr genug Kraft für den bevorstehenden Aufstieg aus dem Tal. Am Wegesrand erläutern verschiedene Informationstafeln Wissenswertes über Tiere und Pflanzen, und wer es musikalisch mag, der versucht sich einmal an dem Waldxylophon. Das Klanginstrument verdeutlich sehr anschaulich, welche Töne die verschiedenen Holzarten abgeben. Probiert es doch einmal aus. Schafft ihr es aus Birke, Esche, Fichte & Co. eine Melodie zu zaubern?
Nach der folgenden Bergab-Strecke ist eine Hauptstraße zu überqueren, bevor sich der Wanderweg an mehreren reizenden Stauteichen fortsetzt. Auf dem zugehörigen und im Vergleich zum Staumdamm der Genkeltalsperre winzig erscheinenden Damm hat sich eine kleine Schafherde gemütlich im Gras ausgestreckt und bleibt völlig unbeeindruckt von den vorbeiziehenden Wanderern. Kurz darauf schimmern die märchenhaften und spitzen Dachtürmchen

Naturbelassene Weiher befinden sich am Wegesrand und sind Lebensraum für zahlreiche Tiere

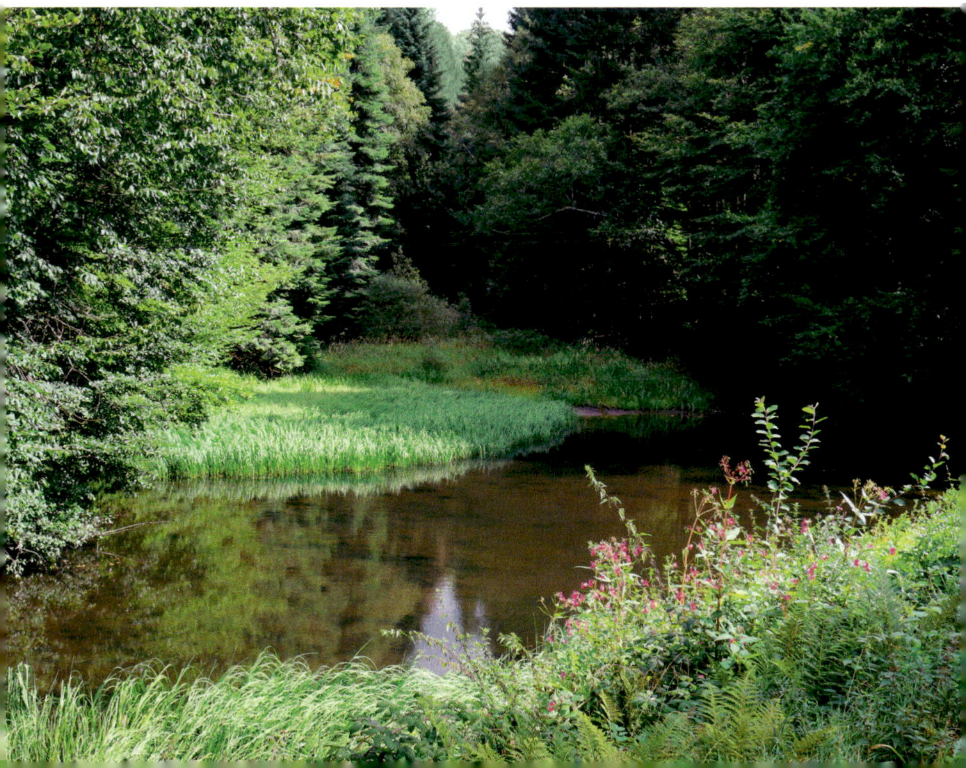

des WASSERSCHLOSSES BADINGHAGEN 4 durch das undurchdringliche Blätterwerk des Waldes. Regelrecht verwunschen wirkt es, wie es sich dort versteckt. Ein intakter Wassergraben verläuft rund um das märchenhafte Gebäude mit seinem Fachwerkflair, das auf der winzigen Insel steht. Es scheint, als könnten jederzeit die Ritter auf ihren Pferden über die Brücke galoppiert kommen.

An dieser Stelle führt die Route zurück bis zum Ausgangspunkt über ein Teilstück des Sauerland-Höhenflugs der Variante Meinerzhagen nach Korbach. Die Agger, deren Quelle ihr zu Beginn der Wanderung besucht habt, begleitet euch ein Stück des Weges. Das einst kleine Rinnsal hat sich hier bereits zu einem Bach entwickelt. Das saubere Wasser ist die optimale Gelegenheit, sich kurz vor dem Ziel die Füße zu kühlen und damit einen letzten Zwischenstopp einzulegen. Was für eine Wohltat – nehmt euch die Zeit.

Zu guter Letzt steht noch ein kurzer, aber steiler Anstieg auf einem holprigen Wurzelpfad an. Wer jetzt nach links hoch über die Baumwipfel blickt, erkennt den höchsten der drei Sprungtürme der Meinhardusmattenschanzen. Wie eine Aussichtsplattform ragt das stählerne Gebilde aus dem Wald hervor und scheint eindrucksvoll über den Bäumen zu schweben. Unten im Tal dagegen schlummern beschaulich ein paar Häuser.

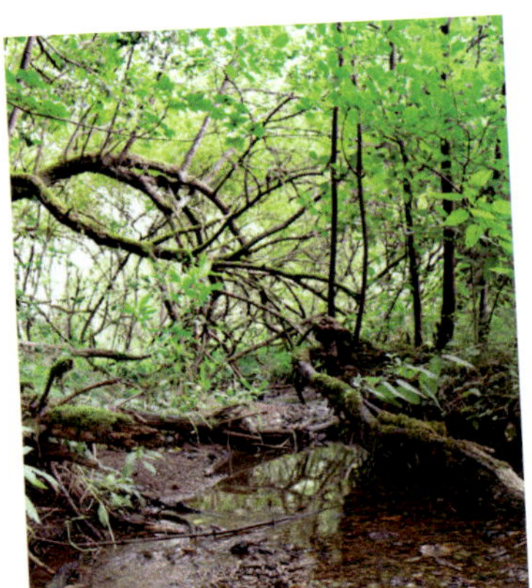

Eine Oase für Tiere

Bald darauf endet diese erholsame Wanderung, die am Ursprung des Wassers begann und euch auf seinem Verlauf mitgenommen hat – durch Wald und Flur, über Höhen und durch Täler, vorbei an kristallklaren Bächen und Seen. Und was habt ihr vom Wasser gelernt?

Alles, was ihr wissen müsst

Rundtour: Wanderung für Naturliebhaber, die einen schönen Nachmittag verspricht // **nicht kinderwagentauglich**

Markierung: blaues Sauerland-Höhenflug-Logo

Entfernung von: Dortmund: 60 km // Paderborn: 150 km // Siegen: 50 km
ÖPNV: ab Bahnhof Meinerzhagen zu Fuß dem schwarzen Sauerland-Höhenflug-Logo bis zum Einstiegsportal folgen, ca. 25 Minuten
Auto: Parkplatz direkt am Einstiegsportal zum Sauerland-Höhenflug, Heerstraße, 58540 Meinerzhagen

Einkehr: **Am Schnüffel,** Heerstr. 10, 58540 Meinerzhagen, hotel-am-schnueffel.de // **Wirtshaus in der Altstadt,** Derschlager Str. 15, 58540 Meinerzhagen, wirtshaus-meinerzhagen.de

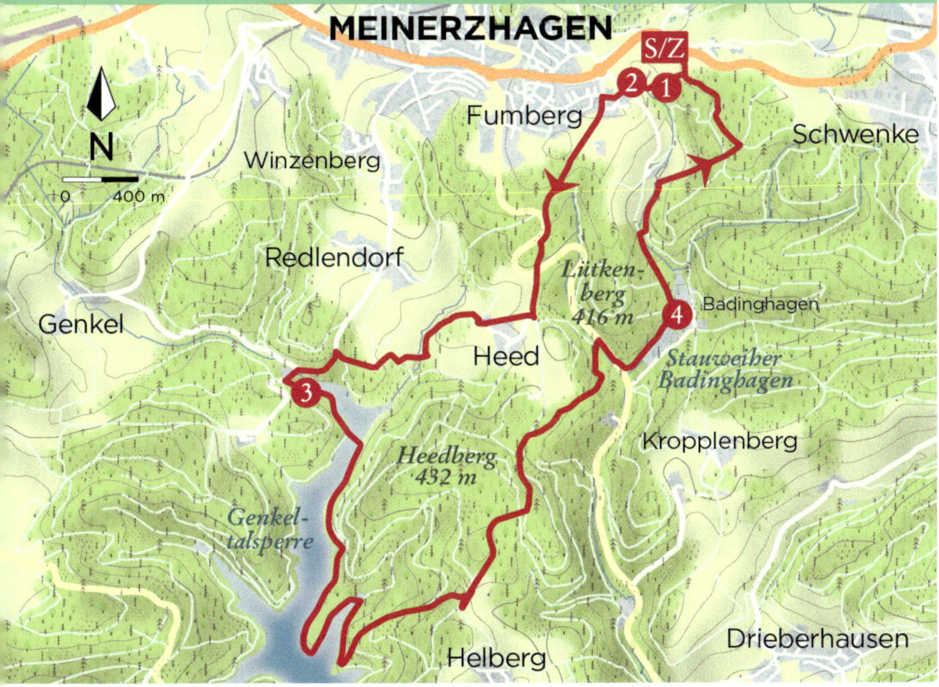

Lehrpfad um die Fürwiggetalsperre

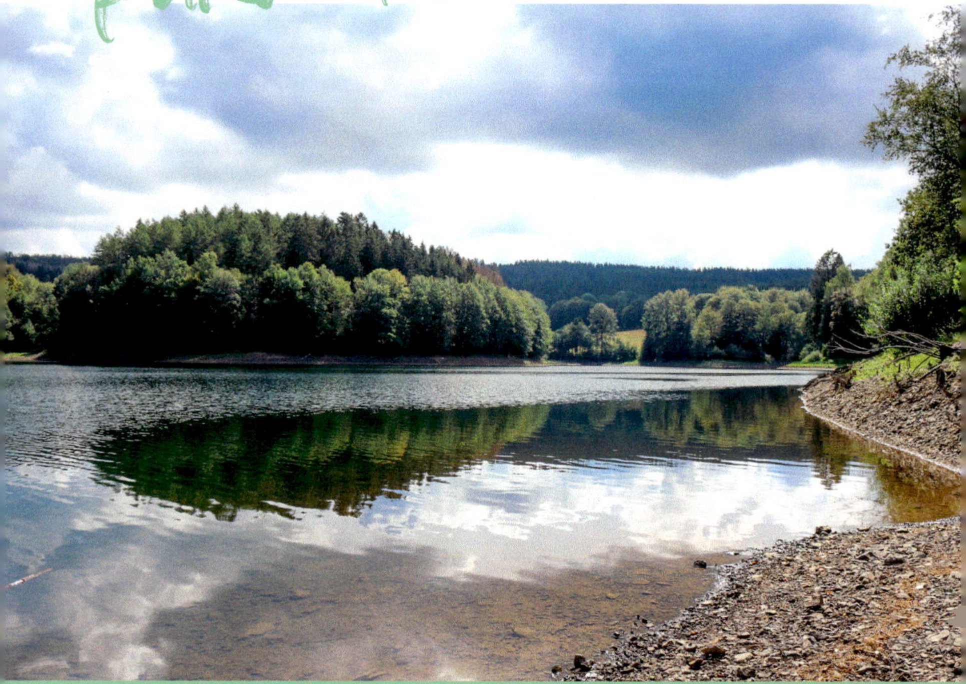

Schwierigkeit: leicht // 4,1 Kilometer // 81 Höhenmeter
Für Familien mit Kindern geeignet

KLEIN, ABER OHO –
DIE HÖCHSTGELEGENE TALSPERRE
DES SAUERLANDS

Die bruchsteinerne SPERRMAUER 1 der Fürwiggetalsperre mit ihren burgähnlichen Schiebertürmen, putzigen Schieberhäusern und dem Tosbecken unterhalb des Bauwerks wirkt beinahe wie der Zugang zu einer alten Ritterfeste. Trutzig erhebt sich die Schwergewichtsmauer aus dem Tal und gibt erst beim Nähertreten den Blick auf die dahinterliegende und im Sonnenschein glitzernde Wasseroberfläche der Talsperre frei.

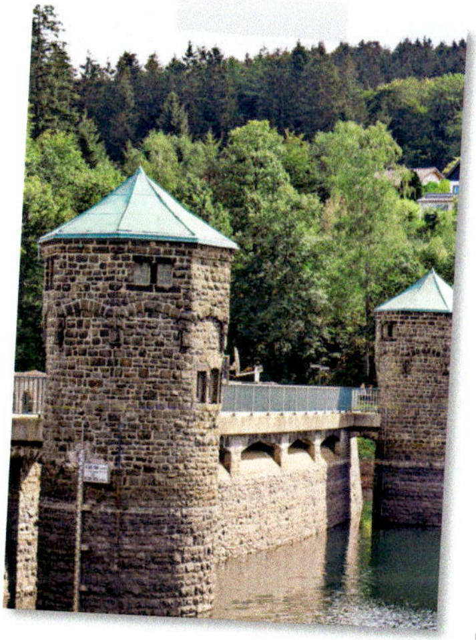

DIE MAUERKRONE IST RUND 29 METER HOCH UND 166 METER LANG. DIE TALSPERRE WURDE ZWISCHEN 1902 UND 1904 NACH PLÄNEN VON OTTO INTZE, SEINERZEIT PROFESSOR FÜR WASSERBAU UND BAUKONSTRUKTION, ERRICHTET UND 2004 ALS BAUDENKMAL EINGETRAGEN.

Mit etwas Phantasie sieht das Erscheinungsbild der Fürwiggetalsperre von oben aus wie die Hand einer Marionette. Von der Staumauer aus betrachtet zweigen fünf Finger von der Wasserfläche ab und verästeln sich in den Seitentälern. Aus jedem dieser Finger wird die Fürwiggetalsperre mit Wasser gespeist. Die zufließenden Bäche wirken dabei wie die Fäden an der Marionettenhand. Insgesamt ebenso fünf an der Zahl münden in das gestaute Gewässer und sorgen nebst den dazukommenden Niederschlägen für einen Stauinhalt von 1,67 Millionen Kubikmetern. Damit bricht die Talsperre zwar keine Rekorde, jedoch ist sie mit ihrer Lage auf 440 Metern die höchstgelegenste Talsperre des Sauerlands. Somit gehört sie definitiv zu den Orten der Region, die jeder einmal gesehen haben muss, zumal sich rundherum eine wunderschöne Landschaft erstreckt.

Am Wegesrand laden bequeme Waldsofas zur Pause ein, und zahlreiche Informationstafeln berichten über diesen interessanten Schau-

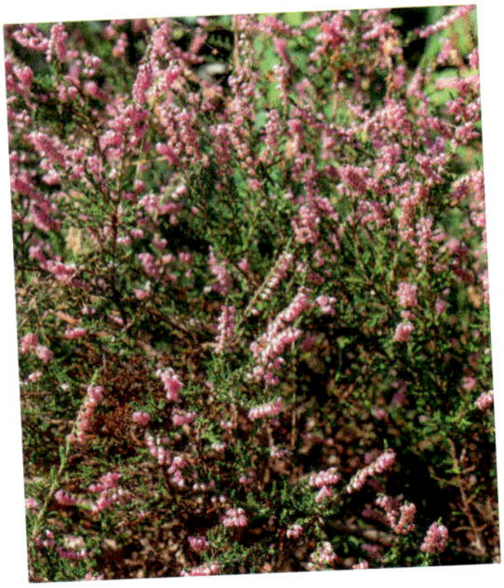

Ein Hauch von Heide

platz. Eine Rundwanderung, bei der Groß und Klein, Jung und Alt, Wanderer, Naturliebhaber und Sportler (der Rundkurs wird auch gern von Joggern genutzt) auf ihre Kosten kommen und die nach Belieben und Anspruch auch auf die umliegende Region ausgedehnt werden kann.

Ein Verlaufen ist auf dem asphaltierten und barrierefreien Rundweg nahezu unmöglich. Unabhängig davon, ob ihr rechts- oder linksherum wandert, ergeben sich stets neue Blickwinkel auf die Umgebung. Wer sich die Überquerung der Staumauer als Highlight bis zum Schluss aufbewahrt und die Tour gegen den Uhrzeigersinn läuft, trifft am Talschluss des ersten Seitenarms auf die Mündung eines Baches. Ein hölzernes Namensschild macht deutlich, dass es sich dabei um den Hülsebach handelt, der oberhalb am Berg entspringt und bis hierher keine besonders lange Strecke hinter sich hat. Entlang des weiteren Weges trennt ein Holzzaun den Uferbereich ab. Stellenweise leicht verwittert und mit pastellgrünen Flechten bewachsen, fügt er sich idyllisch in das Landschaftsbild ein. Hinter dem Zaun entfaltet sich ungestört eine üppige Vegetation, die den heimischen Tieren viele Versteckmöglichkeiten bietet. Die umliegenden Berghänge sind genauso naturbelassen. Zwischen den hohen Fichten bricht sich das Sonnenlicht und bringt die kleinen grünen Moosbüschel am Boden zum Strahlen. Im Spätsommer verzaubert das blühende Heidekraut die Wanderer.

Je nach Standort und Lichteinstrahlung leuchtet auch das Wasser der Fürwiggetalsperre in anderen Farben. Mal spiegelt sich das Blau des Horizonts in der Mitte, dann wiederum reflektiert es in einem Tal das mystische Grün der Bäume. Andernorts ruht es in tiefem, geheimnisvollem Schwarz.

Auf einer kleinen Anhöhe steht ein WALDSOFA 2. Die geschwungene Liege aus Holz fordert geradezu dazu auf, sich für eine erholsame Pause mit wunderschönem Seeblick niederzulassen. Nehmt euch Zeit und Platz und genießt die Ruhe dieses friedvollen Paradieses. Insbesondere außerhalb der Wochenenden, an denen der Rundweg durchaus gut frequentiert wird, ist dies der ideale Ort zum Waldbaden, zum Durchatmen sowie für Naturbeobachtungen. Auf der spiegelglatten Oberfläche der Talsperre gleiten lautlos die Wasservögel dahin. Zwischen den Bäumen hört ihr die Melodie des Waldes, das leise Rauschen des sanften Windes im Einklang mit dem Gesang der Vögel.

In den zweiten Seitenarm der Talsperre mündet die Namensgeberin FÜRWIGGE 3. Wie aus dem Urwald bahnt sie sich ihren Weg durch das umgebende Dickicht. Ihr Bachbett wird umschlungen von

Rund um die Talsperre erstreckt sich ein Naturparadies

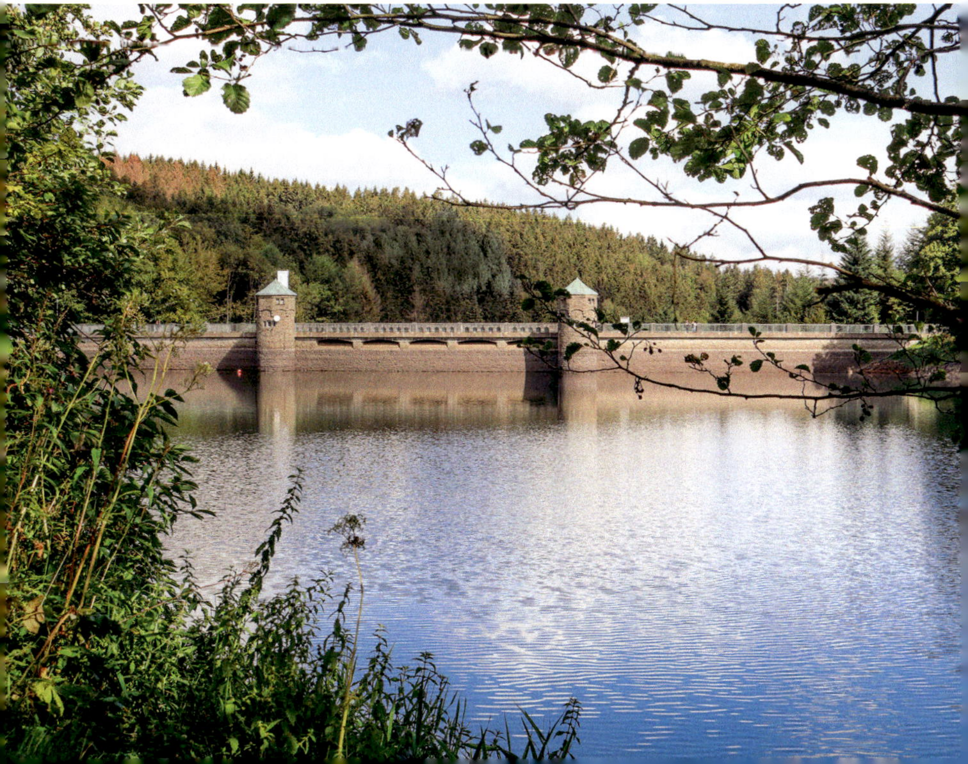

Drüsigem Springkraut (auch bekannt als Bauernorchidee), das seinen extravaganten Duft versprüht, langen Grashalmen, jungen Buchen und den verschiedensten anderen Gewächsen.
Die glasklare Schürfelder Becke ist der dritte Zufluss am – wie zu erwarten – dritten Seitenarm, der an der Pegelanlage Schürfelde in die Fürwiggetalsperre einläuft. Eine Kurve und damit einen Seitenarm weiter ist es die VERSE 4. Sie durchfließt letztlich das gesamte Gewässer und bahnt sich nach der Staumauer ihren weiteren Weg bis hin zur nach ihr benannten Versetalsperre.

BIS ZUM JAHRE 1952 HIESS DIE FÜRWIGGETALSPERRE NOCH VERSETALSPERRE. SIE WURDE JEDOCH NACH FERTIGSTELLUNG DER HEUTIGEN VERSETALSPERRE, DIE SICH NUR KNAPP NEUN KILOMETER ENTFERNT

Die Natur schmiegt sich um die Seitenarme der Fürwiggetalsperre

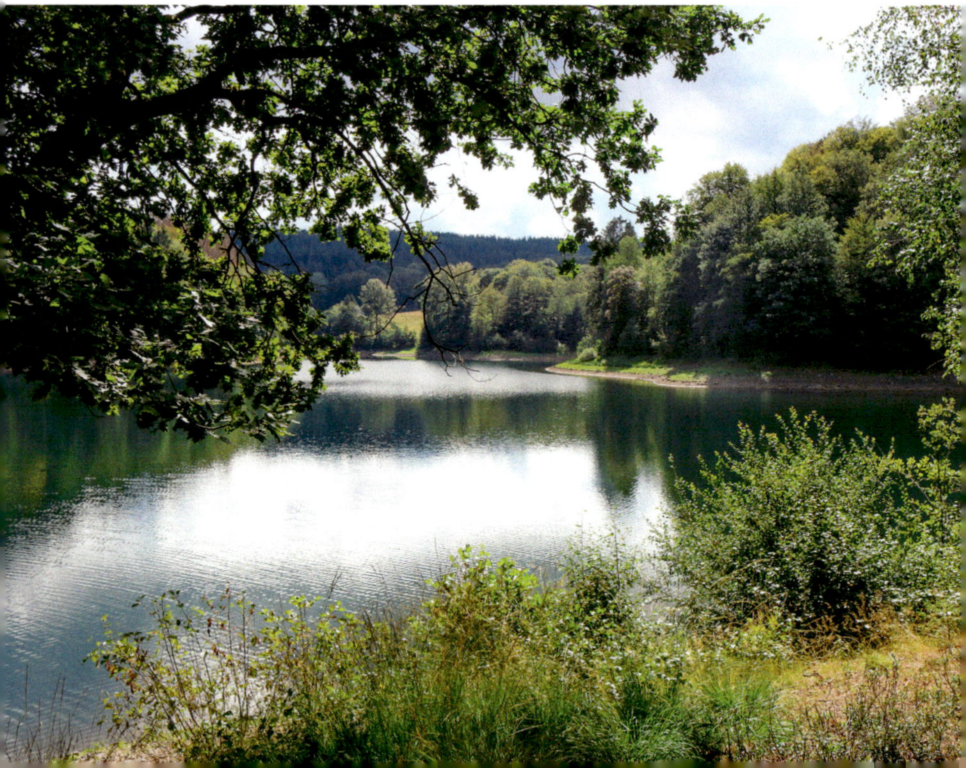

BEFINDET, UMBENANNT. DIE VERSE SELBST FLIESST DARÜBER HINAUS NOCH BIS ZUR LENNE UND ENDET DORT SCHLIESSLICH NACH INSGESAMT 24,5 KILOMETERN.

Wer besonders im Spätsommer die seichten Zuflüsse der Talsperre sieht, mag sich kaum vorstellen können, dass die Menge des Wassers zuzüglich der Niederschläge für ihren Stauinhalt ausreicht. Auch der Brinkbach, am fünften Seitenarm der letzte der ihr zufließenden Bäche, vermag in der Vorstellung nicht mehr auszurichten. Nachdem ihr euch bis hierher um die fünf Finger der Fürwiggetalsperre geschlängelt habt, ist es jetzt nicht mehr weit bis zur Staumauer, die ihr euch bis zum Finale aufgehoben habt. Von den Balkonen, die sich auf der rechten Seite befinden und die genauso wie das übrige Bauwerk an eine Ritterfestung erinnern, könnt ihr die gesamte Sperrmauer hinabblicken. Auf der gegenüberliegenden Seite drückt das Wasser gegen das aus blauem Grauwackegestein, das ursprünglich aus einem benachbarten Steinbruch stammt, bestehende Mauerwerk. In Anbetracht der Kraft, die das Wasser ausübt, ist es immer wieder bemerkenswert, welche Ingenieursleistungen bei der Planung, der Herstellung und auch der regelmäßigen Instandhaltung derartiger Bauwerke erbracht werden müssen. In der leichten Brise, die euch auf der Staumauer umgibt, wehen die blauen Fahnen des Ruhrverbands, dem Betreiber der Talsperre.

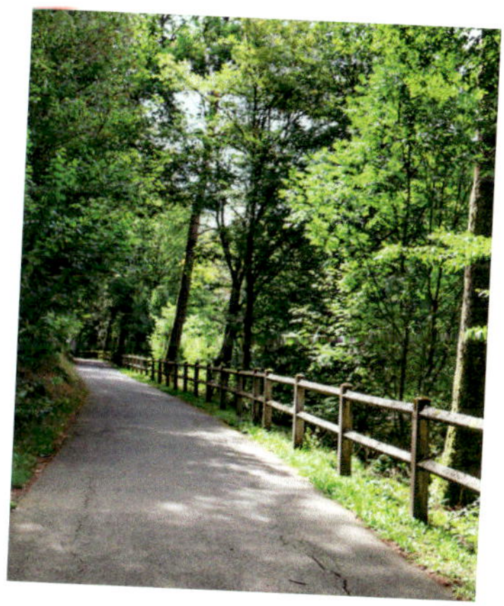

ALLES BARRIEREFREI!

INSGESAMT BETREIBT DER RUHRVERBAND ACHT TALSPERREN, DIE ALLE VON DER TALSPERRENLEITZENTRALE IN ESSEN GESTEUERT WERDEN UND DAMIT EINEN WESENTLICHEN BEITRAG FÜR DIE AUFRECHTERHALTUNG DER WASSERVERSORGUNG IM SOMMER UND ZUM HOCHWASSERSCHUTZ IM WINTER LEISTEN.

Da entlang des aussichtsreichen Rundweges um die Fürwiggetalsperre zahlreiche Informationstafeln vorhanden sind, erfahrt ihr neben dem ausgiebigen Naturerlebnis diese und viele weitere nützliche Details. Aufgrund der geringen Streckenlänge ist die Wanderung, die mehr einem Spaziergang gleicht, die optimale Möglichkeit, in den Genuss der herrlichen Sauerländer Landschaft zu kommen und parallel dazu etwas zu lernen. Wandert also mit offenen Augen, genießt die herrliche Pflanzen- und Tierwelt am Wegesrand und lasst euch einfach Zeit fern vom Trubel des Alltags. Wer es lieber etwas sportlich mag, der kann den Rundweg auch ideal zum Joggen, Inlineskaten oder Radfahren nutzen; gegenseitige Rücksichtnahme ist hierbei jedoch Voraussetzung.

IM ANSCHLUSS AN DIE KURZWEILIGE RUNDE BIETET SICH NOCH EIN AUSFLUG ZUR NAHE GELEGENEN VERSETALSPERRE AN. DORT BEFINDET SICH AN DER HOKÜHLER BUCHT DER KNAX-NATURERLEBNISPFAD, DER SICH ÜBER LEDIGLICH 1,9 KILOMETER ERSTRECKT UND FÜR KINDER EIN SPANNENDES FINALE IST.

Auf der Webseite der Stadt Lüdenscheid könnt ihr vorher einen Rätselbogen herunterladen und ausdrucken und eine lustige Rätselrallye veranstalten. Zu jeder der neun Stationen am Wegesrand gibt es eine Frage, und wer als Erster das Lösungswort zusammen hat, gewinnt. Den Preis müsst ihr allerdings selbst mitbringen, um die Gewinnerin oder den Gewinner zu küren.

Alles, was ihr wissen müsst

Rundtour: der asphaltierte, barrierefreie Rundweg eignet sich sowohl für Familien mit Kinderwagen, Jogger, Radfahrer, Inlineskater als auch für Menschen mit Gehbehinderung // **kinderwagentauglich**

Markierung: der Rundweg ist ausgeschildert

Entfernung von: Dortmund: 55 km // Paderborn: 145 km // Siegen: 55 km
ÖPNV: ab Meinerzhagen NahTourBus Linie 252 bis Fürwigge Talsperre (nur Mai bis Oktober)
Auto: Parkplatz direkt an der Sperrmauer, Fürwigge, 58540 Meinerzhagen oder unterhalb an der Straße

Einkehr: **Landhaus Stottmert,** Stottmert 1, 58849 Herscheid, landhaus-stottmert.de

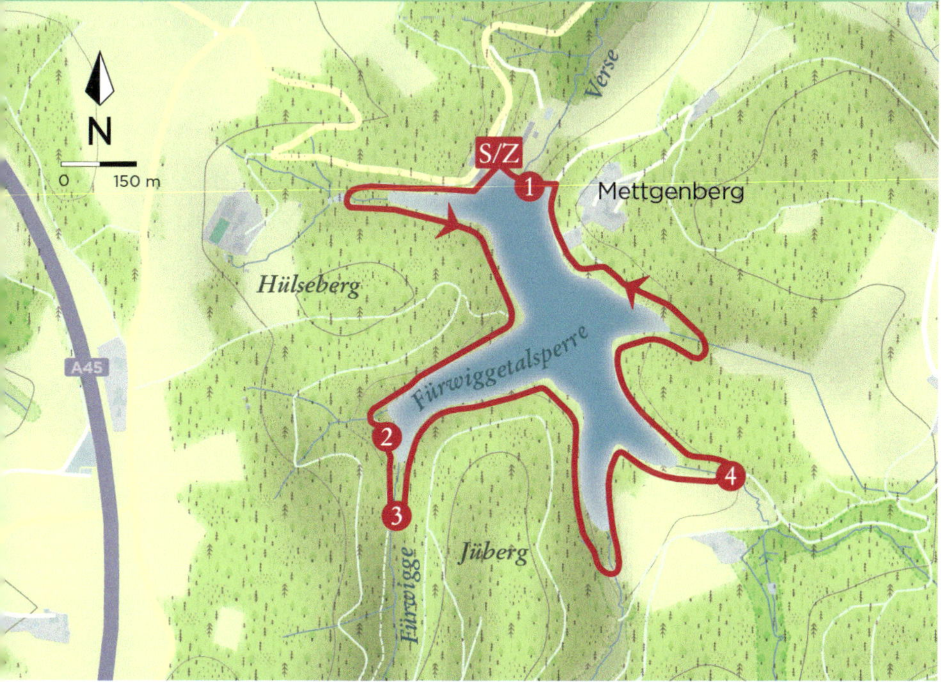

Rund um das Bergdorf Lössel

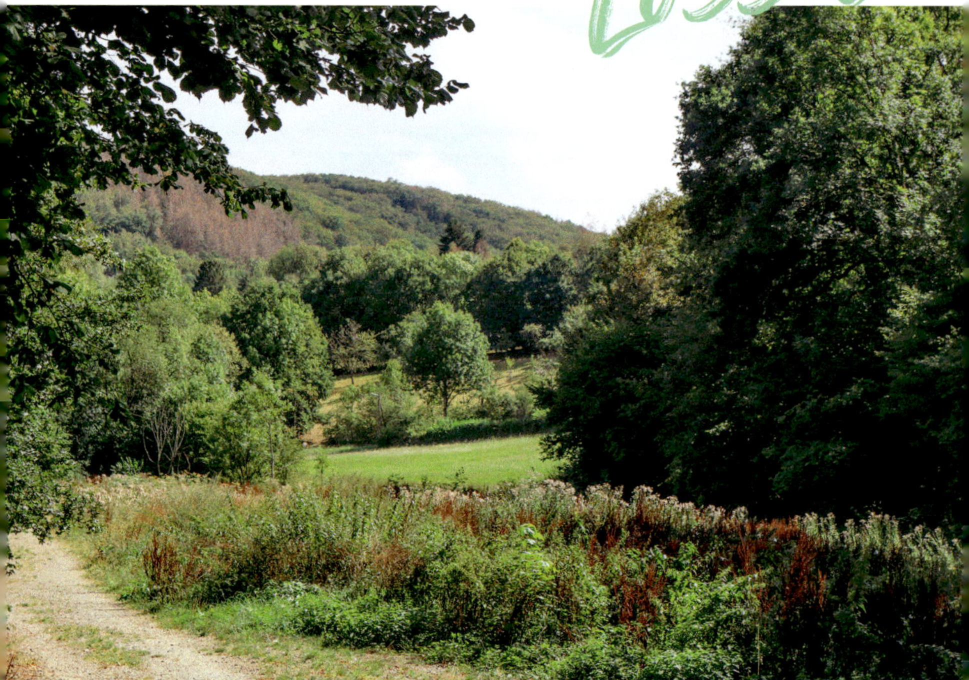

Schwierigkeit: mittel // 12 Kilometer // 418 Höhenmeter
Für Familien mit Kindern geeignet

WANDERN IM SCHATTEN URALTER BAUMRIESEN. SIE SIND ALLGEGENWÄRTIG AUF DIESER WANDERUNG

Mit knubbeligen Füßen halten sich urige Eichen an den mit Felsgestein durchzogenen Hängen fest – und könnten so manch spannende Geschichte erzählen. Ihre verästelten Arme recken sie eigensinnig in alle Himmelsrichtungen. Mächtige Buchen scheinen in ihrer Höhe kein Ende zu kennen. Liebevoll – so wirkt es zumindest – umschlingen sich ihre schlanken Körper und Arme nach oben hin. Die Bäume, die aussehen, als würden sie miteinander kommunizieren, sind eine geschlossene Einheit in diesem Wald und bezaubern mit ihrem besonderen Flair diejenigen Wanderer, die ihnen ihre Aufmerksamkeit schenken. Und wer die Wälder mit offenen Augen durchquert, wird zur Belohnung auch wunderbare Fernsichten genießen dürfen.
Wie schön es auf dieser Wanderung wird, lässt sich am Startpunkt nur schwer erahnen. Der Parkplatz ist keiner der üblichen Wanderparkplätze im Wald, sondern befindet sich an einer befahrenen Straße in Iserlohn-Letmathe unweit der Dechenhöhle.

DIE DECHENHÖHLE ZÄHLT ZU DEUTSCHLANDS SCHÖNSTEN TROPFSTEINHÖHLEN, UND WER ZEIT MITBRINGT, SOLLTE AUCH UNBEDINGT EINEN BESUCH DER HÖHLE MIT IN DIESEN TAGESAUSFLUG EINPLANEN.

Sie wurde bereits 1868 entdeckt und ist Teil eines insgesamt über 20 Kilometer langen Höhlensystems, das immer noch nicht gänzlich erforscht ist. Der interessante Abstecher ist besonders für kleine Höhlenforscher ein großartiges Erlebnis.
Das erste Stück des Weges führt demnach zunächst durch das Wohngebiet von Letmathe. Anschließend folgt ein eher ungewöhnlicher Streckenabschnitt. Plötzlich steht ihr mitten in einer Schrebergartenanlage. Erstaunlicherweise seid ihr hier nicht falsch, denn der Wanderweg führt tatsächlich vorbei an den kleinen Gärten mit ihren putzigen Häusern, den unterschiedlichsten Gemüsebeeten, bunten Blumen und gepflegten Grünflächen. Hier gibt es auf jeden Fall viel zu sehen und zu entdecken.

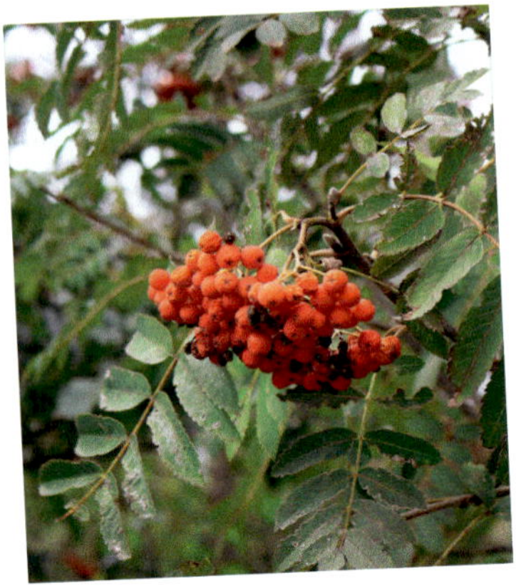

FARBENFROHE WEGBEGLEITER

Doch so langsam rufen die Natur und das Verlangen, die Zivilisation zu verlassen. Über den alten Kirchweg gelangt ihr endlich ins Grüne. Ein uriger Trampelpfad verläuft entlang des Hanges und in Richtung Wald. Hier ist es selbst im Sommer recht herbstlich. Buntes Laub liegt zwischen den Bäumen und auf dem Weg. Sanft wird es von der leichten Brise des Windes umhergewirbelt und raschelt unter den Wanderschuhen.

Weiter, parallel des Weges, verläuft der beschauliche PILLINGSER BACH 1. In trockenen Sommermonaten führt das gerade einmal 2,6 Kilometer lange Bächlein stellenweise gar kein Wasser, das wenige versickert im Untergrund. Dort aber, wo es über sein steiniges Bachbett plätschert, ist das Wasser kristallklar und lädt durchaus zum Füßekühlen ein. Der Pillingser Bach fließt durch die abgelegene winzige Ortschaft Pillingsen, die ihr kurz streift, bevor es auf dem Forstweg steil bergan in Richtung NATURSCHUTZGEBIET KLIPPKES 2 geht. Zur Linken erstrecken sich weitläufige grüne Wiesen, während sich zur Rechten ein Eichen- und Buchenwald erhebt. Erkennt ihr die Baumriesen, die sich hier an dem felsigen Untergrund festkrallen? Egal ob ihr mit Kindern oder ohne unterwegs seid, versucht euch doch mal an einer kleinen Runde »Ich sehe was, was du nicht siehst«. Vielleicht zeigen sich auch euch ein paar der außergewöhnlichen Baumwesen.

Allmählich verwandelt sich der Forstweg in einen malerischen Steig. Auf dem mit Laub bedeckten Boden wandert es sich wie auf einem gemütlichen und weichen Polster. Kaum Menschen sind zu treffen, und in herrlicher Ruhe zieht ihr durch die natürliche Idylle des Waldes, hier und da begleitet von Vogelgezwitscher.

Gerade noch auf dem raschelnden Laub unterwegs, wechselt der Untergrund nun auf Fichtennadeln. Fast so fedrig wie auf Daunen lauft ihr hier. Zahlreiche Zapfen liegen verstreut auf dem Weg und eine Bank lädt zum Verweilen ein. Es duftet nach wunderbarem Nadelholz, obwohl der Zustand der Bäume, in denen sich der Borkenkäfer ausgebreitet hat, wohl nicht mehr lange zu ihrem Erhalt beiträgt. Dort wo sich der Wald lichtet, blickt ihr über die sanft geschwungenen Hügel des Sauerlands und in einiger Entfernung auf die imposante Erscheinung eines Steinbruchs.
Im Frühjahr besticht der Wanderweg stellenweise mit gelb leuchtendem Ginster, im Spätsommer trefft ihr auf in zarten Fliedertönen erstrahlendes Heidekraut inmitten des Waldes. Kurz darauf erreicht ihr den höchsten Punkt der Tour rund um die HILKENHÖHE 3 im Naherholungsgebiet Kesbern und kreuzt den Wanderparkplatz

Der Buchenwald wirft im Sommer angenehmen Schatten auf die Wanderer

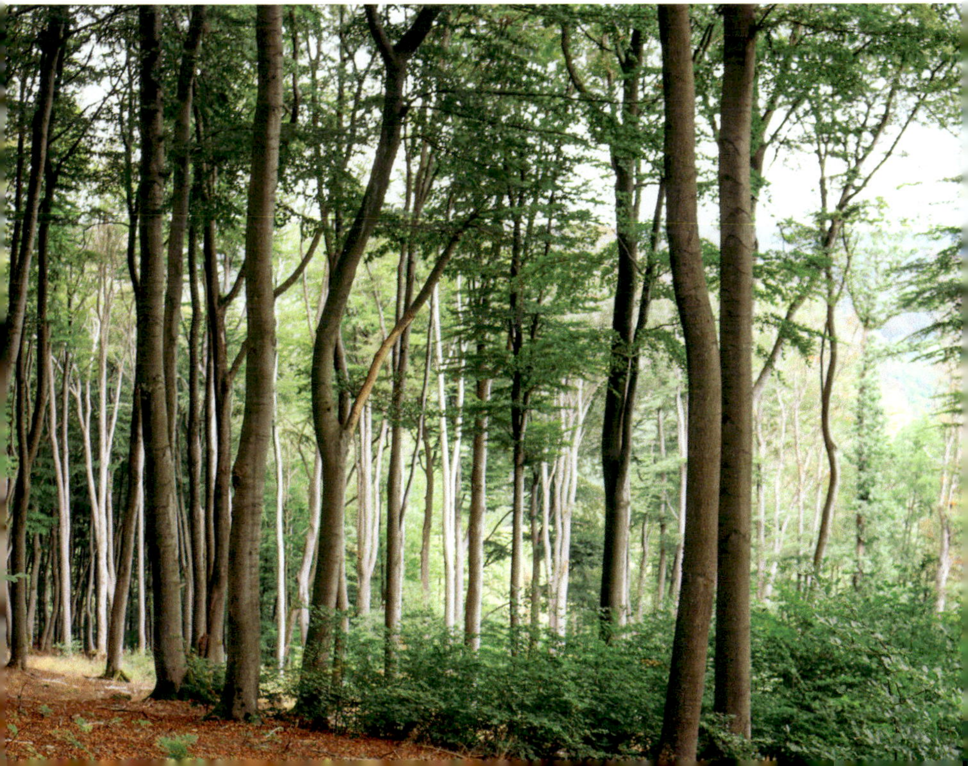

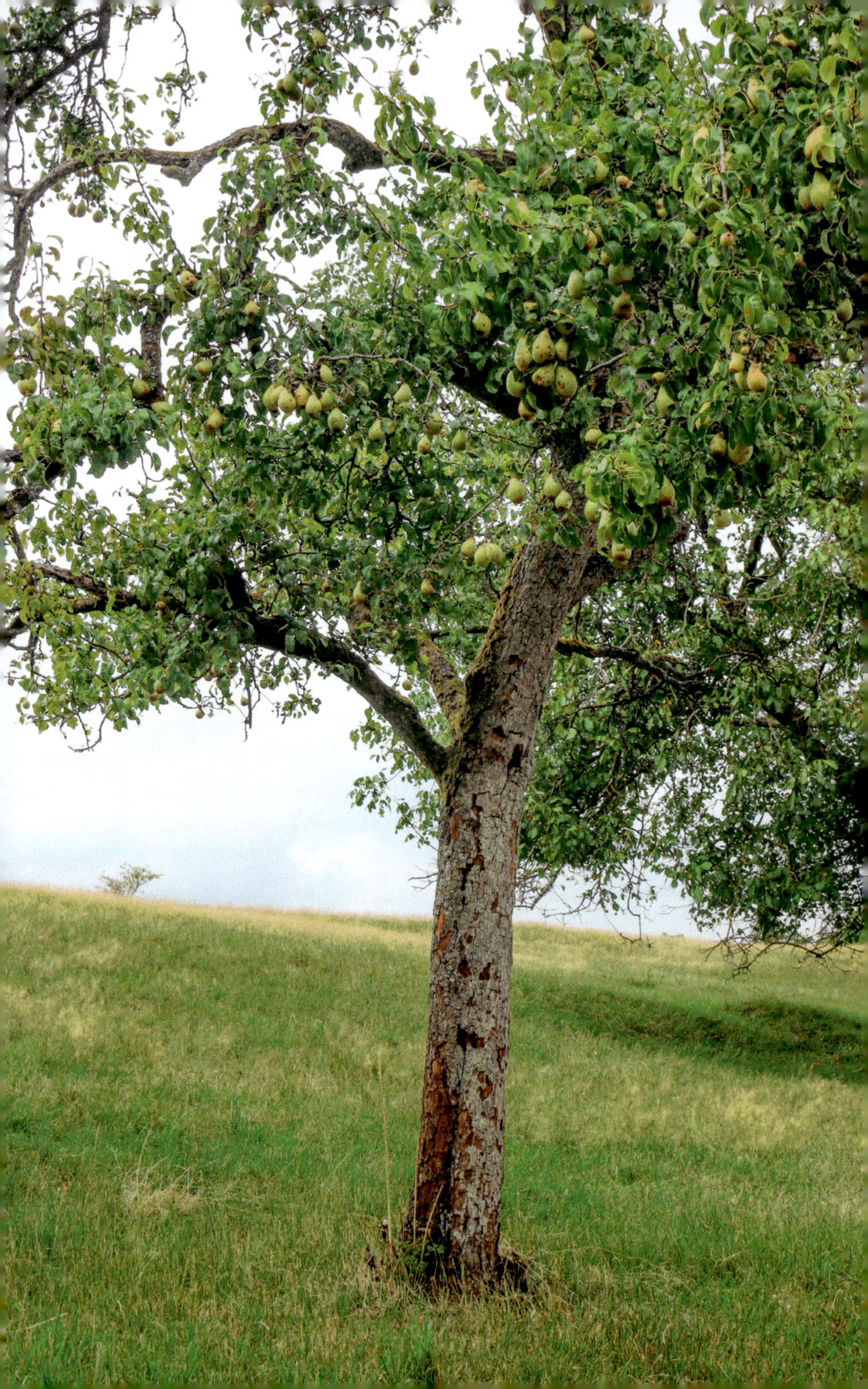

»Vorm Heu«. Dieser Punkt verzaubert mit einem Blick über das Grüner Tal, ehe es im weiteren Verlauf zunächst auf einem asphaltierten Streckenabschnitt weitergeht. Beinahe wie ein Lost Place wirkt die alte Hofanlage, durch die euch der Weg führt, und unwillkürlich hallt es im Geiste »Herr von Ribbeck auf Ribbeck im Havelland«, denn ein üppig mit Früchten behangener Birnbaum lacht euch, sofern ihr im Spätsommer unterwegs seid, von der linken Bergseite an.

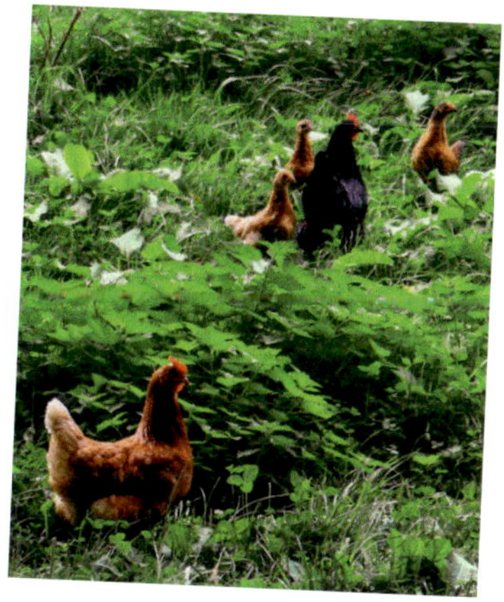

GLÜCKLICHE HÜHNER AM WEGESRAND

Von dem Höhenzug lässt sich Meter um Meter, den es vorwärtsgeht, der Ausblick über die Sauerländer Landschaft genießen. Bis in weite Ferne erstrecken sich leuchtende Wiesen und tiefgrüne Wälder über die Bergkuppen. Gemächlich grasen Pferde auf einer Koppel. In die Täler kuscheln sich die kleinen umliegenden Orte. Hinter einem sehr einsam gelegenen Pferdehof wandert ihr wieder in den Wald hinein. Schlanke, hoch aufragende Buchen strecken sich dicht gedrängt dem Himmel entgegen. Der Boden ist übersät mit leuchtendem Herbstlaub. Die endlos erscheinenden Stämme der Bäume sind kahl, und so wirken sie beinahe bizarr, wie sie gen Sonne streben. Ganz oben entfalten sie schließlich ihr grünes Blätterdach. Mit dieser Erscheinung vereinen sie alle Jahreszeiten vom Frühling über den Sommer, den Herbst bis zum Winter. Mitten durch diesen Wald leitet euch plötzlich ein steiler Pfad bergab und quer den Hang hinunter. Auf dem glatten Laub ist es rutschig, und so empfiehlt sich ein vorsichtiger und bedachter Abstieg.

Nach Überquerung der Lösseler Straße führt euch der Weg parallel zum gleichnamigen LÖSSELER BACH (4). Wo das Wasser aller-

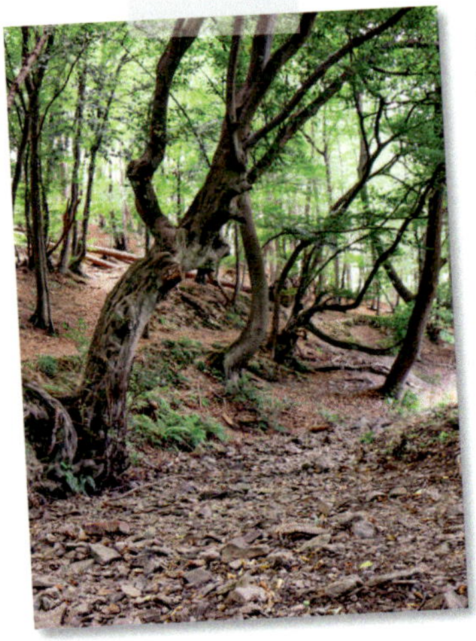

dings gerade noch gemächlich dahinplätschert, ist es plötzlich wie von Zauberhand verschwunden. Ebenso wie beim Pillingser Bach versickert auch hier anscheinend in heißen Sommermonaten das Wasser im Untergrund. Das gibt euch die gute Gelegenheit, euch einmal das Bett des Baches aus Sicht desselbigen anzuschauen und diese merkwürdige Szenerie auf euch wirken zu lassen. Große, kleine, eckige, runde, glatte und raue Kiesel bevölkern das leere Bachbett, über das sich die Bäume krümmen, als würden sie sich durstig dem Wasser entgegenrecken.

DER LÖSSELER BACH IST, OBWOHL ER NUR 2,9 KILOMETER LANG IST, DER WICHTIGSTE ZUFLUSS DES GRÜNER BACHES, IN DEN AUCH DER PILLINGSER BACH MÜNDET. VEREINIGT FLIESSEN SIE IN DIE LENNE UND MIT IHR WEITER ÜBER RUHR UND RHEIN BIS ZUR NORDSEE.

Vorbei an einer kleinen und friedlich vor sich hin schlummernden Häusersiedlung ist es kaum zu erahnen, dass es bis zum Ausgangspunkt zurück jetzt nicht mehr weit ist. Irgendwie romantisch liegen die gepflegten Anwesen in dieser beschaulichen Idylle und bieten ein verträumtes Bild.
Am Startpunkt angekommen, lohnt sich noch der kurze Abstecher zur Dechenhöhle, um dieser Tour ein weiteres Highlight zu verpassen. Wer mag, findet in der Umgebung auch Möglichkeiten zur Einkehr, um sich im Anschluss an die Wanderung etwas auszuruhen und neue Kräfte für die nächste Tour zu sammeln. Dann geht es in Vorfreude auf die nächste Runde heimwärts.

Alles, was ihr wissen müsst

Rundtour: vereint schattige Wälder mit herrlichen Aussichten und eignet sich für alle Ruhesuchenden, die kein Spektakel am Wegesrand benötigen und die Sicht auch gern auf die kleinen Dinge lenken, die es zu entdecken gibt // **nicht kinderwagentauglich**

Markierung: weißer Kreis auf schwarzem Grund

Entfernung von: Dortmund: 30 km // Paderborn: 120 km // Siegen: 90 km
ÖPNV: Zug bis Letmathe-Dechenhöhle oder ab Letmathe Bahnhof Bus 1 bis Saatweg
Auto: Parkplatz an der Untergrüner Straße direkt an der Bushaltestelle Saatweg, 58644 Iserlohn

Einkehr: **Romantik Hotel Neuhaus,** Lösselerstr. 149, 58644 Iserlohn, hotel-neuhaus.de

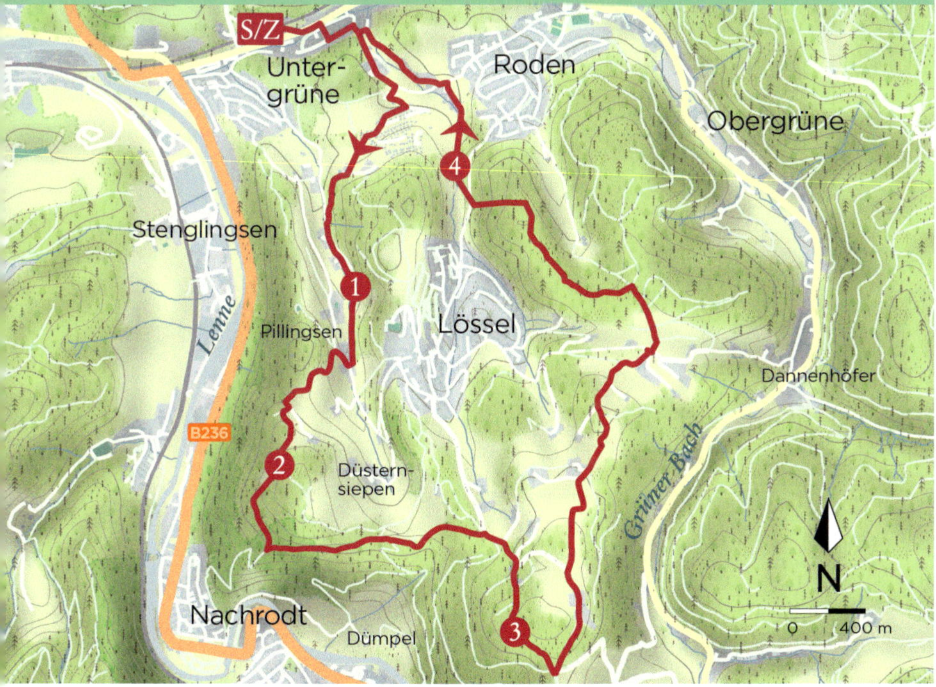

Mini-Abenteuer am Rothaarsteig

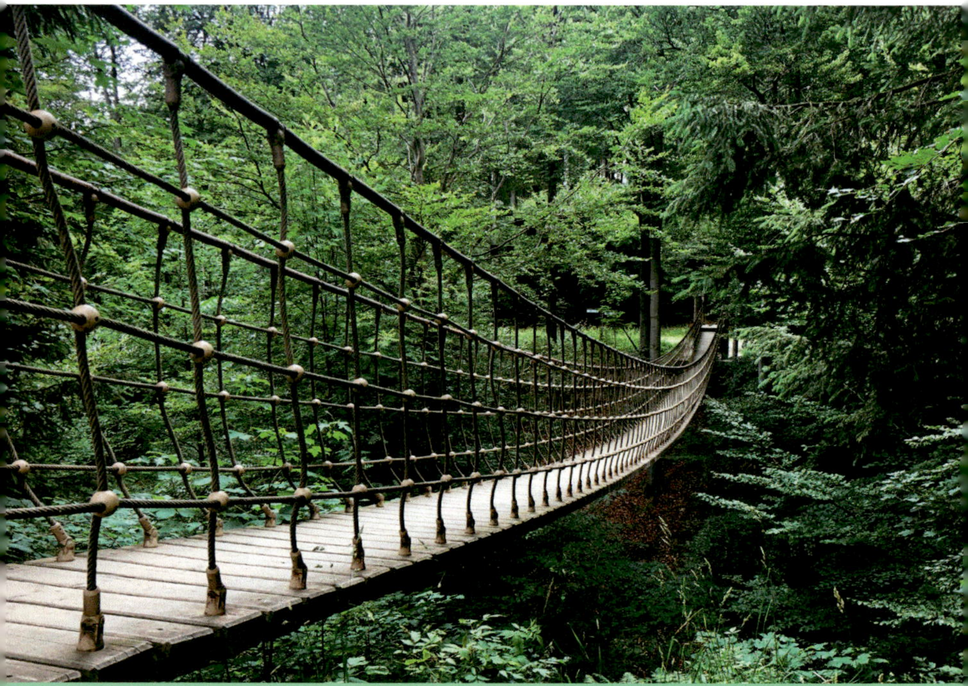

Schwierigkeit: mittel // 35,1 Kilometer // 648 Höhenmeter
Für Familien mit Kindern geeignet

ZWEI TAGE ZWISCHEN WISENTEN UND KUNST ÜBER BRÜCKEN SCHWEBEN

Über insgesamt 154 Kilometer führt der Rothaarsteig von dem malerischen Fachwerkstädtchen Brilon in die eindrucksvolle Oranienstadt Dillenburg. Neben dem eigentlichen Fernwanderweg gibt es die sogenannten Rothaarsteig-Spuren für Wanderer, die das Feeling des Rothaarsteigs nachempfinden wollen. Wer aber auf dem original Rothaarsteig rundwandern möchte, der wird einzig und allein auf dieser Tour fündig. Denn nur zwischen den Orten Schanze, Latrop, Jagdhaus und Kühhude führen zwei Rothaarsteig-Wege parallel – die Berg- und die Talvariante. Diese lassen sich perfekt zu einer erlebnisreichen Rundwanderung kombinieren. Wildlebende Wisente sind in der Region beheimatet und lassen sich mit etwas Glück am Wegesrand entdecken. Interessante Kunstwerke des WaldSkulpturenWegs kreuzen die Strecke. Eine Hängebrücke führt in zwölf Metern Höhe über eine Schlucht. Historische Kuriositäten und Sagen begleiten die Tour. Dazwischen laden Einkehrmöglichkeiten zur Pause ein. Wie sieht es aus? Seid ihr bereit für das Mini-Abenteuer Rothaarsteig?

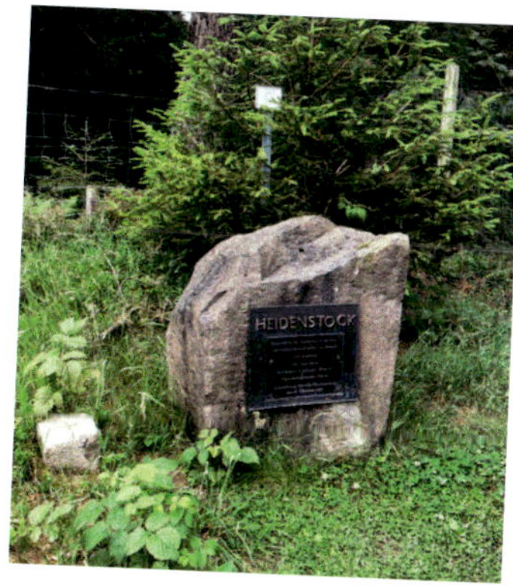

Am Heidenstock

Tag 1: *HOHELEYER HÜTTE BIS JAGDHAUS // 14,5 KM*

Am ersten Tag wandert ihr über die Bergvariante des Rothaarsteigs und habt unterwegs verschiedene Möglichkeiten, um die Tour noch zu individualisieren. Idealerweise startet ihr die Wanderung an der HOHELEYER HÜTTE (1). Die hübsche Blockhütte liegt auf einem sonnigen Hochplateau, wo ihr euch entweder vor oder nach der Tour noch ordentlich stärken könnt. Alternativ bietet sich das Rothaarsteigportal am Albrechtsplatz als Anfangspunkt an. Damit spart ihr euch etwa zwei Kilometer Strecke, kommt aber nicht an der Hoheleyer Hütte vorbei. Eventuell verpasst ihr da bereits die Möglichkeit, die wildlebenden Wisente zu sehen, die rund um die Hütte und den Albrechtsplatz recht häufig gesichtet werden. Am dortigen Parkplatz halten übrigens Hinweisschilder wichtige Informationen für den Wanderer bei Sichtkontakt mit den Tieren parat, denn hier ist durchaus Vorsicht geboten. Seit 2013 ist eine Herde der majestätischen Wisente in der freien Natur rund um Bad Berleburg und Umgebung beheimatet. Dabei handelt es sich um ein ganz besonderes Artenschutzprogramm, das durch eine private Initiative und durch engagierte Bürger ins Leben gerufen wurde. In der »Wisent-Wildnis«, nahe dem Schmallenberger Ortsteil Jagdhaus, lebt eine zweite Herde, die von einem Besucherareal aus beobachtet werden kann.

Der Rothaarsteig verläuft gemächlich durch den idyllischen Wald, und so habt ihr Zeit, nach den Tieren Ausschau zu halten. Unweit des Heidenstocks trennt sich der Weg schließlich in die Berg- und Talvariante auf. Ihr bleibt auf dem Berg und zweigt nach links ab.

Immer wieder begegnen euch im Sauerland Opferstätten heidnischer Sachsen. So auch beim Heidenstock, der durch einen Felsbrocken gekennzeichnet ist. Der Legende nach sollen in einem Kampf an diesem Platz die letzten Anhänger Wodans niedergeschlagen worden sein.

Der breite Forstweg verwandelt sich in einen gemütlichen, sich durch den Wald schlängelnden Pfad. Die hohen Fichten verströmen ihren harzigen Duft und werfen einen angenehmen Schatten auf die Wanderer. Hier auf dem Rothaarkamm begegnet euch das erste von zwei Kunstwerken des WaldSkulpturenWegs. »Kein leichtes Spiel« von Ansgar Nierhoff ist eine fast vier Meter hohe und 64 Tonnen schwere Stahlskulptur. Was sich gewaltig anhört, fügt sich dennoch harmonisch in die natürliche Umgebung ein. Die Skulptur erinnert an den Konflikt der ehemals entzweiten Regionen Sauerland und Wittgenstein. Wenig später werden die Fichten kleiner, dafür dichter. Fedrige Gräser schwingen im Wind, und dann wartet auch schon das zweite Kunstwerk im Wald auf seine Entdeckung. »Stein-Zeit-Mensch« von Nils-Udo ist ein rund 150 Tonnen schwerer, mächtiger Felsblock, der umgeben von einer riesigen Baumstammformation ist. Die überdimensionale Schöpfung steht für die stille Erhabenheit des Waldes.

WER MEHR ZU DEM WALDSKULPTURENWEG UND SEINEN KUNSTWERKEN ERFAHREN MÖCHTE, SOLLTE DEN RUND 25,1 KILOMETER LANGEN WEG, DER VON BAD BERLEBURG NACH SCHMALLENBERG VERLÄUFT, EINMAL IN GÄNZE ERKUNDEN.

Über einen urigen Holzbohlensteg kommt ihr dem nächsten Highlight des Rothaarsteigs immer näher – der HÄNGEBRÜCKE VON KÜHHUDE 2. In einer Höhe von rund zwölf Metern schwebt sie 40 Meter lang über einer Schlucht. Ihre dicken Trittbretter machen ein gemütliches Überqueren möglich. Dem nicht ganz schwindel-

»Kein leichtes Spiel« – Begegnungen mit dem WaldSkulpturenWeg

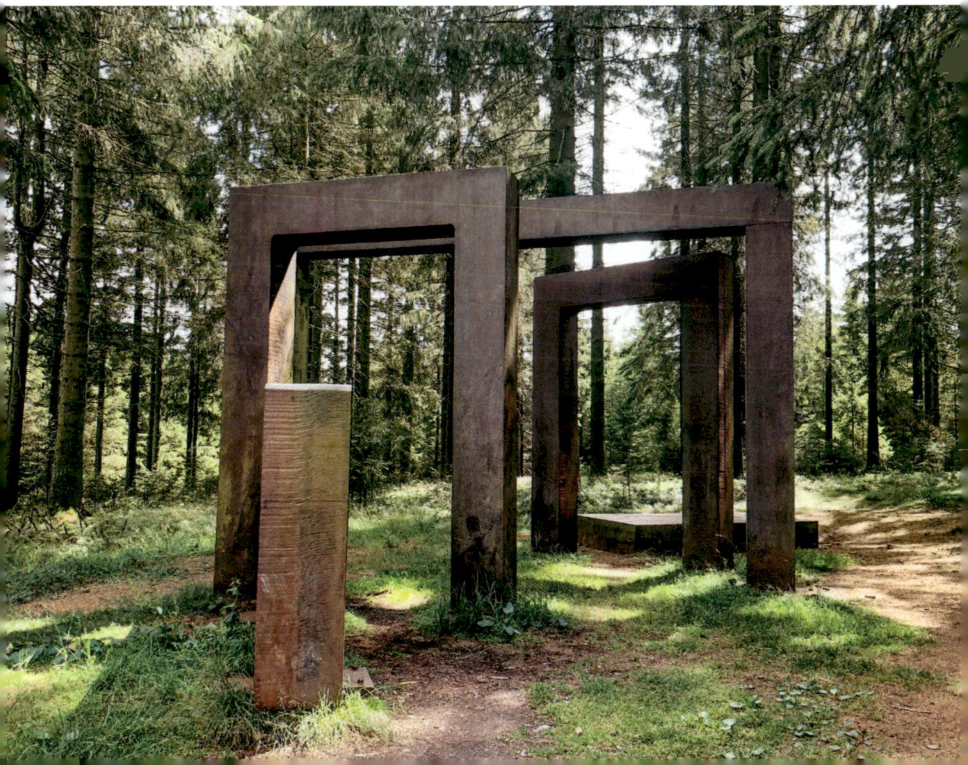

freien Wanderer sei an dieser Stelle gesagt, dass ein Überqueren der Brücke für die Fortsetzung des Weges nicht zwingend erforderlich ist. Spaß macht es aber trotzdem, und kurz könnt ihr euch wie Tarzan im Dschungel fühlen, wenn ihr die Brücke, die umgeben von grünen Bäumen und Sträuchern ist, überquert. Daneben am Wegesrand befindet sich ein kleines Holzhaus, das Einblicke in die Natur gewährt. Ein ganzes Stück weiter, am sogenannten Zinses Eck, bekommt ihr die Möglichkeit, an einem behaglichen Rastplatz Pause zu machen. Eine typische Rothaarsteig-Schutzhütte und eine Vesperinsel laden zum Picknicken ein.

Auf dem Rothaarsteig könnt ihr stundenlang wandern, ohne auch nur eine einzige Straße zu überqueren. Manchmal begegnet ihr auch genauso lange keinem anderen Menschen. Eine Chance besteht aber wieder an der Millionenbank, die ihr ein paar Kilometer später erreicht.

Der passende Rahmen für das Erinnerungsfoto

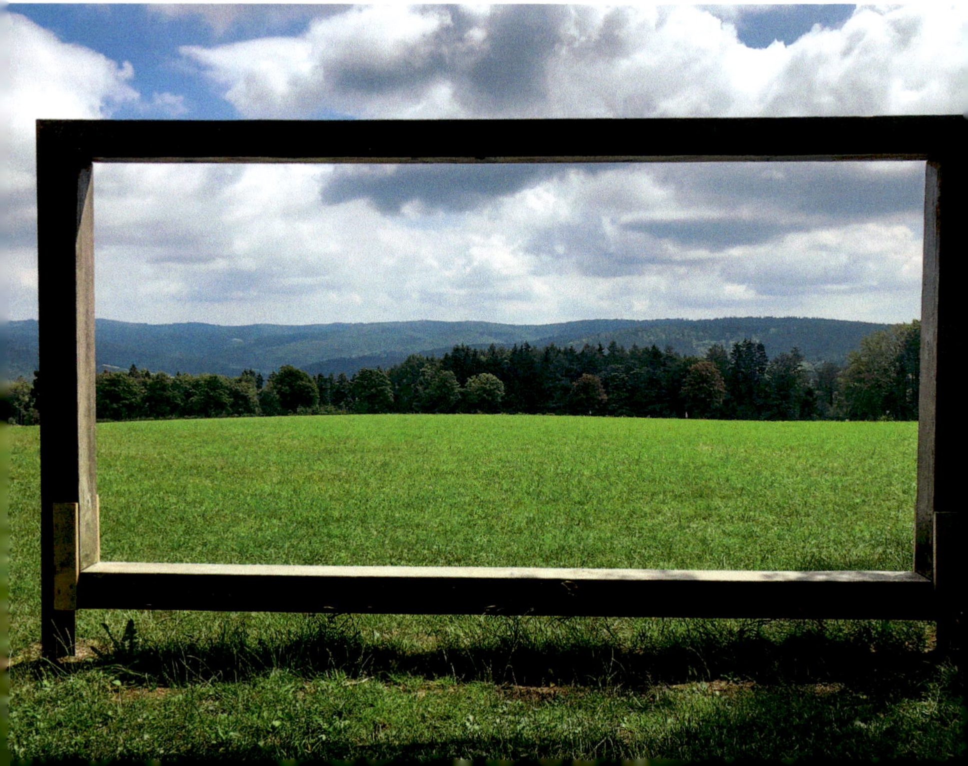

IM JAHRE 1923 SOLL AN DIESEM STANDORT EINE BUCHE GEFÄLLT WORDEN SEIN, DEREN WERT, BEDINGT DURCH DIE HYPERINFLATION DES ERSTEN WELTKRIEGS, MILLIONEN BETRAGEN HAT. AUS IHR WURDE WOHL LETZTLICH EINE SITZBANK HERGESTELLT.

Heute erinnert eine Schutzhütte an die Geschichte der Buche, und selbstverständlich gibt es hier auch einen Sitzplatz. Noch knapp zwei Kilometer trennen euch vom Etappenziel in Jagdhaus, wo ihr im Schäferhof übernachtet. Ihr könnt noch ein paar Zusatzmeter machen und zu einem der beliebtesten Motive des Rothaarsteigs aufsteigen, nämlich zu einem der Bilderrahmen. Mit einem Blick über die Sauerländer Berge könnt ihr den Tag dann krönen. Alternativ könnt ihr den Weg aber auch noch fortsetzen und ins Tal nach Latrop wandern und dort im Hotel Hubertushöhe übernachten. Das sind etwa 6 Kilometer mehr, die ihr aber wiederum am Folgetag einspart.

TAG 2: *DIE ROTHAARSTEIG-TALVARIANTE // 20,6 KM*

Die zweite Etappe wartet mit einigen Höhenmetern auf euch, beginnt nach dem Frühstück aber erstmal entspannt mit dem Abstieg ins Tal. Von Jagdhaus ausgehend, umrundet ihr die Kleine Bamicke und streift noch mal kurz die Millionenbank, die quasi als Abzweig des Rothaarsteigs auf die Talvariante dient. Nun habt ihr ein feines Stück bergab vor euch. Der morgendliche Wald wird erhellt vom Gezwitscher der Vögel. Munter plätschern kleine Bäche, die oberhalb an den Berghängen entspringen, entlang des Weges, und es duftet nach feuchter Erde und Blättern. Ohne große Mühen erreicht ihr Latrop, nach eigenen Aussagen das Dorf am Ende der Welt. Von hier aus wandert ihr auf dem Rothaarsteig-Talweg durch das malerische Grubental und vorbei an der »Dicken Eiche« und den sagenumwobenen ALTARSTEINEN 3. Was es damit auf sich hat, könnt ihr in der Tourenbeschreibung Nummer 17 nachlesen.

Wer in Schanze eine weitere Skulptur des WaldSkulpturenWegs sehen möchte, kann einen kurzen Schlenker im Wald machen und gelangt zum Kunstwerk »Der Krummstab« von Heinrich Brummack. Der Krummstab zählt zu den bischöflichen Insignien der römisch-katholischen Kirche und wurde einst als Mahnung zur Fürsorge an die Benediktiner-Abtei Kloster-Grafschaft verliehen. Unmittelbar in der Nähe zur Skulptur könnt ihr noch einen Abstecher auf den KYRILL-PFAD (4) machen, bevor ihr die Tour auf dem Rothaarsteig fortsetzt. Wer sich noch eine Pause gönnen möchte, kann das typische Rothaarsteigmobiliar am Wanderparkplatz des Ortes nutzen oder unweit in der Almhütte einkehren. Der kleine Ort Schanze bietet einiges zum Entdecken, und so lohnt es sich durchaus, sich hier etwas umzusehen. Schließlich führt euch der Rothaarsteig oberhalb von Schanze entlang des Berghanges. Abwechselnd begleitet euch der Laub- und Nadelwald, der sich hin und wieder öffnet und schöne Ausblicke aufs Umland freigibt. Schöne Aussichten, reichlich Waldidylle, Ruhe und Einsamkeit sind Garanten des Rothaarsteigs, der zu jeder Jahreszeit als ein besonderes Erlebnis erwandert werden kann. Wenn ihr bis hierher nun keinen der beachtlichen Wisente gesehen habt, dann macht euch nichts daraus. Die Natur und die Tiere gehen ihre eigenen Wege. Das letzte Stück der Strecke dürfte euch bekannt vorkommen, denn es ist identisch mit dem Hinweg. Dennoch schaut die Landschaft in der Gegenrichtung immer ganz anders aus. Vorbei am Albrechtsplatz wandert ihr wieder bis zur Hoheleyer Hütte und könnt dabei noch die wunderbaren Sauerländer Panoramen genießen. Zum Finale des Mini-Rothaarsteig-Abenteuers solltet ihr dann unbedingt noch in der Hütte einkehren und die beiden Tage Revue passieren lassen.

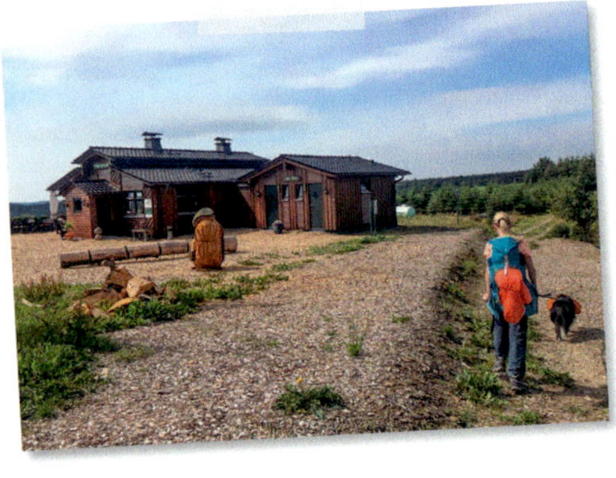

Alles, was ihr wissen müsst

Rundtour: geeignet für Wanderer, die gern ein Teilstück des original Rothaarsteigs in Form einer Rundwanderung erleben möchten // **nicht kinderwagentauglich**

Markierung: Rothaarsteig-Logo // Wegweiser mit Ortsbeschriftungen

Entfernung von: Dortmund: 120 km // Paderborn 90 km // Siegen 60 km
ÖPNV: nicht empfehlenswert
Auto: Parkplatz an der Hoheleyer Hütte, alternativ Wanderparkplatz Albrechtsplatz, 57319 Bad Berleburg

Einkehr: **Hoheleyer Hütte,** Hoheleye 17, 59955 Winterberg // **Übernachtung im Schäferhof,** Jagdhaus 21, 57392 Schmallenberg, schaeferhof.com // **Almhütte,** Schanze 24, 57392 Schmallenberg, skihuette-schanze.de

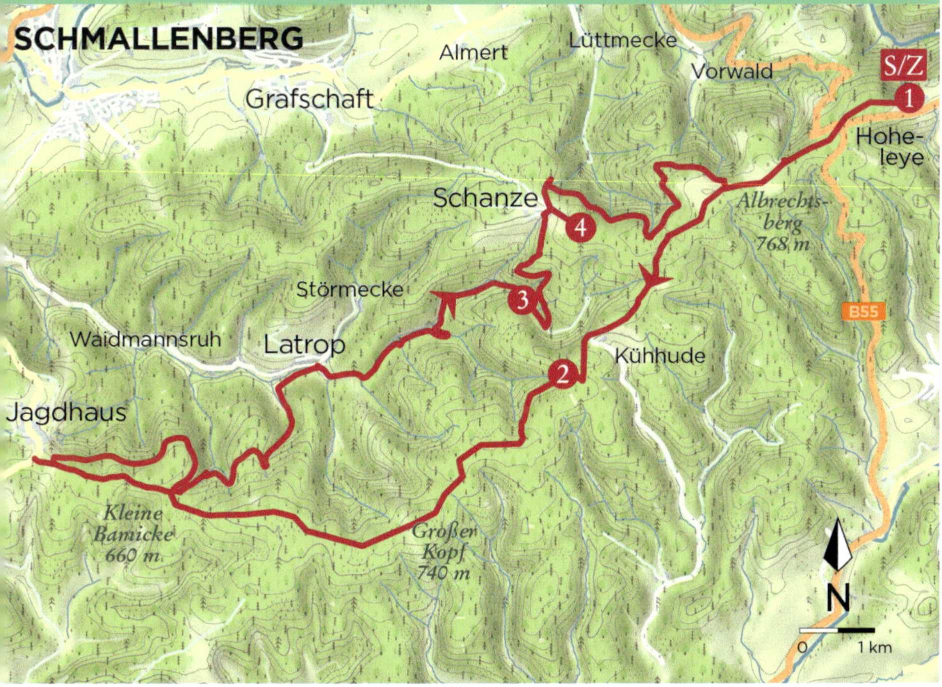

Auf dem Veischeder Sonnenpfad

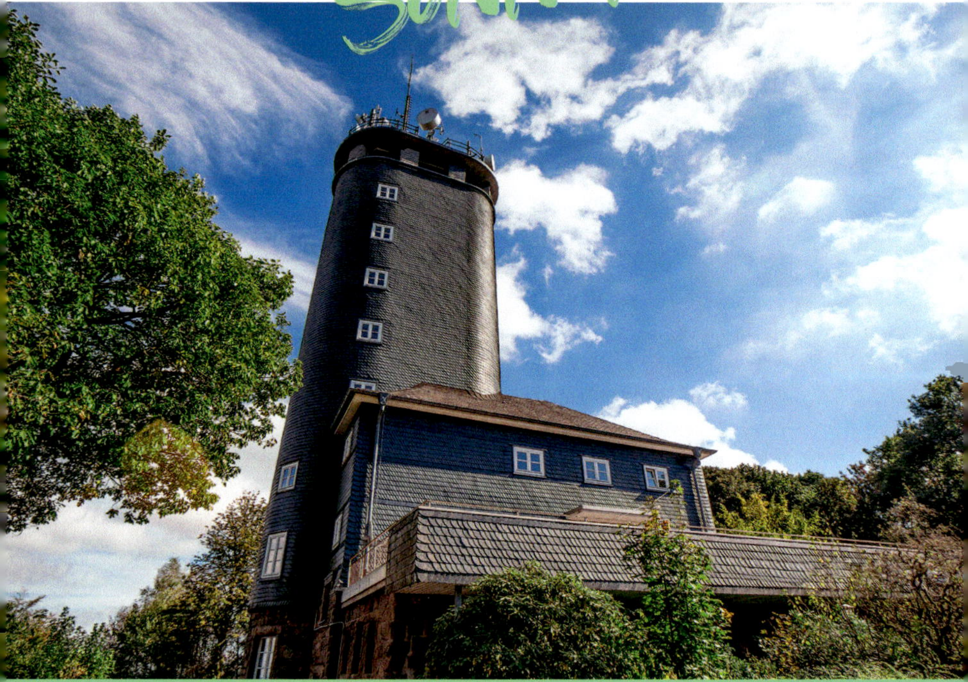

Schwierigkeit: mittel // 40,1 Kilometer // 1031 Höhenmeter
Für Familien mit Kindern bedingt geeignet

ZWEI TAGE HÜGEL-HOPPING FÜR SPORTLICH AMBITIONIERTE UND NATURBEGEISTERTE

Das Wetter ist nicht berechenbar, und wenngleich der Name dieses Wanderweges viel Sonnenschein verspricht, gibt es auch Tage, an denen sie sich hinter dichten Wolken versteckt. Von einer Wanderung auf dem Veischeder Sonnenpfad solltet ihr euch aber insbesondere an solchen Tagen nicht abschrecken lassen, denn besonders dann entfaltet sich die wilde Schönheit des Weges auf ihre ganz eigene Art und Weise. Der Herbst, wenn die Blätter von Buchen, Eichen und Birken in den buntesten Farben erstrahlen, das Laub unter den Füßen raschelt, der Nebel sanft aus den Tälern steigt und Regentropfen auf den Pflanzen glitzern, ist für viele Menschen die schönste Zeit zum Wandern. Und wenn am Ende des Tages im Hotel dann ein heißer Kakao wartet, kann es doch fast keine besseren Voraussetzungen zum Wandern geben.

Der Veischeder Sonnenpfad lockt mit Natur pur, imposanten Aussichtspunkten, zahlreichen gemütlichen Pausenplätzen, einer Turmbesteigung und sogar mit einer Burgbesichtigung. Rundherum gibt es verschiedene Einstiegsmöglichkeiten, sodass die Runde ganz individuell erwandert werden kann und ihr immer wieder an eurem Ausgangspunkt ankommt. Startpunkt dieser Tourenbeschreibung ist der Wanderparkplatz Hohe Bracht, von dem aus es an Tag 1 zum Einwandern bis Oberveischede geht und an Tag 2 mit sportlichem Ehrgeiz und reichlich Höhenmetern weiter. Umgekehrt ist die Streckenführung natürlich auch möglich, schließlich handelt es sich um einen Rundweg.

Wer sich gleich zu Beginn der Wanderung einen Überblick über die Umgebung verschaffen möchte, erklimmt zunächst den AUSSICHTSTURM »HOHE BRACHT« 1.

DER 1930 ERÖFFNETE AUSSICHTSTURM BEFINDET SICH AUF EINER HÖHE VON 588 METERN. MIT EINER HÖHE VON 36 METERN GEHÖRTE ER DAMALS ZU DEN GRÖSSTEN TURMBAUWERKEN WESTFALENS. IM RAHMEN DER ERÖFFNUNGSFEIER FAND DIE ERSTE, ZU DIESER ZEIT NOCH

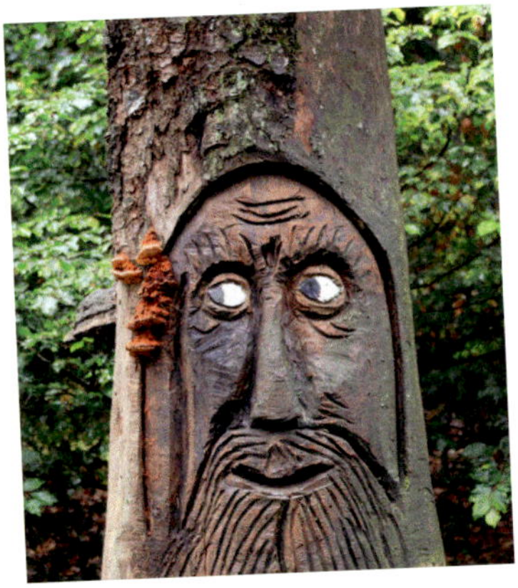

Holzskulpturen am Wanderweg

EHER UNÜBLICHE AUSSENÜBERTRAGUNG DES RUNDFUNKSENDERS LANGENBERG AUS DEM SAUERLAND STATT.

Der Aufstieg gleicht dem auf einen Leuchtturm. Im Inneren windet sich eine beinahe endlos erscheinende Wendeltreppe bis unters Dach. Oben angekommen ist der Rundumblick über die Region atemberaubend. In dem Turmbauwerk befindet sich auch ein Restaurant, das zur Einkehr lockt.

Tag 1: *NACH OBERVEISCHEDE // 18,3 KM*

Die Wege des Veischeder Sonnenpfades führen durch naturbelassene Waldgebiete. Hohe Fichten ragen in den Himmel auf, und die Erde ist bedeckt mit kuscheligen Moos-Polstern, die sich weitläufig über umgefallene Baumstämme und Wurzeln ausbreiten. Mancher Baumstumpf sieht aus, als wüchsen urtümliche Haare auf seinem Schopfe. Im Kontrast zu diesen Naturschönheiten werden unterwegs aber auch die Folgen des Klimawandels und des Borkenkäfers deutlich: Kahle Hänge, gefällte Fichten und riesige Stapel an Holz gehören ebenso zum Erscheinungsbild des Sauerlands.

Am Benolper Kreuz finden sich eine Schutzhütte und mehrere gemütliche Sitzgruppen für eine kurze Pause. Dann geht es über einen urigen Steig bergan. Stets gibt es am Wegesrand neue Kleinigkeiten zu entdecken. Mal sind es die putzigen Vogelhäuser, die zwischen den Ästen hängen, oder aus Holz geschnitzte Figuren.

Auf einer Anhöhe auf 553 Metern erreicht ihr die Schutzhütte Rahrbruch mit der nächsten Möglichkeit zur Pause, bevor es in Richtung

Fahlenscheid weitergeht. Es mag etwas rätselhaft erscheinen, dass plötzlich inmitten des Waldes und außerhalb der Skisaison ein Schlepplift in Betrieb ist, der den Waldweg kreuzt. Doch die Lösung des Rätsels ist nicht weit entfernt,und vorsichtshalber solltet ihr den Kopf einziehen. Die Skipiste Fahlenscheid ist außerhalb der schneereichen Monate ein Eldorado für Mountainbiker. Bequemerweise brauchen diese sich hier nicht sonderlich abstrampeln, sondern werden mit dem Lift nach oben gezogen, bevor sie über die holprigen Buckelpisten, Sprungschanzen und Hindernisse den Hang hinabbrettern. In der alpin anmutenden SKIHÜTTE 2 könnt ihr einkehren und euch für den weiteren Tourenverlauf stärken.
Vom nahe liegenden Parkplatz wandert ihr anschließend über einen historischen Hohlweg, der extra für den Sonnenpfad neu hergerichtet wurde. Der Einstieg ist leicht zu übersehen, deshalb Augen auf.

Ein trockener Sitzplatz ist hier an feuchten Tagen garantiert

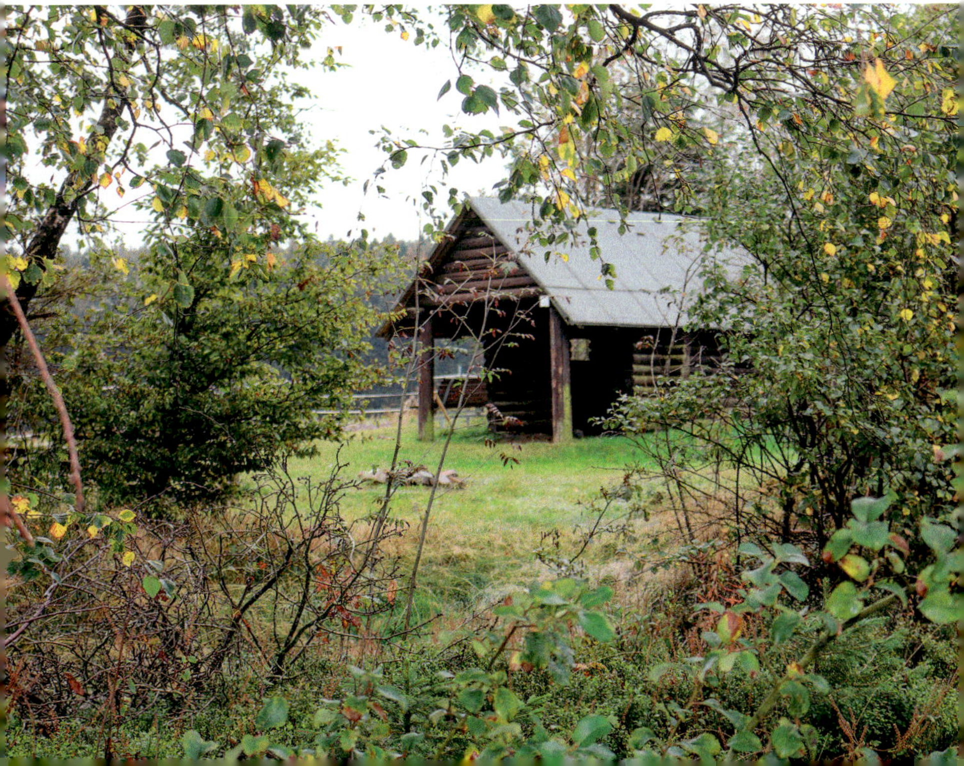

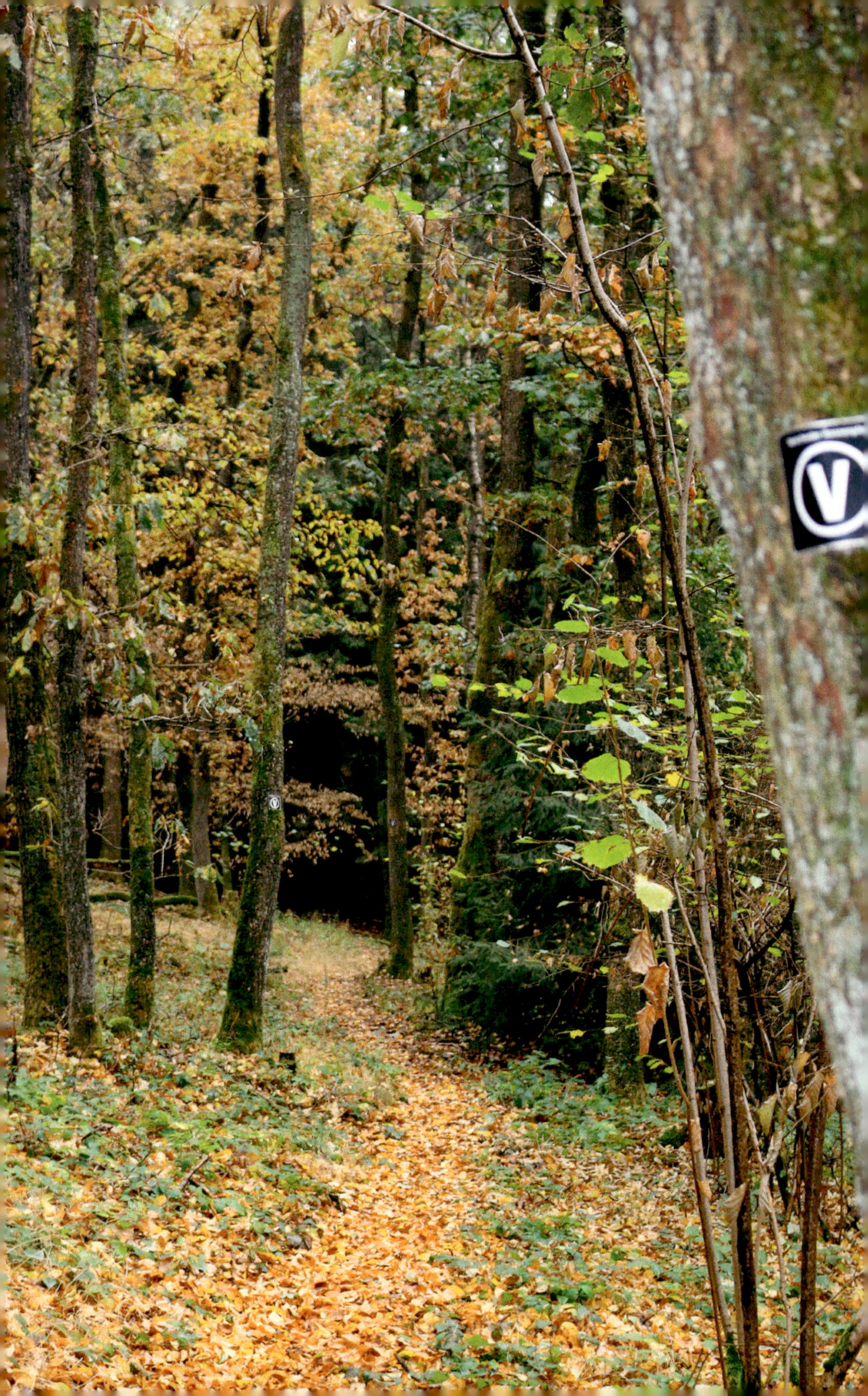
V

Zudem wird zu etwas Trittsicherheit auf dem schmalen Pfad und den Holzbohlenübergängen geraten. Kurz durchquert ihr dann die kleine Ortschaft Fahlenscheid mit ihrer bezaubernden St.-Josef-Kapelle, ehe es wieder durch den wildromantischen Wald geht. Immer im leichten Auf und Ab wandert ihr dem Ziel der ersten Etappe und eurer Übernachtungsmöglichkeit in Oberveischede entgegen. Auf einer speziell für die Wanderer des Veischeder Sonnenpfads errichteten und überdachten Sitzbank lässt sich kurz vor dem Endspurt noch eine Pause mit Aussicht einlegen. Da sich Oberveischede im Tal befindet, müsst ihr noch ein paar Höhenmeter absteigen. Ein beschaulicher Pfad führt an einer Stelle recht steil hinab, und das letzte Stück des Weges verläuft dann wieder angenehm auf dem Forstweg. Nach Oberveischede solltet ihr nicht zu früh abbiegen, sondern erst eine Ecke nach der Ausschilderung zum Wanderparkplatz etwas oberhalb einer kleinen Siedlung.

TAG 2: *VON OBERVEISCHEIDE ZURÜCK ZUM AUSGANGSPUNKT // 21,8 KM*

Heute wird es sportlich, denn steile Auf- und Abstiege sorgen für reichlich Höhenmeter. Am frühen Herbstmorgen, wenn sich der Nebel über den Tälern lichtet und kleine Wolken wie Rauchschwaden von Indianerpfeiffen zwischen den Bäumen emporsteigen, beeindruckt die Natur mit fast witzigen Naturschauspielen. Der Mischwald erstrahlt in einer erstaunlichen Vielzahl von Farbtönen: Neben dem dunklen Grün der Fichten und dem hellen Grün ihrer Sprösslinge setzen die in Orange, Gelb und Braun getönten Blätter der Eichen, Buchen und Birken wunderbare Kontraste

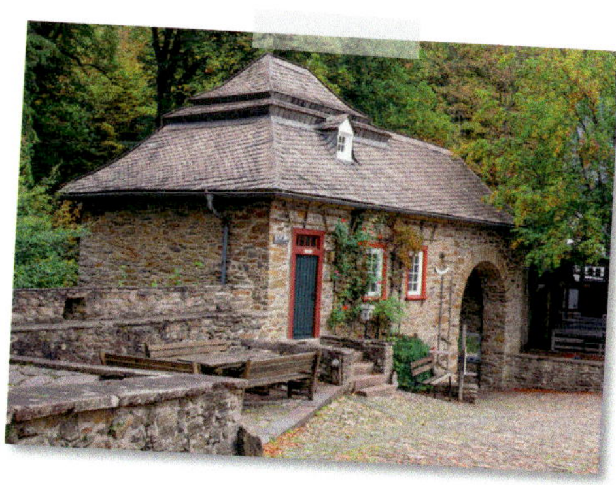

wie sie kaum ein Maler hinbekommen würde. Von den Anhöhen, die ihr überquert, lässt sich diese Pracht regelmäßig bestaunen. Das erste Highlight des zweiten Tages ist die BURG BILSTEIN 3, die ihr unmittelbar am Wegesrand passiert und für die ihr nicht mal einen Umweg in Kauf nehmen müsst. In dem alten Gemäuer ist heute eine Jugendherberge untergebracht. Auf dem Burghof laden reichlich Sitzgelegenheiten zur Pause in dem historischen Ambiente ein. Die gepflegte Anlage ist ein wahrer Augenschmaus. Tretet ein durch das große schmiedeeiserne Tor und lasst euch von dem ritterlichen Flair begeistern. Bunte Fensterläden zieren die rot umrahmten Sprossenfenster, Fahnen wehen im Wind, die Schritte klappern auf dem Kopfsteinpflaster und aus einem Brunnen schaut mit seinen großen Kulleraugen der Froschkönig. Mit viel Liebe zum Detail wird die Burg Bilstein auch heute noch gepflegt. Die Anfänge der Burg lassen

Der Wald entlang des Veischeder Sonnenpfades besticht mit wilder Schönheit

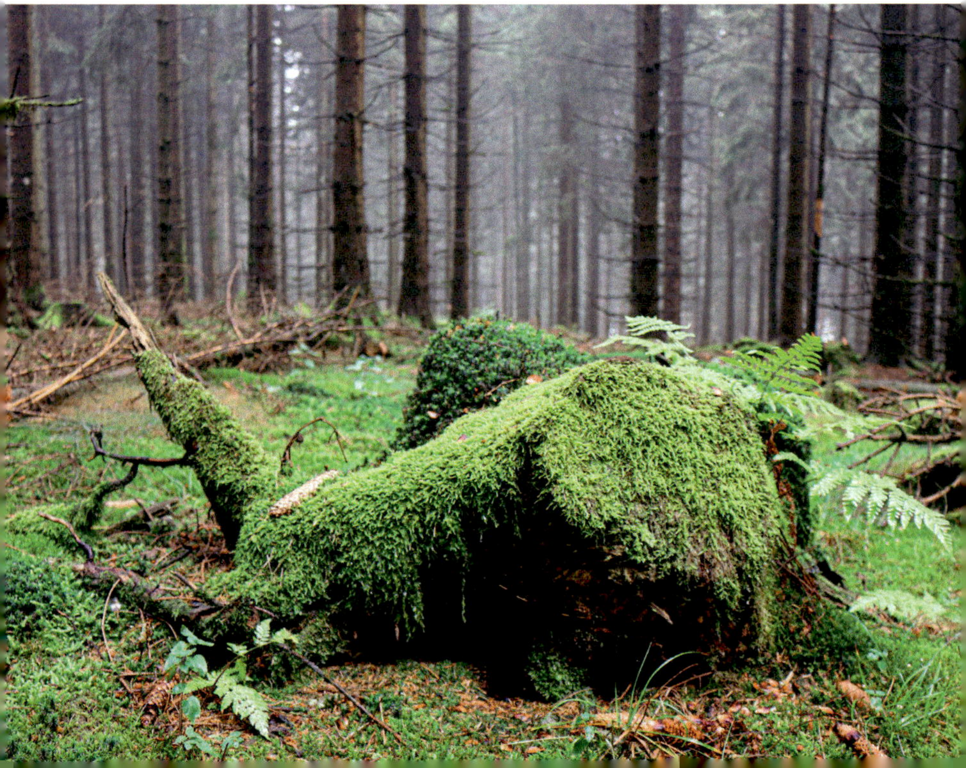

sich bis ins Jahr 1202 zurückverfolgen. Ihr Erbauer war Dietrich II. von Gevore, der sich auch Dietrich I. von Bilstein nannte. Der letzte Edelmann und Nachkomme war Johann II. von Bilstein.

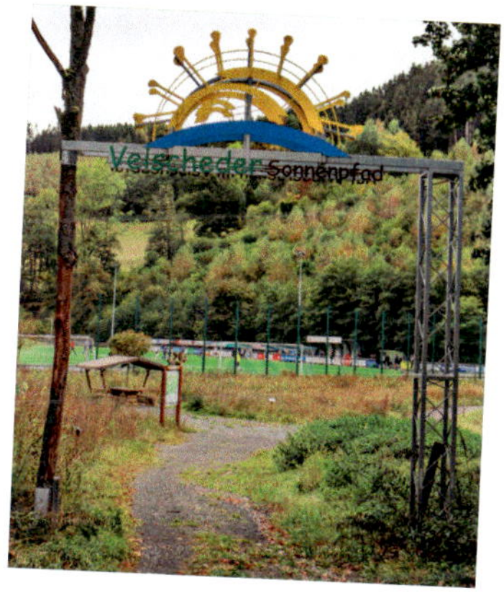

Herzlich Willkommen!

WEIL ER STETS EINE BREITE HALSKRAUSE TRUG, WIE ES IM MITTELALTER ÜBLICH WAR, WURDE ER IM VOLKSMUND AUCH »LOWWERHANNES« GENANNT. ER SOLL SICH AUCH HEUTE NOCH ALS GEIST IN DER BURG UND DEN UMLIEGENDEN WÄLDERN HERUMTREIBEN.

Bleibt also wachsam, wenn ihr euren Weg fortsetzt, der euch nach der Burgbesichtigung zunächst bergauf führt. Zum Verschnaufen finden sich am Wegesrand glücklicherweise mehrere, zum Teil sogar überdachte Rastplätze. Besonders rustikal und einladend zum Verweilen ist der niedliche Holzunterstand von »Martin & Laura«, die sich auch über einen Eintrag in ihr Gästebuch freuen. Kurz darauf könnt ihr euch schon wieder hinsetzen und von einem geschwungenen Waldsofa den Blick über die Landschaft schweifen lassen. Der Weg rund um den Ort Bonzel wird danach zur nächsten Herausforderung. Friedlich schlummern zahlreiche weiße Häuser in dem malerischen Talkessel, während ihr am Hang entlangwandert. Es geht von Bank zu Bank, von Ausblick zu Ausblick. Ein steiler Weg leitet euch am Ortsende den Hang hinab. Eine Hauptstraße ist zu überqueren, und schon geht es wieder zur Sache und auf einem holprigen Pfad bergan. Auch auf dem Kreuzberg befinden sich gleich mehrere Picknickplätze, an einem davon findet ihr sogar einen »Zwitscherkasten«. Was das ist? Schaut mal hinein.

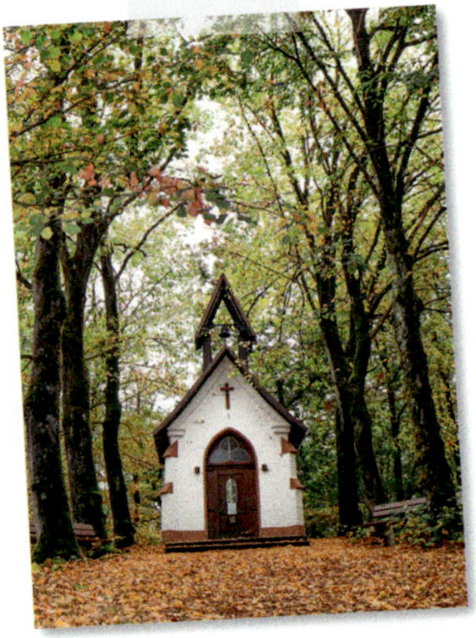

Vorbei an der entzückenden KREUZBERG-KAPELLE 4 macht der Veischeder Sonnenpfad kurz darauf eine Schleife auf und um den Festenberg. Von der Aussicht Meggen bietet sich nachfolgend ein herrlicher Blick in Richtung Lennestadt. Auf der gegenüberliegenden Seite des Tals erkennt ihr ganz deutlich den Galileo-Park mit dem heimlichen Wahrzeichen des Sauerlands – den Pyramiden. Auch hierhin lohnt sich ein Ausflug. Doch es sind noch nicht genug Höhenmeter gewandert, daher geht es jetzt auf die Hohe Schlade. Berg für Berg ist auf diesem Streckenabschnitt zu erklimmen. Der Weg führt rauf und runter, begleitet von einem ständig wechselnden Erscheinungsbild des Waldes. So wird es nie langweilig, gleichzeitig bleibt es aber auch kontinuierlich anstrengend. Dann kommt das Ziel, die Hohe Bracht, langsam in Sichtweite. Der Aussichtsturm, der sich aus dem Wald erhebt, ist ein markanter Wegweiser. Was jedoch nah aussieht, verlangt nach einer letzten Anstrengung und einem letzten Anstieg. Am Abzweig am Fuße des Berges trennen euch noch 2,2 Kilometer vom Etappenziel. Über einen schmalen Naturpfad, der umwachsen ist mit dichten Gebüschen, gibt die Natur noch einmal alles. Ein paar Zick-Zack-Kehren, dann habt ihr es fast geschafft. Einige geologisch interessante Findlinge mit Erläuterungen sind auf den verbleibenden Metern zu entdecken und urplötzlich taucht aus dem Dickicht des Waldes der Turm vor euch auf. Es ist geschafft! Nach über 37 Kilometern habt ihr euch die Einkehr hier nun redlich verdient. Und wer zu Beginn der Tour nicht auf dem Aussichtsturm war, sollte das jetzt unbedingt nachholen.

DIE HOHE BRACHT IST ÜBRIGENS NICHT NUR EIN BELIEBTES WANDERZIEL, SONDERN IM WINTER AUCH EIN PARADIES FÜR SKI- UND LANGLÄUFER.

Alles, was ihr wissen müsst

Rundtour: aufgrund der konditionellen Anforderungen vor allem für ältere Kinder empfehlenswert // schöne 2-Tages-Wanderung für naturbegeisterte Wanderer und sportlich Ambitionierte // **nicht kinderwagentauglich**

Markierung: weißes V auf schwarzem Grund

Entfernung von: Dortmund: 95 km // Paderborn: 110 km // Siegen: 35 km
ÖPNV: nicht empfehlenswert
Auto: Wanderparkplatz Hohe Bracht, 57368 Lennestadt

Einkehr: **Übernachtung im Landhotel Sangermann,** Oberveischeder Str. 13, 57462 Olpe, landhotel-sangermann.de // **Hohe Bracht,** Hohe Bracht 1, 57368 Lennestadt, hohebracht.com // **Skihütte Fahlenscheid**, Fahlenscheid 2, 57462 Olpe, fahlenscheid.de/skihuette

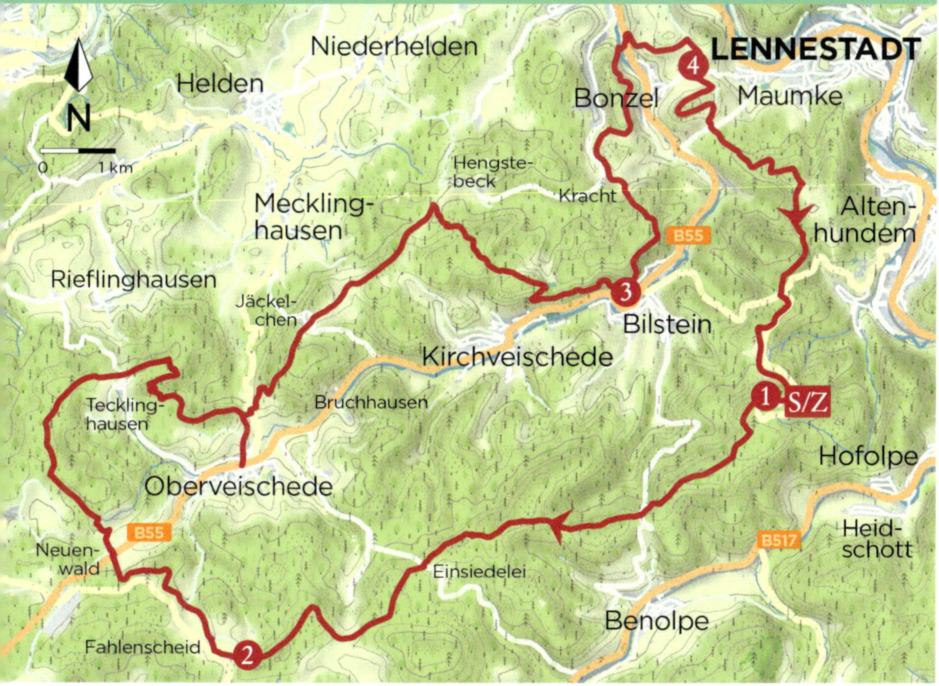

Auf dem Bigge-Lister-Wanderweg

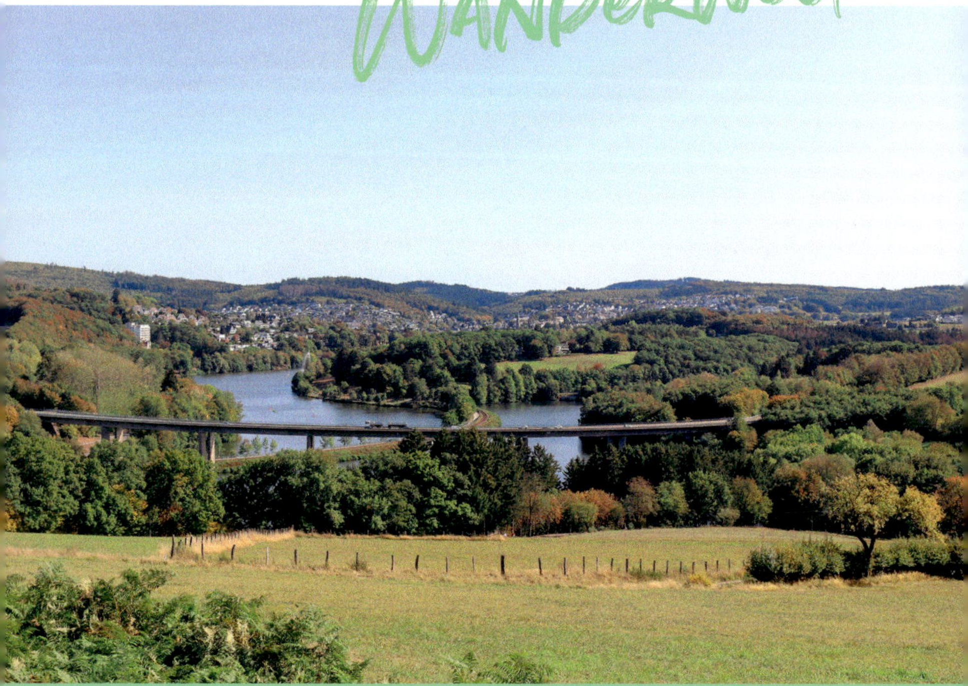

Schwierigkeit: schwer // 47,8 Kilometer // 1231 Höhenmeter
Für Familien mit Kindern nicht geeignet

EIN HAUCH VON INDIAN SUMMER.
ZWEI-TAGES-TOUR AM BIGGESEE

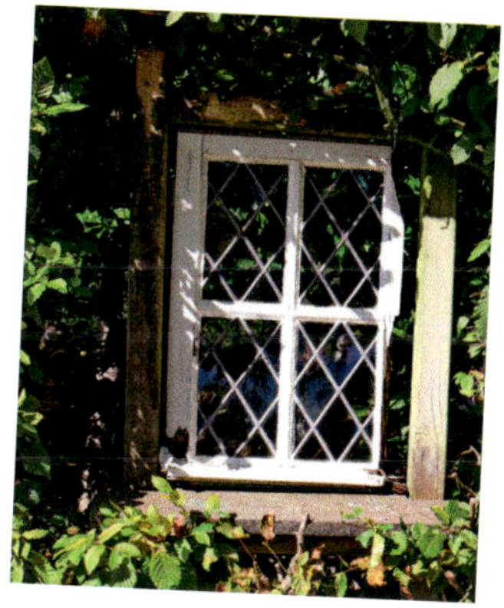

DAS FENSTER ZUM HOF

Bunt spiegeln sich die Blätter der Bäume in der still daliegenden Oberfläche des Biggesees. Wasservögel ziehen ihre Bahnen über das Gewässer. Die weißen Segel der schaukelnden Boote leuchten in der Sonne. Stand-up-Paddler gleiten durch die Buchten. Spaziergänger wandeln auf der breiten Talsperrenmauer und genießen das Panorama von der Aussichtsplattform Biggeblick. Selbst im Spätsommer ist noch munteres Treiben an den Hot Spots der Bigge- und Listertalsperre. Wer sich allerdings auf den zweitätigen Bigge-Lister-Wanderweg begibt, findet erstaunlich schnell Ruhe, eine herrliche Natur mit wunderbaren Seeblicken und zudem eine sportliche Herausforderung. Die insgesamt 45,9 Kilometer rund um die verästelte Talsperre haben es in sich, bieten jedoch eine perfekte Möglichkeit, um zwei Tage lang den Alltag zu vergessen und abzuschalten.

TAG 1: *VON DER WALDENBURGER BUCHT NACH EICHHAGEN // 22,5 KM*

Vom großen Parkplatz an der Waldenburger Bucht beginnt ihr die erlebnisreiche Rundwanderung und folgt dabei immer dem blauweißen Wegweiser mit den Initialen »BL« für den Bigge-Lister-Weg. Wer frühmorgens startet, erlebt die Talsperre noch in völliger Ruhe. Die glatte Wasseroberfläche spiegelt die steil abfallenden Ufer und die Natur ringsherum, und es dauert nicht lange, bis ihr den ersten Aussichtspunkt erreicht habt. Hier seid ihr dem Wasser noch ganz nah, während es nur wenig später erst einmal ordentlich bergauf zu den ersten zwei Streckenhighlights geht. Als Erstes trefft ihr auf die WALDENBURGER KAPELLE 1. Die ursprüngliche Version von ihr wurde im 11. Jahrhundert in der Waldenburg errichtet; sie fiel jedoch einem Brand zum Opfer. 1712 wurde die Kapelle neu aufgebaut, musste allerdings 1965 der Biggetalsperre Platz machen, woraufhin sie ihren heutigen Standort erhielt.

DIE WALDENBURGER KAPELLE IST EINE WALLFAHRTSSTÄTTE, UND JEDES JAHR ZUR WEIHNACHTSZEIT WIRD EINE GROSSE KRIPPE IM INNEREN AUFGESTELLT.

Etwas weiter oben erreicht ihr bald darauf die BURGRUINE WALDENBURG 2. Markant ragen die Überbleibsel des einst imposanten Burgturmes in den Himmel. Aus den Fugen wachsen zarte Bäume. Die Höhenburg gilt als das älteste nicht kirchliche Bauwerk des Kreises Olpe und wird datiert um das Jahr 1000.

Das folgende Stück des Weges wandert ihr durch den angenehm schattigen Wald und passiert die kleine Ortschaft Bürberg im beschaulichen Repetal. Ein Hauch von »Wildem Westen« liegt hier in der Luft. Am Wegesrand taucht die Ranch der Wanderreitstation Repetal auf und verzaubert mit ihrem Country-Style. Wenige Meter weiter kommt eine neugierige Horde Puten lautstark zum Zaun gerannt. Würde die Einfriedung ihnen nicht Halt gebieten, sie würden mitwandern. Am oberen Feldrand führt der Wanderweg durch das ansonsten stille Tal. Im späteren Verlauf erreicht ihr wieder das Ufer des Biggesees und damit auch das Vorstaubecken Bremge sowie die erste zu passierende Staumauer. Ein paar Fischerboote gleiten ruhig über das Wasser.

Im Anschluss verläuft der Weg über eine kleine Anhöhe, bevor er auf der anderen Seite oberhalb des nächsten Bigge-Armes weiterführt. Ein wenig erinnert der Verlauf der Biggetalsperre an die Mosel, denn in alle Himmelsrichtungen scheinen sich ihre Arme auszustrecken. Am Aussichtspunkt Olpe-Howald, kurz nach dem Bienenhaus »Zum Biggeblick«, lädt eine herrliche Bank mit traumhaftem Panoramablick zur Pause ein, und ein Bienenschaukasten zeigt live das Leben der Wildbienen. Es folgt ein Abstieg und bald darauf die Überquerung der nächsten Staumauer.

An der Hauptstraße ist jetzt etwas Orientierungssinn gefragt, um auf die andere Straßenseite zu kommen, denn der Verlauf des Weges ist nicht ganz offensichtlich. Zur Not hilft ein Blick auf die Karte, dann ist die nächste Anhöhe schnell überwunden. In einer dichten Hecke entdeckt – wer genau hinschaut – ein Sprossenfenster. Erneut macht der Weg einen Schlenker ans Wasser, um kurz darauf wieder anzusteigen. Ihr passiert eine Jugendherberge und erreicht als Nächstes den Gipfel des Hohen Bilsteins. Auf einer Klippe thront sein Gipfelkreuz mit atemberaubendem Blick über den See.
Auf naturbelassenen Pfaden geht's zum Abstieg in Richtung Olpe. Unten angekommen werden die Wege deutlich belebter. Parallel zu einer Eisenbahntrasse wandelt ihr übers Wasser, passiert die Valentinskapelle und könnt bald darauf wieder in die Ruhe der Natur abtauchen. Von dem anschließenden Höhenzug erlebt ihr einen

Der Beginn des Indian Summers am Bigge-Lister-Weg

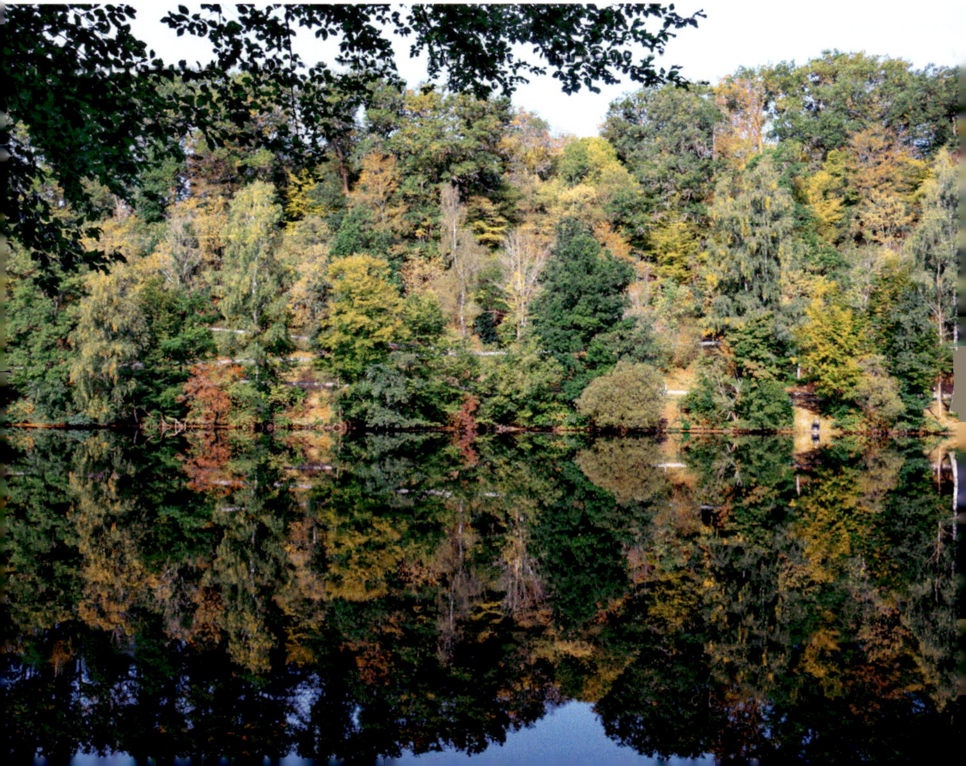

umwerfenden Ausblick auf Olpe und den Biggesee. Bis zum ersten Etappenziel in Eichhagen ist es von hier nicht mehr weit. Am Abzweig »Zum Stadl« verlasst ihr den Bigge-Lister-Weg und folgt den Stadl-Wegweisern in Richtung des Ortes. Verpasst am Wegesrand nicht die Ameisenhügel, und schaut euch das rege Treiben der Tiere ruhig einmal näher an, bevor ihr die letzten Meter bis zum Ort wandert.
Wer eine außergewöhnliche Einkehrmöglichkeit sucht, der ist bei Ankunft im Ort im »STADL« 3 bestens aufgehoben. Mitten im Sauerland trefft ihr hier auf alpenländlichen Charme. Edelweiß blüht in großen Pflanztöpfen, urige Sitzmöglichkeiten laden zur Rast ein, und das Personal bedient euch in Tracht. Übernachten könnt ihr hier zwar nicht wie Heidi im Heu, dafür aber in einem Zimmer im nahe gelegenen Gasthof Zum Biggesee. Nur noch ein paar Meter bergab dann ist die Etappe geschafft und die verdiente Mahlzeit wartet.

Abendstimmung auf der Aussichtsplattform Biggeblick

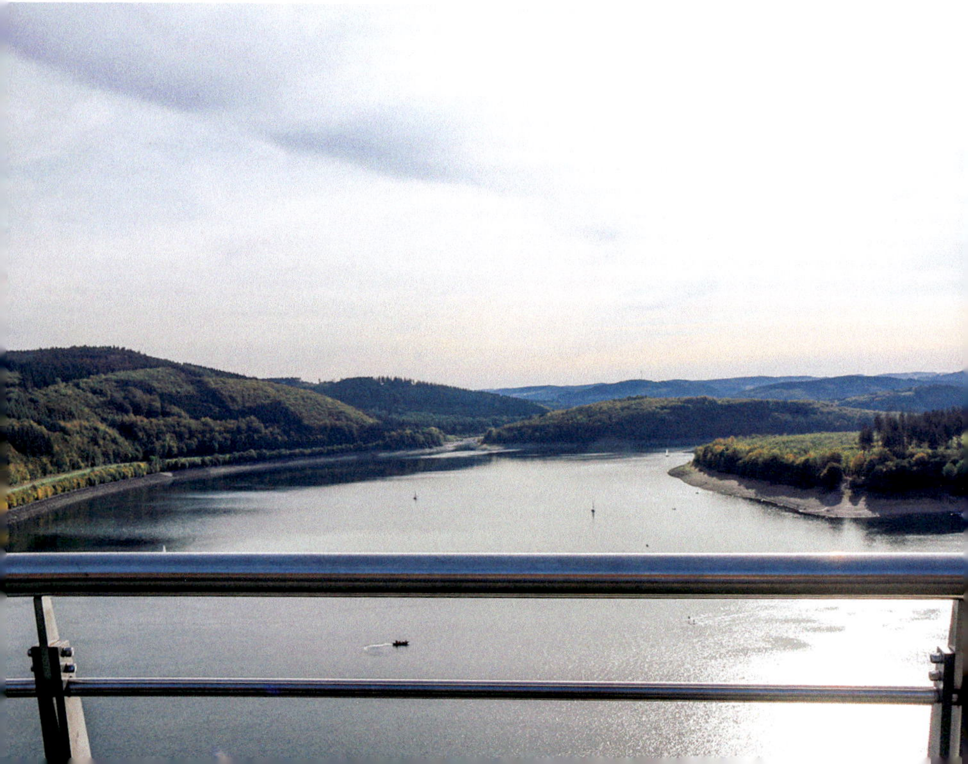

TAG 2: *DEN BIGGEBLICK GENIESSEN // 25,3 KM*

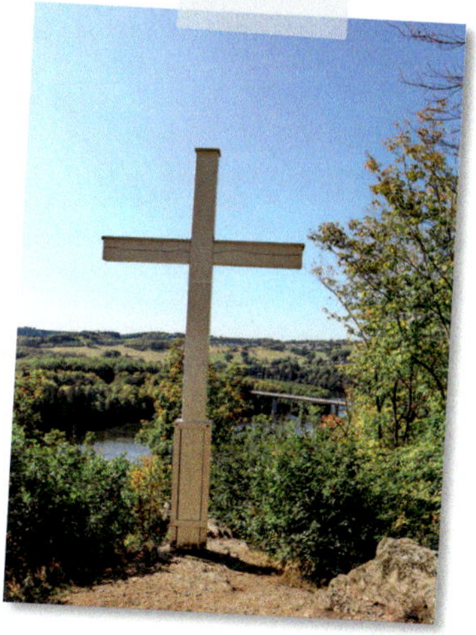

Der zweite Wandertag überrascht mit einem vielseitigen Programm und führt euch langsam zurück in die Zivilisation. Zunächst schreitet ihr in völliger Ruhe durch den morgendlichen Wald. Ein vorerst letztes Mal kreuzt ihr dabei einen Ausläufer der Biggetalsperre. Die Äste der Laubbäume hängen weit übers Wasser und spiegeln sich farbenfroh in seiner Oberfläche. In den kleinen Buchten haben Fischer ihre Angeln ausgeworfen. Auf der nächsten Anhöhe erreicht ihr die Siedlung Uelhof. Verschlafen ruht das Dorf, nur ein paar grunzende Schweine erfreuen sich an ihrem Auslauf und suhlen sich glücklich in der Erde. Etwas höher kommt am Aussichtspunkt Voßsiepen die Listertalsperre in Sicht. Im dortigen Gipfelbuch könnt ihr eine Nachricht hinterlassen. Hinter dem folgenden Ort Wörmge wird es künstlerisch entlang des Weges, und eine KulTour steht auf dem Programm. Kunst und Landschaft vereinen sich und bilden ein unterhaltsames Potpourri für Groß und Klein.

DIE KULTOUR DROLSHAGEN, EIN INSGESAMT SIEBEN KILOMETER LANGER RUNDWEG, DER AUCH UNABHÄNGIG VOM BIGGE-LISTER-WEG ERKUNDET WERDEN KANN, IST EIN VERGNÜGEN FÜR ALLE ALTERSKLASSEN. DER STARTPUNKT BEFINDET SICH AM WANDERPARKPLATZ IN WÖRMGE.

Merkwürdige Gestalten auf Holzpflöcken sitzen zwischen den Bäumen, ein Gedichtband lässt euch herzhaft lachen, und ein Abstecher nach Südengland zum STONEHENGE (4) ist inklusive – um nur ein paar der äußerst spannenden Entdeckungen zu verraten, die den Wanderweg bereichern. In Hunswinkel führt eine Brücke über die

Lister, den Zufluss, der der Talsperre ihren Namen gab. Oberhalb der Ortschaft erwartet euch eine geschwungene Holzliege. Der ideale Zeitpunkt für ein Picknick mit Seeblick ist gekommen. Zwischen knorrigen Eichen, dicken Buchen, hohen Fichten und dschungelartig gewachsenem Farnkraut könnte es im weiteren Verlauf nicht naturnaher sein. Mittendrin leuchten sonnige Lichtungen, und zwischendurch lässt sich die Listertalsperre von oben betrachten. Ein uriger kleiner Pfad führt letztlich bergab und zurück zur Biggetalsperre. Nun seid ihr mit einem Schlag wieder inmitten der Zivilisation. Der Biggedamm ist nicht mehr weit entfernt, und auf den breiten Wegen tummeln sich besonders bei schönem Wetter die Menschen. Zahlreiche Kinderspielgeräte machen diesen Teil des Weges besonders für Familien interessant. Überaus lohnenswert ist an dieser Stelle ein kleiner Abstecher ans Wasser. Vom Ufer aus seht ihr die gegenüberliegende Gilberginsel.

DIE GILBERGINSEL IST NATURSCHUTZGEBIET UND DARF NICHT BETRETEN WERDEN. IM VOLKSMUND WIRD SIE AUCH VOGELINSEL GENANNT, DA SIE VON DEN TIEREN ALS BRUT- UND RASTPLATZ GENUTZT WIRD. SIE ENTSTAND, NACHDEM DER BIGGESEE GEFLUTET WURDE UND EINE BEWALDETE HÜGELKUPPE VOM UFER ABTRENNTE.

Zwei Highlights stehen auf den letzten Metern noch bevor, die Überquerung des Biggedamms und der Aufstieg zur Aussichtsplattform Biggeblick. Das metallische Gebilde sticht aus dem Berghang hervor und ist schon aus der Ferne auszumachen. Was von unten nah aussieht, bringt euch zum Abschluss nochmals ins Schwitzen. Über Stock und Stein geht es den bewaldeten Berghang hinauf. Wer das Ziel erreicht, wenn die Sonne tief über dem See steht, der vergisst den Trubel rundherum, beendet die Wanderung nach einem kurzen Abstieg wieder am Auto und wird sicher noch lange diese Wanderung in guter Erinnerung haben.

Alles, was ihr wissen müsst

Rundtour: aufgrund der Streckenlänge und der Höhenmeter eine Tour für sportlich ambitionierte Wanderer // **nicht kinderwagentauglich**

Markierung: weißes BL auf hellblauem Grund

Entfernung von: Dortmund: 80 km // Paderborn: 140 km // Siegen: 50 km
ÖPNV: ab Finnentrop Bus oder Bahn nach Attendorn, 30 Minuten Fußweg bis zur Waldenburger Bucht
Auto: Parkplatz Waldenburger Bucht in Attendorn, direkt am Biggesee Camping, 57439 Attendorn

Einkehr: **Übernachtung im Gasthof Zum Biggesee,** Eichhagener Str. 4, 57462 Olpe, gasthof-zum-biggesee.de // **Bauerncafé Zum Stadl Eichhagen,** Dumickerweg 19, 57462 Olpe, zum-stadl-eichhagen.de

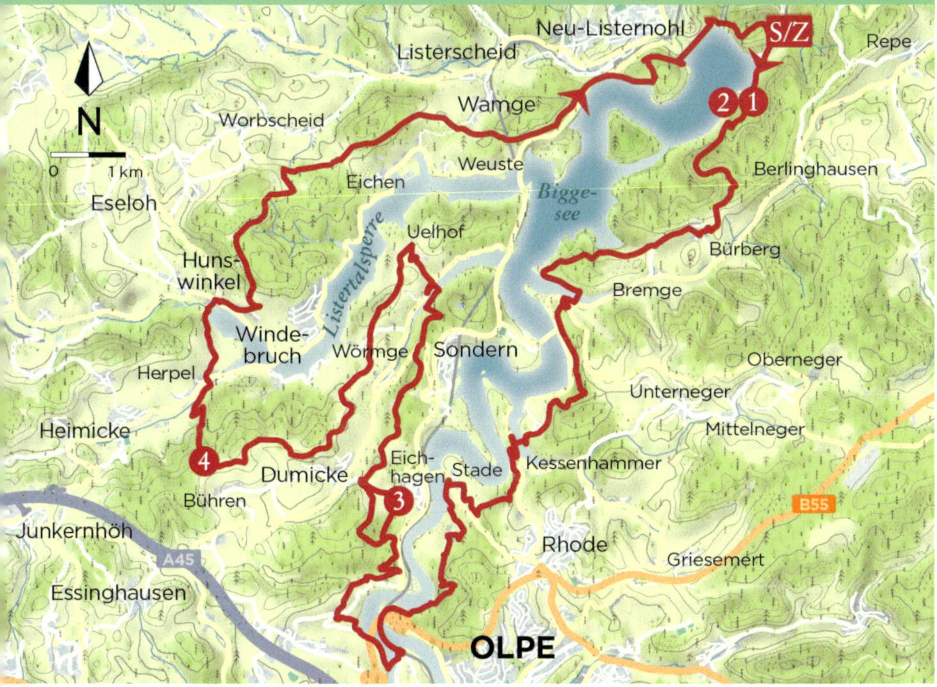

Von Altena über Neuenrade nach Altenaffeln

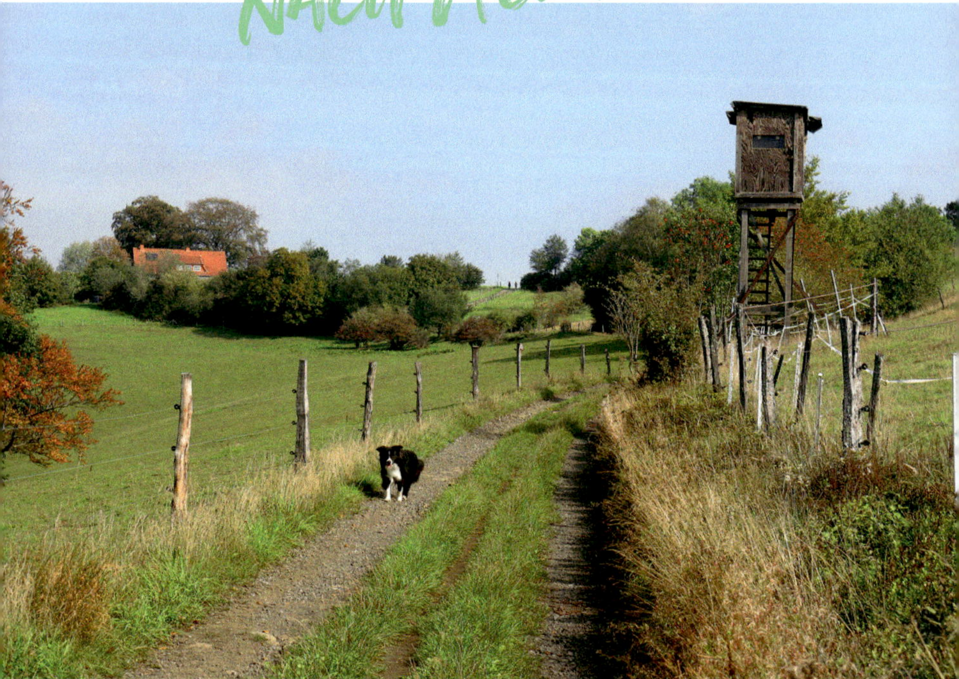

Schwierigkeit: mittel // 27,5 Kilometer // 754 Höhenmeter
Für Familien mit Kindern geeignet

FAST WIE FLIEGEN.
ZWEI-TAGES-TOUR AUF DEM SAUERLAND-HÖHENFLUG

Der Sauerland-Höhenflug zählt zu den Fernwanderwegen des Sauerlands und verspricht auf einer Länge von über 250 Kilometern grandiose Aussichten. In ständigem Auf und Ab führt er über Berg und Tal durch die Region und lässt das Herz eines jeden Wanderers höher und höher schlagen. Vorbei an historischen Schauplätzen verläuft der Weg durch eine abwechslungsreiche Landschaft mit immer wieder einzigartigen Aussichtspunkten und vorbei an vielen kleinen Details, die es zu entdecken gibt.

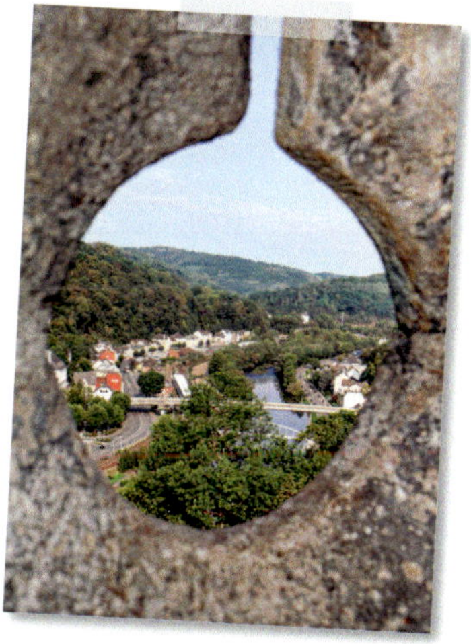

TAG 1: *VON ALTENA NACH NEUENRADE // 16,6 KM*

Der offizielle Startpunkt des Weges befindet sich im Schatten der BURG ALTENA (1), die majestätisch am Hang oberhalb des Ortskerns und oberhalb der Lenne thront. Die Burganlage könnte kein schönerer Ausgangspunkt für diese Wanderung sein. Bevor ihr euch auf den Weg macht, solltet ihr unbedingt einmal durch das Burgtor schreiten, über das holprige Kopfsteinpflaster die enge Gasse hinaufmarschieren und den Zauber der Vergangenheit spüren.

ÜBER DIE ENTSTEHUNG DER BURG ALTENA KURSIEREN MEHRERE LEGENDEN. TATSACHE IST, DASS SIE 1455 ABBRANNTE, DARAUFHIN NOTDÜRFTIG WIEDERAUFGEBAUT WURDE UND IHR HEUTIGES ERSCHEINUNGSBILD ERST SEIT 1918 INNEHAT.

Somit blickt die Burg auf eine bewegte Geschichte zurück und erinnert dabei mit ihren hohen Burgmauern, den spitzen Türmchen, den unzähligen Erkern und Rundbogenfenstern an eine kleine Ausgabe von Neuschwanstein.

Nach der Besichtigung der Burg und der Überwindung des Burgberges verlasst ihr die Zivilisation und wendet euch der Natur zu. Auf dem folgenden Streckenabschnitt geht es direkt ordentlich zur Sache, nämlich bergauf – schließlich heißt der Weg Höhenflug statt Tiefflug. Ein Stück begleitet der alte Drahthandelsweg die Route und wird gekennzeichnet von mehreren informativen Stationen, die durch ihr silbern leuchtendes Drahtgeflecht-Design besonders auffällig sind. Die Landschaft ist genauso vielseitig wie die Wege. Hohe Buchen und knorrige Eichen säumen den Hang, urtümliches Wurzelwerk macht sich breit, und unverkennbar ist die Geologie des Rheinischen Schiefergebirges. Auf Wald- und Wiesenwegen geht es bergan.
Habt ihr den größten Teil des Aufstiegs geschafft, lädt euch glücklicherweise eine Rastbank zum Verschnaufen ein. Bald darauf erreicht ihr offenes Gelände und könnt anfangen, die wohlverdiente Aussicht

Unterwegs auf Wald- und Panoramawegen am Höhenflug

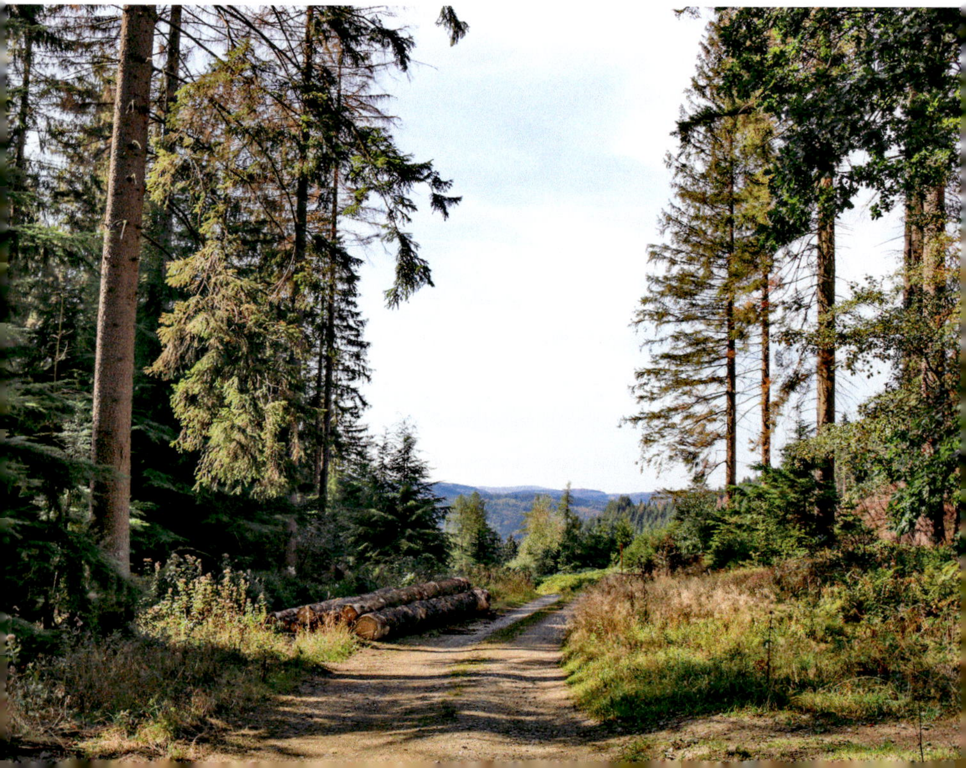

zu genießen. Erschreckt euch jedoch nicht, wenn plötzlich ein kleines Motorflugzeug dicht über euren Kopf knattert, denn auf dem noch etwas weiter oben gelegenen Hochplateau befindet sich ein Sportflughafen. Vom Aussichtspunkt Hegenscheid saugt nochmals die herrliche Fernsicht in euch auf, denn kurz darauf geht es auf idyllischen schmalen Pfaden wieder in den Wald hinein.

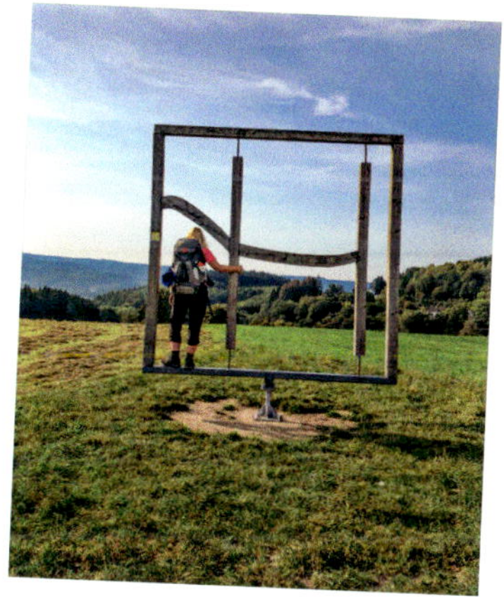

Das Höhenflug-Karussell

Das Landschaftsbild des Sauerland-Höhenflugs zeigt sich auch im folgenden Verlauf unglaublich vielschichtig. Dichte Wälder wechseln sich ab mit sonnigen Höhen, entlang derer sich Felder und Wiesen bis weit in die Ferne erstrecken. Mit Blick auf die beschaulichen Ortschaften Ihmert und Elfenfohren findet ihr an einer romantischen Bank unter einer alten Eiche erneut einen schönen Platz zum Rasten. Anschließend quert ihr eine Hauptstraße und passiert das Bilderbuchanwesen eines landwirtschaftlichen Betriebs. Neben dem mit Fensterläden verzierten Haupthaus befindet sich ein gemauertes Bauwerk, das aussieht, als gehöre es eher neben eine alte Burganlage. Der kleine Teich ergänzt dieses charmante Ensemble. Das ist Landidylle pur – wer möchte hier nicht gleich einziehen?!
Seitlich des Weges finden sich immer neue Highlights, die die Strecke zu einem unvergesslichen Erlebnis werden lassen. Große Windräder ragen zwischen den Bäumen empor, ein Trimm-Dich-Pfad animiert zu sportlichen Einlagen. Da könnt ihr zum Beispiel auf Balken balancieren oder ein paar Klimmzüge am Reck machen. In einer hölzernen Schutzhütte erfahrt ihr »Sagenhaftes« über die Region und deren Bewohner. Ein willkommenes Spaßprogramm besonders, wenn ihr mit Kindern wandert. Probiert es aus.

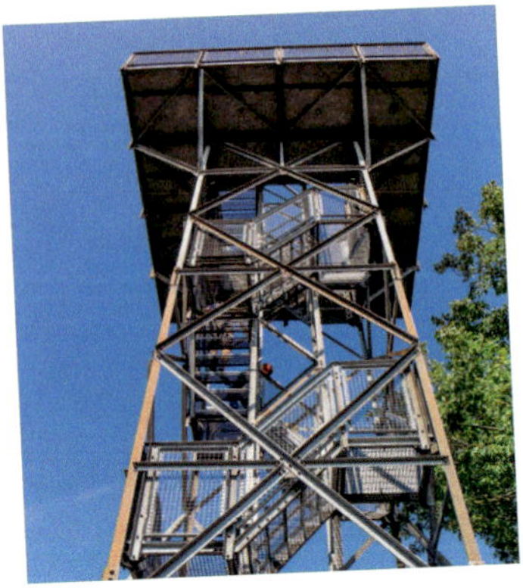

Hoch hinaus auf dem Quitmannsturm

Bevor ihr die nächste Attraktion – den Quitmannsturm – erreicht, durchwandert ihr den Neuenrader Babywald, in den Eltern, anlässlich der Geburt ihres Kindes, einen Baum pflanzen können. Was für eine schöne Idee, die, den Namensschildern nach, auch bereits eine lange Tradition hat. Am Ehrenmal des Sauerländischen Gebirgsvereins lädt eine Vesperinsel mit Blick ins Tal zur Rast ein, ehe es die letzten Meter bis zum QUITMANNSTURM 2 geht. Der Aufstieg auf den stählernen Turm gehört zum Pflichtprogramm, denn der Ausblick aus luftiger Höhe auf Neuenrade und die hügelige Umgebung ist absolut sehenswert.

DER ERSTE UND URSPRÜNGLICHE QUITMANNSTURM WURDE BEREITS IM JAHRE 1892 DURCH DIE SÖHNE CARL FRIEDRICH QUITMANNS GESTIFTET. DIESER LEBTE MIT SEINER FRAU UND ZEHN KINDERN IN NEUENRADE UND WAR DORT 50 JAHRE ALS LEHRER UND ORGANIST TÄTIG. DIE HEUTIGE VERSION DES QUITMANNSTURMS ENTSTAND ERST 1985/86 UND IST 14 METER HOCH.

Das letzte Etappenhighlight des Tages ist die HÖNNEQUELLE 3. Wer allerdings glaubt, hier seine Wasserflaschen auffüllen zu können, muss damit rechnen, enttäuscht zu werden. Die Hönnequelle ist eine sogenannte Hungerquelle, die nur in regenreichen Zeiten Wasser führt. Wenn dies der Fall ist, mündet die Hönne nach 33 Kilometern bei Fröndenberg in die Ruhr.

Die erste Etappe des Sauerland-Höhenflugs endet in Neuenrade-Wilhelmshöhe und im gleichnamigen Hotel, von wo es am nächsten Tag weiter bis Altenaffeln geht.

TAG 2: *NACH ALTENAFFELN // 10,9 KM*

Der Einstieg in den Höhenflug könnte an dieser Stelle kaum passender sein. Ein überdimensionales drehbares »H« im Design des Höhenflug-Logos ist der perfekte Fotospot. Egal in welche Richtung das drei mal drei Meter große Objekt gedreht wird, dieser Rahmen ist ideal für ein paar Landschaftsbilder der ganz besonderen Art. Wer frühzeitig am Tag aufbricht, kommt im weiteren Verlauf des Weges in den Genuss einer herrlichen Morgenstimmung. Hier und da glitzert noch der Tau auf den Gräsern, feine Spinnweben verästeln sich in den Halmen, der Wald erwacht langsam zum Leben, und mit etwas Glück zeigen sich Fuchs, Hase oder Reh auf den traumhaften Lichtungen. Die zweite Etappe ist kürzer als die erste, also könnt ihr ruhig eine der vielen Bänke nutzen, um euch niederzulassen und die Atmosphäre zu genießen.

Wenn der Sommer auf den Herbst trifft – Farbenspiel

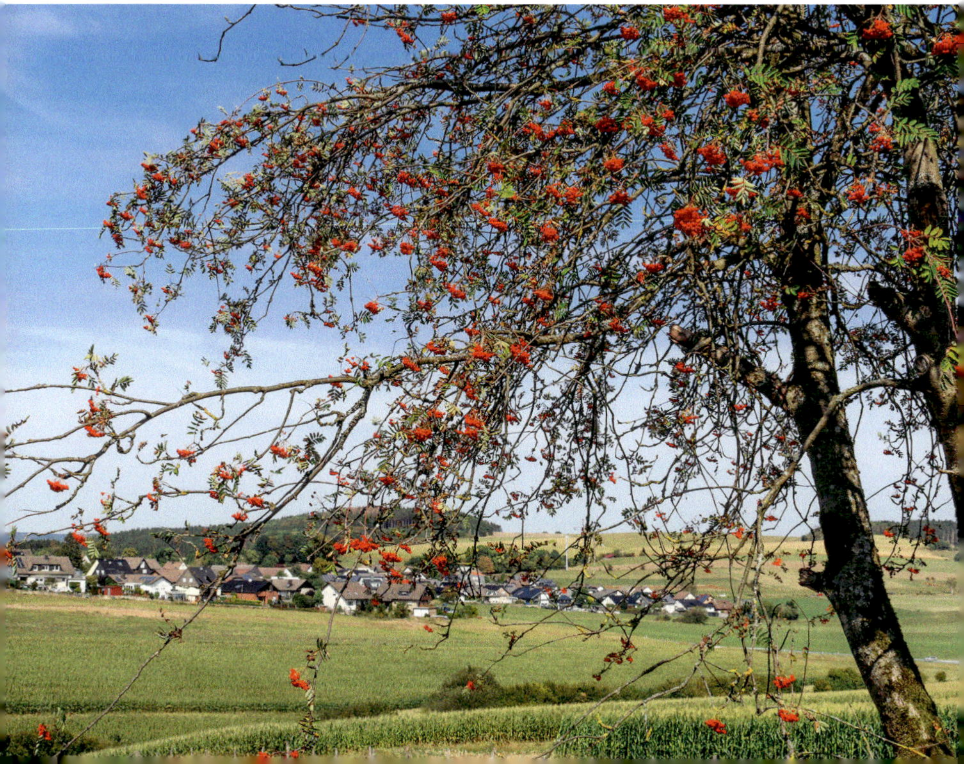

Dann geht es weiter zur Waldschule. Umrandet von einer dichten und schützenden Hecke gibt es kleine Beete zu bestaunen, in denen winzige Setzlinge wachsen. Ein Buch erläutert dazu wissenswerte Details. In diesem Bereich des Höhenflugs lädt eine Vielzahl von gut beschilderten Naturlehrpfaden zum Wandern ein. Deren Infotafeln werden euch unterwegs beschäftigen.

An einer großen Weggabelung trefft ihr auf den HEXENTANZPLATZ 4. Alte Geschichten ranken sich um diesen Ort und sollen insbesondere zu nächtlicher Stunde für ein schauriges Gefühl sorgen. Fakt ist, dass sich an dieser Stelle bis ins 18. Jahrhundert hinein tatsächlich eine Richtstätte mit Galgen befand.

Entlang des Weges lohnt es sich stets, genauer hinzuschauen. Ein grün schimmerndes Biotop, über dem die Libellen schwirren, liegt idyllisch im Schutz dichter Gewächse. Das Hotel »Zur schnarchenden Hummel« bietet Zimmer, und ein Ratespiel rund um die verschiedenen Holzarten des Waldes lädt zum Quizduell ein. Wer wagt, gewinnt.

Um das »Schwarze Kreuz« wird es abermals etwas mystisch im Wald, denn seine Bedeutung wird vermutlich niemals genau aufgeklärt werden. Seit Menschengedenken wurde es mehrfach erneuert, und ob es nun einem Jäger gedenkt, der von einem Wilderer erschossen wurde, oder einem jungen Menschen, der sich hier sein Leben nahm, das wissen nur die ältesten Bäume.

Im Anschluss an das »Schwarze Kreuz« stehen einige Höhenmeter auf dem Plan. Zunächst gemächlich über den Forstweg, dann ordentlich ansteigend über einen Weg am Rande eines Feldes. Oben abgekommen, erwartet euch ein Steig quer durchs Gelände, um weitere Höhenmeter gutzumachen. Habt ihr den Berg erklommen, könnt ihr wieder tief Luft holen.

Am nahe gelegenen Wanderparkplatz wartet eine bequeme Vesperinsel. Sie ist die optimale Gelegenheit vor dem Endspurt nach Altenaffeln noch eine Pause einzulegen. Der Höhenflug führt um den Süllberg herum. Das Ziel ist greifbar nah, und ihr schaut auf eine erlebnisreiche Zwei-Tages-Tour zurück.

Alles, was ihr wissen müsst

Rundtour: für Wanderer, die gern autofrei unterwegs sind, Fernwanderwege mögen und etwas mehr Gepäck für die Übernachtung an der Strecke nicht scheuen // **nicht kinderwagentauglich**

Markierung: gelbes Sauerland-Höhenflug-Logo

Entfernung von: Dortmund: 45 km // Paderborn: 130 km // Siegen: 70 km
ÖPNV: Zug bis Bahnhof Altena, 15 Minuten Fußweg bis zur Burg
Auto: Parkplatz Langer Kamp, 58762 Altena

Einkehr: **Übernachtung im Hotel Wilhelmshöhe,** Werdohler Str. 54, 58809 Neuenrade, hotel-wilhelmshoehe.de // **Pizzeria Da Salvo,** Werdohler Str. 12, 58809 Neuenrade, pizzeria-da-salvo-neuenrade.eatbu.com // **Henblas,** Hofstr. 17, 58809 Neuenrade, henblas.com

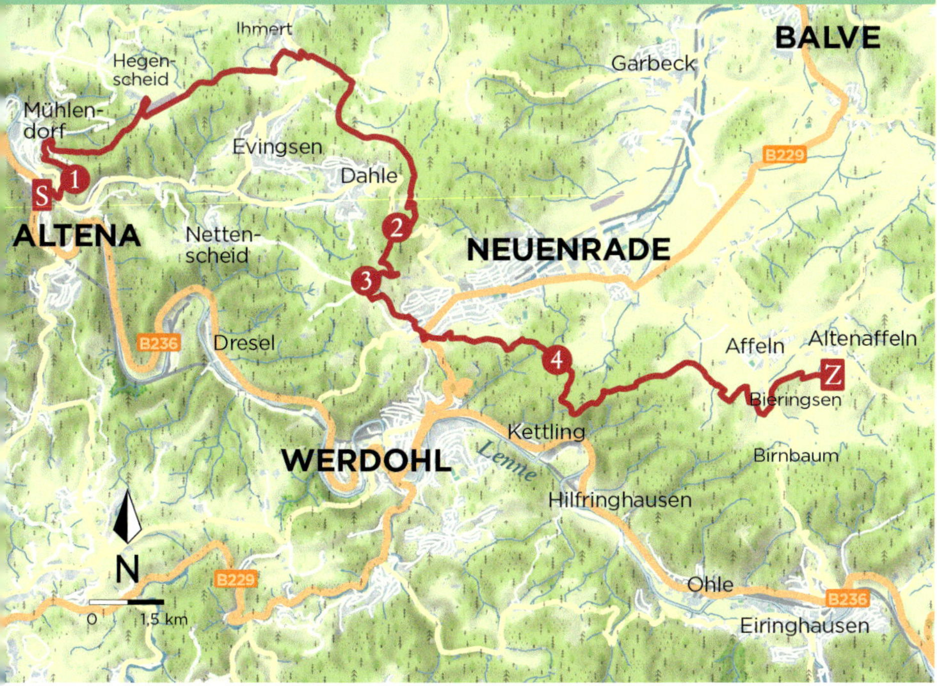

Bibliographische Informationen der Deutschen Nationalbibliothek:
Die Deutsche Nationalbibliothek verzeichnet diese Publikation
in der Deutschen Nationalbibliografie; detaillierte bibliografische Daten
sind im Internet über http://dnb.d-nb.e abrufbar.

MIX
Papier | Fördert
gute Waldnutzung
FSC® C083411
FSC
www.fsc.org

Umschlaggestaltung: Nina Schäfer
Umschlagmotiv: shutterstock.com/encierro
Layout: Editorial Design & Artdirection, Conny Laue, Bochum,
nach einem Konzept von Nina Schäfer
Kartografie: Altan Cicek, altancicek.design, altancicek.de

Druck und Bindung: CPI – Clausen & Bosse, Leck
Printed in Germany 2022
ISBN 978-3-7408-1703-9